国学句典丛书

学案 曾文正公

龙梦荪 纂辑

谢海林 注析

中国出版集团
东方出版中心

图书在版编目（CIP）数据

曾文正公学案 / 谢海林注析; 龙梦荪纂辑. —上海: 东方出版中心, 2022.10
ISBN 978-7-5473-2065-5

Ⅰ.①曾… Ⅱ.①谢… ②龙… Ⅲ.①曾国藩（1811-1872）—人物研究 Ⅳ.①K827=52

中国版本图书馆 CIP 数据核字(2022)第 168550 号

曾文正公学案

纂　辑	龙梦荪
注　析	谢海林
责任编辑	裴宏江　李梦溪
装帧设计	青研工作室

出 品 人	陈义望
出版发行	东方出版中心
地　　址	上海市仙霞路 345 号
邮政编码	200336
电　　话	021-62417400
印 刷 者	上海颛辉印刷厂有限公司

开　　本	890mm×1240mm　1/32
印　　张	12.5
字　　数	272 千字
版　　次	2023 年 9 月第 1 版
印　　次	2023 年 9 月第 1 次印刷
定　　价	60.00 元

整 理 说 明

一、本次整理以商务印书馆 1925 年发行本为底本，校以《曾文正公全集》清光绪二年（1876）传忠书局刻本、唐浩明编《曾国藩全集》岳麓书社 2011 年修订本。正文诸则中，若有编者龙梦荪案语，则用仿宋体标示。

二、本着尊重原著和编者的原则，整理分为"注释"和"解析"两部分。前者主要疏解字义，或考索典故。后者首先标明原始出处与写作时间，其次简要说明诸则文字有无删增改写等情况，最后或挖掘写作背景，或略陈一己管见。

三、依遵编者龙梦荪"以类相从"的原则，所补录文艺类第十九的最后两则分别迻录为论文的 19.49 则、论诗的 19.64 则。

四、末附曾国藩年谱简编，便于知人论世。

"国学句典"丛书总序

近些年，国学逐渐"热"起来了，常有亲友因我毕业于国学院、研究诗词，让我帮忙推荐入门读物。对此，我不能不慎重。《诗经》《庄子》等元典，肯定是首选，但让他们读全本，不大现实。即使是选本，长长的《七月》《逍遥游》等篇章，也没有足够的时间一次读完；分散着读，则可能顾此失彼、读了下段忘上段。结合自己学习的经历和体验思前想后、反复斟酌，我买了很多学通四部的当代国学大师张舜徽先生纂辑的《经传诸子语选》，每逢人下问，就送其一本，果然反响不错！

此书是张先生为了进德修业，从先秦诸子、六艺经传等中华元典中摘录至理名言汇编而成的。据说，张先生将其抄在小本本上，从年轻时起就置于案头以备修省。此等纂辑目的和阅读方式，与普通人了解国学的期待完全一致，怪不得会获其青睐。普通人忙了一天，身心疲惫，下班回家泡壶茶，能读几句放松放松就很不错了！而且，他们了解国学，是为了滋养心灵、获得修身处世的启发，不像我辈专业研究人员，是为了写论文、专著。普通人了解国学的这种目的及方式，其实更契合国学之精神。

国学首先是"内圣外王"的"为己之学"，其次才是知识体系。可惜近代以来，随着"西学东渐"，相关研究越来越"技术化"，大有将其变成一堆系统而过时的知识之势。古人研治国学，明白了一个道理，是要在日常生活中身体力行的，所以治学贵识宗旨，强调博约结合。初学之书，尤要简明、系统，这样才便于涵泳、贯彻，就像"三大纪律八项注意"那样，不能烦琐、庞杂。职是之故，古人像张先生那样，精选要言编纂了《近思录》《朱子学的》等接引后学、传承文脉的好书。他们对国学的体悟更为浑融、透彻，故选择多含卓识、纂辑尤见匠心，能导人由浅入深、由点知面。

我们的这套"国学句典"丛书，即精选前贤编纂的以一句或数句为基本单位的经典著作，加以校勘、注释、解析，以供普通人修身处世之助。读者朋友们可以将其置于案头、放在包中，利用等车、候人、喝茶之类的"碎片化"时间，随时读上几句，让国学精华轻松、便捷地滋养我们的心灵，点化我们的生活。而且，由于这些著作隐含着系统的架构，多按主题分类，且循序渐进地编排，日积月累读下来，则会对国学领域某一核心人物或学科的学说获得较为全面的感知，由"碎片"抵达"通识"。也正因为具有这些特点，这套书也颇便于学生、文秘人员及书法家作文、撰稿、书写时"引经据典"。

正如张先生在《经传诸子语选》自序中所说，"纂录既竟，置之案头以备观省。或拈出一言以检束身心，或综合群语以会通理道，悠然有得，益我良多。盖古人立言，不为一时，今人读之，亦有可资借鉴，取古语以为今用者，比比是也"，国学具有超越时空、跨越国度的永恒魅力。希望这套书能为读者感知国学精华、提升生活品质，也为社会营造书香氛围、增进和谐幸福略尽绵薄！

陈　斐

癸卯芒种后五日于京师乐闲堂

前　言

　　早在 1863 年，"中国留学生之父"容闳就对曾国藩"独服"之
至，在《西学东渐记》中说他"可称完全之真君子，而为清代第一
流人物"。如果说这是私人的溢美之词，那么待曾国藩造就掀天揭
地的事功，1873 年 3 月 12 日逝于金陵（今江苏南京，后不再注）
之后的第八天，朝廷赐谥"文正"，这个来自官方的盖棺论定，无
疑是传统士大夫的无上荣光。曾国藩是清朝第六位获此谥号的人，
但其文韬武略，可谓举世无双。容闳《西学东渐记》说："文正一
生之政绩、忠心、人格，皆远过于侪辈，殆如埃浮立司脱（Everest）
高峰，独耸于喜马拉耶诸峰之上""同辈莫不奉为泰山北斗"。李鸿
章、张之洞、袁世凯等门生晚辈，无不对他顶礼膜拜，尊为圣哲。
1917 年 8 月 23 日毛泽东在《致黎锦熙》中也说："吾于近人独服曾
文正，观其收拾洪、杨一役，完满无缺。"曾国藩的健身之法、文
史之学，皆入其法眼。1924 年 10 月蒋介石作《增补曾胡治兵语录
序》亦曰："曾氏标榜道德，力体躬行，以为一世倡……而其苦心
毅力，自立立人、自达达人之道，盖已足为吾人之师资矣。"

　　正是在这样的背景下，龙梦荪有感于"当今世风，以视有清，
变本加厉，浇薄至极"，提倡有志之士学习曾国藩，以期强毅谦谨，
勇猛精进，自立立人。1925 年 10 月，费时近三年的《曾文正公学

案》面世。顾名思义，窃以为可从"文正"和"学案"两个角度稍作申论。

首言"文正"。自北宋司马光提出"谥之美者，极于文正"（苏轼《司马温公行状》）之说以来，历朝历代获此美谥者屈指可数。《左传》有云："大上有立德，其次有立功，其次有立言，虽久不废，此之谓不朽。"论树立德行，前有容闳的确论："其所以成为大人物，在于道德过人。"后有《清儒学案》卷一七七、一七八专列"湘乡学案"，以曾国藩为首，称他力挽清中叶以来宋学衰歇的积弊，以程朱理学为根本，撷取精华，讲究实用。论建立功业，曾国藩作为"中兴四大名臣之首"，创建湘军，戡定洪杨之役，倡导洋务，兴办教育，培养人才，超越谥号"文成"的明人王阳明。论创立学说，曾国藩也不落人后，政事上倡导洋务运动，高举"自强""求富"旗帜；辞章上标榜"义理、考据、辞章、经济"之说，推崇杜、韩、苏、黄之诗。据此观之，曾国藩洵为人臣之极致，容闳《西学东渐记》也说"谥以文正，可谓名副其实"，世人对此并无异议。

次说"学案"。曾国藩从湖南湘乡一个笨拙的读书人成为斡转近代世运的"中兴名臣"，他实现人生逆袭的思想根基是程朱理学，并终生服膺笃行之。定日课，立"八本"，举凡读书、作文、事亲、养生、立身、居家、为官、行军，无不契合宋儒推扬的正心诚意、修身齐家、治国平天下的宗旨。虽说学案体始创于明末清初黄宗羲之手，但肇萌于南宋朱熹的《伊洛渊源录》。其体例是诸学案前总设一表，备举师友弟子，标明学派源流，选取案主平生精义，后录各家评论。由此来看，曾国藩与宋学真可谓因缘早结。曾国藩作为

"旧教育中之特产人物"（容闳《西学东渐记》），"一方面吸收输入外来之学说，一方面不忘本来民族之地位"（陈寅恪《冯友兰〈中国哲学史〉下册审查报告》），堪为师表。单是湘乡曾氏家族，人才辈出，遍布政治、军事、外交、科学、文艺、教育诸多领域。龙梦荪编选《曾文正公学案》，"取公遗集，提其精要，以类相从"，全书分为 19 类，即修养类、正心类、忠诚类、强毅类、勤劳类、谦谨类、节俭类、廉介类、摄生类、治家类、交际类、厚俗类、处事类、人才类、将才类、军谋类、从政类、学术类、文艺类。以曾国藩为案主，下开十数家法门，名曰"学案"，倒也未尝不可。

龙梦荪，据《曾文正公学案》上海商务印书馆 1925 年刊行本所附序文，署名"马平龙梦荪"，版权页上的著作者兼发行者也作"马平龙梦荪"。马平为清朝柳州府辖县，民国二年（1913）改属广西柳江道。推知龙梦荪籍贯为广西马平。其他生平事迹待考。

编者自序作于"癸亥五月廿四日"，癸亥即 1923 年。此当为龙梦荪编定《曾文正公学案》的时间。版权页载："中华民国十三年正月印刷，中华民国十四年十月发行。"可知该书自 1923 年 5 月编定，迄 1925 年 10 月发行，前后近三年，这与序中所言的"欲付手民""又已三载"大致吻合。

为了适合儒家语录体的需要，《曾文正公学案》除照录曾国藩原文之外，龙梦荪还作了删减、改写、增添、倒置、合并等，少部分条文标明了出处。原文中特指某人某事的，均改为泛指，如10.17 则开头增添"凡少年之人"，11.47 则"与洋人交际"五字删去"洋"字，等等。有时为了适应普通读者的需要，如 4.18 则"有所激而挢之"的"挢"、15.22 则"不致来怨讟（dú）之声"的

"讄"，均将难识的字分别改为意相近且易辨认的"矫""毁"。

《曾文正公学案》难免有纰漏。一是单字误改，如形近之误，14.17 则"梁丽可以冲城"，将"冲（衝）"误作"衡"；19.41 则"为之鐵围以识别之"，将"鐵（通'尖'）"误作"纖（纤）"。他如臆改之误，19.75 则"学颜、柳，学其秀而能雄"，"能"字误作"难"。又如人名之误，16.62 则"李迪庵用兵得一'暇'字诀"，将"迪庵"误作"希庵"。二是出处误标，如 6.44 则本为致沅弟（曾国荃）却误作"致曾国华书"，10.10 则本为致澄弟（曾国潢）而误作"致曾国荃"，15.61 则本是宋梦兰（子久）却误作"宋子文"，17.30 则本是毛鸿宾（寄云）却误作"毛奇云"。三是脱字，如 19.41 则"为之评注以显之"，"显"字脱，当补录。

2010 年 12 月，岳麓书社将此书列入"民国学术文化名著丛书"，以商务印书馆 1925 年发行本为底本，重新整理，改繁体竖排为简体横排，旧式标点按现代汉语使用规范进行处理。岳麓书社简排本功不可没，但仍有不少问题。比如《整理说明》将龙梦荪的籍贯"马平"误作人名，封面、版权页、扉页均误标编者为马平、龙梦荪二人。若马平为人名，则自序中绝不可能称"余"，每类案语只见"梦荪案"而无一处"马平案"。另外，由于未能核对编者龙梦荪选录曾国藩原文的出处，如上举的出处误标现象，均袭其讹误而未予校改；文字的校正也多有错漏，如"应务"误作"应物"，以及前文所举"冲（衝）"误作"衡"、"鐵"误作"纖"等，皆未辨正；对编者龙梦荪删改增补曾国藩原文的具体情况，也付诸阙如。

此次整理，以商务印书馆 1925 年发行本为底本，校以《曾文正公全集》清光绪二年（1876）传忠书局刻本、唐浩明编《曾国藩全集》岳麓书社 2011 年修订本。本着尊重原著和编者的原则，遵循"国学句典丛书"的体例要求，此次整理分为"注释"和"解析"两部分。"注释"部分：主要是疏解字义，或考索典故。"解析"部分：首先，逐条标明原始出处，为了便于读者查阅核对，出处均依据《曾国藩全集》岳麓书社 2011 年修订本，标示出自何种体式、何时所作，鉴于编者所标出处讹误较多，为了统一体例，一并删去底本诸则所标出处；全书 914 则仅 1 则未详所自。其次，对诸则文字是否删改增倒等情况作简要说明。最后，或挖掘写作背景，或串讲大意，或略陈一己管见。总之，希望最大限度彰显《曾文正公学案》的优长，为读者提供一个全方位了解曾国藩人生智慧的窗口，从而达到开卷有益、修养身心的目的。

2019 年 7 月底，陈斐老师盛情邀我来注析《曾文正公学案》。每当我摊书展读，思接古人，偶有会心，便觉得真不枉这次涤垢洗心的书山问道之旅。感谢陈斐老师君子般的大德和包容，感谢东方出版中心梁惠老师、裴宏江兄的认真与负责！这让我联想到曾国藩所说的"守约笃行"和"推诚相与"，也真切地感受到同道们的学术热情和人世间的温情。

辛丑仲秋于闽江之畔梦鸿轩

序

曾文正为近世之大人物。德业文章，炳耀寰宇①；虽妇孺亦知钦佩其为人。彼果何所得力而成就如斯之盛哉？吾尝读其遗集，案其行事，反覆推求，始知其得力所在，盖由强毅谦谨而来也。惟其强毅也，故困知勉行，力追前哲；特立独行，自拔流俗。虽极人世艰苦之境，而曾不少易其心；虽遇千挫百折之阻，亦不足以夺其志。真者必信，而不为外界所移；妄者必不信，而不为古人所欺。惟其谦谨也，故尝以事理无尽，不敢以才智自矜。其接物也，则小心翼翼，无一人之敢慢；其赴公也，则兢兢业业，恐一事之或忽。以世务莫测，所推之或误也，则时思以博访于人；以国事万端，才力之未逮也，则举贤共图如不及。其学问之所以增进，道德之所以高尚，功业文章之所以炳耀寰宇，诚所谓日就月将，有本有源者矣！

余往者不自量度，附于仰止之义，取公遗集，提其精要，以类相从，成是一书，日置座右，以为自修之助。既而示各学友，佥以中选各条，不务高远，平实易行，无往而非得之阅历，亦无往而非本诸良心，发人深省，往往而在，公之斯世，不无裨益。

余深有感焉。欲付手民，因循未果，悠悠岁月，又已三载。每念当今世风，以视有清，变本加厉，浇薄至极，不禁浩叹！以为非有如公其人，崇实去华，为天下倡，则世风沉沦，节义扫地，蜩螗沸羹②，乱将无已。吾辈所感受之痛苦，必将如水益深，如火益烈。又念如公其人之未易得也，不得已而更思其次，遂有斯编之刷，冀以公言为天下倡。呜呼！公之骨已朽矣！独斯言尚在！所愿有志之士读是编者，知风气之日坏，转移之不容已；居心行事，以公为师；勇猛精进，力自鞭策，则公之卓然能有所成于前，安见吾辈不能有成继公于后也！

马平龙梦荪

癸亥五月廿四日

【注释】

① 寰（huán）宇：天下。

② 蜩（tiáo）螗（táng）沸羹：像蝉噪、水滚、羹沸一样嘈杂喧闹，比喻社会动荡，纷扰不宁。《诗经·大雅·荡》："如蜩如螗，如沸如羹。"蜩螗，蝉的别名。

目次

修养类第一

1.1　吾辈治心治身，理不可太多，知亦不可太杂，切身日日用得着的不过一两句，所谓守约也①。

【注释】

① 守约：守，遵从；约，简约。指简易可行。

【解析】 出自咸丰九年（1859）十月二十八日书信《复李榕》。此则论修养身心宜简约易行。磨炼心志和调理身体，道理不必讲太多，知识不能太复杂，简易实用的就一两句，否则都是些空话、废话、套话。曾国藩有许多一字诀、箴言金句，即是"守约"的体现。

1.2　勤以治事，恕以待人①，廉以服众，明以应务。四字兼全，可为名将，可为好官，不论文武大小，无往行不通。至"勤""恕""廉"三字，皆可勉强为之；惟"明"字甚不易学，必凡事精细考究，多看、多做、多问、多想，然后渐几于"明"。求"明"字之诀，仍不外从"勤"字下工夫。苟立志有为，四字中又惟"勤"字为最要也。

有为在勤，有猷在勤②，有守在勤，勤劳万能，勤劳神圣。

【注释】

① 恕：宽容。

② 猷（yóu）：打算，谋划。

【解析】出自咸丰十年（1860）正月十七日批牍《批管带护军喻参将吉三禀奉委照料太湖各营帮同办理营务请示遵行由》，文字略有改动。此则论为人处事应勤恕廉明。曾国藩传授喻吉三行事"四字诀"，最紧要的是勤，即尽心尽力，贵在坚持；最难学的是明，即明晓事理，灵活应对。

1.3　凡人皆有所短，亦皆有所长，宜从短处痛下工夫，从长处扩而充之。

【解析】出自咸丰十一年（1861）正月十四日家书《谕纪泽》，文字略有增改。此则论做人修为之法。曾国藩长子纪泽的长处是看书写字，短处是写诗作文，解决办法就是扬长补短。

1.4　吾人身心之间，须有一种清气。饮酒太多，则气必昏浊；说话太多，则神必躁扰。欲葆清气，首贵饮酒有节，次贵说话不苟。

【解析】出自杂著《箴言六则规澄侯·清》，作于同治七年（1868）十月二十四、二十五日，文字略有删减。此则论保持清气必须不贪酒不胡说。喝酒误大事，胡说伤人心。

1.5　立志学作好人。第一贵勤劳，凡事皆力作深思，有暇或看书习字；第二贵谦恭，貌恭则不招人之侮，心虚则可受人之益；第三贵信实，莫说半句荒唐之言，莫做半点架空之事。修此三者，虽走遍天下，处处顺遂矣。

【解析】出自同治元年（1862）七月十二日书信《复欧阳定果》，文字略有删改。此则论做一名好人的三个原则。曾国藩劝诫内侄欧阳定果，应立志学做好人，须如此着手：一是勤劳，二是谦虚，三是诚实。

1.6 修己治人之道，止"勤于邦，俭于家，言忠信，行笃敬"四语，终身用之，有不能尽，不在多，亦不在深。

【解析】出自咸丰十一年（1861）十一月初九日日记。此则论提升自我修养、治理百姓的办法。当时湘军已克复安庆，局势大好，曾国藩与幕僚陈艾（字虎臣）交谈，指出为人应报效国家，生活要节俭，说话要言而有信，做事要专心认真。

1.7 古人修身治人之道，不外"勤""大""谦"三字。勤若文王之不遑①，大若舜禹之不与②，谦若汉文之不胜③。而"勤""谦"二字，尤为彻始彻终、须臾不可离之道。勤所以儆惰④也，谦所以儆傲也。能勤且谦，则"大"字在其中矣。千古之圣贤豪杰，凡有立于世者，皆不外一"勤"字；千古有道自得之士，皆不外一"谦"字。

坐而言者，不能起而行；起而行者，有始而无终。以是言，学圣贤豪杰正其永，永堕落自绝于圣贤豪杰也。

【注释】

① 勤若文王之不遑：勤于政事，如同周文王姬昌那样，没有空暇吃饭。

② 大若舜禹之不与：胸怀宽大，如同上古的舜、禹那样，不是自己享受而是为了百姓。

③ 谦若汉文之不胜：谦虚谨慎，如同汉文帝刘恒那样，自认为难以胜任天子之位。

④ 儆（jǐng）：使人警醒不犯错。

【解析】出自咸丰十年（1860）十二月十二日日记，个别文字有改动。此则论修身治人的方法。曾国藩同治十年（1871）二三月间所作《笔记十二篇·汉文帝》亦载"不与""不遑""不称"三语，可与此参看。当时太平军进逼皖南、江西，曾国藩认为应当坚守，以勤劳、谦虚来戒除懒惰、傲慢，养成不计一时得失的宽广胸怀和超凡定力。

1.8　不贪财，不失信，不自是。有此三者，自然鬼服神钦①，到处人皆敬重；若三者有一，则不为人所与矣。

【注释】

① 鬼服神钦：鬼神都佩服敬重。

【解析】出自道光二十八年（1848）六月十七日家书《致澄弟温弟沅弟季弟》，文字略有删减。上一年曾国藩升任内阁学士兼礼部侍郎，告诫诸弟在老家应酬人情时，做到"三不为"。

1.9　信，只不说假话耳，然却极难，吾辈当从此一字下手。今日说定之话，明日勿因小利害而变。

【解析】出自同治元年（1862）三月二十四日书信《复李鸿章》。此则论人应守信用。曾国藩自言外交事务不易处理，须秉持儒家"忠信笃敬"四字，告诫高足李鸿章，与人交际，当以诚信为重，说话算数，不能因利益而朝令夕改。

1.10　千言万语，莫先于立志。

【解析】出自道光二十三年（1843）正月十七日日记。此则论为人先应立志。曾国藩上一年在京结识理学家倭仁等人，常写日记改过自新。此月请客应酬稍多，故自责自省，认为应当立大志，不可陷于俗世小事的纠缠之中而无法自拔。

1.11　寸心郁郁不自得，皆由平日于养气上欠工夫，故不能不动心。欲求养气，不外"自反而缩"①、"行慊于心"两句②；欲求行慊于心，不外"清""慎""勤"三字。因将此三字各缀数句，为之疏解。"清"字曰无贪无竞，省事清心，一介不苟，鬼服神钦；"慎"字曰战战兢兢，死而后已，行有不得，反求诸己；"勤"字曰手眼俱到，心力交瘁，困知勉行，夜以继日。

【注释】

① 自反而缩：出自《孟子·公孙丑上》，谓占了理，即使前面千军万马，也要勇往直前。

② 行慊（qiàn）于心：出自《孟子·公孙丑上》，谓不做亏心事，气就不疲软。

【解析】出自同治元年（1862）九月十四日日记，文字略有删改。此则论养气的三种方法。由于围攻金陵不顺，又被江西官场牵绊，曾国藩郁闷不已，因而思虑到平时养气欠工夫。占着理，行得正，方能养浩然之气，自如应对任何困境。

1.12 "劳""谦"二字，受用无穷。劳所以戒惰也，谦所以戒傲也。有此二者，何恶不去？何善不臻？

【解析】出自咸丰十年（1860）十二月十八日日记。此则论为人应勤劳谦虚。曾国藩思量战乱不知何时平定，安庆不知能否撑得住，故用勤劳、谦虚来警诫自己和弟任等人。

1.13 立身之道，以禹、墨之勤俭，兼老、庄之静虚，庶于修己治人之术，两得之矣。

【解析】出自咸丰十一年（1861）正月初一日日记。此则论立身之道应勤俭淡泊。曾国藩尊奉儒家，恪守礼法，同时也旁及别派。同治七年（1868）十二月初五日日记记载："吾曩者志事以老、庄为体，禹、墨为用。"曾国藩强调个体的内外修行，在生活起居上学习禹、墨的勤劳节俭，在价值观念上效仿老、庄的清心寡欲。内儒外法，儒主道辅，儒表墨里，是古代读书人秉持的一套指导思想。

1.14　刚介为自立之基，敬恕为养心之要。

【解析】出自同治二年（1863）十月十一日书信《与葛封泰》，文字略有删减。此则论刚介敬恕的重要性。葛氏为曾家塾师，来信询问科举之业，曾国藩顺便论及做人之道：人要刚柔并济，既自立自强，又谨慎宽容。

1.15　"勤""俭""谨""信"，凡人不可不加意此四字。勤如天地之阳气，凡立身居家，作官治军，皆赖阳气鼓荡。勤则兴旺，惰则衰颓。俭者可以正风气，可以惜后福。谨，即谦恭也。谦，则不遭人忌；恭，则不受人侮。信，即诚实也。一言不欺，一事不假，行之既久，人皆信之，鬼神亦钦之。

【解析】出自同治二年（1863）正月初一日书信《复彭毓橘》，文字略有增删。此则论为人应勤俭谨信。表弟彭毓橘（字杏南）得奖叙、受封典，曾国藩劝诫他更应秉持勤俭谦恭之风。面对荣誉，须不以物喜，否则会乐极生悲。

1.16　古今之庸人，皆以一"惰"字致败；古今之才人，皆以一"傲"字致败。

【解析】出自咸丰十年（1860）九月二十三日家书《致沅弟》，沅弟即曾氏九弟曾国荃（字沅甫），文字略有删减。此则论惰、傲的危害。此时太平军逼迫祁门、安庆，外夷进逼京畿。曾国藩认为，面对内忧外患，不懒惰、戒傲慢才是走向成功的两大法宝。

1.17　以人事与天争衡，莫大乎"忠""勤"二字。乱世多尚巧伪，惟忠者可以革其习；末俗多趋偷惰，惟勤者可以遏其流。忠不必有过人之才智，尽吾心而已矣；勤不必有过人之精神，竭吾力而已矣。能剖心肝以为万民，忠至而智亦生焉；能苦筋骸以捍大患，勤至而勇亦出焉。忠之积于平日者，则自不妄语始；勤之积于平日者，则自不晏起始。

妄语则大言不惭，无往而不欺人；晏起则许多职务废弃不治，言忠勤而首以为戒，得端本清源之旨矣。

【解析】出自杂著《笔记十二篇·忠勤》，作于同治十年（1871）二三月间，个别文字有改动。此则论人立身行事应恪守忠勤。危难时刻，方显英雄本色。往大了说，应尽心竭力报效国家，拯救苍生；往小了说，就是勤劳务实，平时要不乱说话、不睡懒觉。

1.18　仪表绝人，全在一"重"字。宜时时留心，无论行坐，均须重厚。

【解析】出自咸丰九年（1859）十月十四日家书《谕纪泽》，文字略有删减。此则论为人应注重仪表。曾国藩以祖父曾玉屏为榜样，谆谆教导 21 岁的长子曾纪泽平日要早起，做事有恒心，走路说话须稳重。

1.19　余生平吃数大堑①，而癸丑六月不与焉②。第一次，壬辰年发佾生③，学台悬牌④，责其文理之浅。第二，庚戌年上日讲疏⑤，内画一图甚陋，九卿中无人不冷笑而薄之⑥。第三，甲寅年岳州、靖港败后，栖于高峰寺⑦，为通省官绅所鄙夷。第四，乙卯年九江败后赧颜走入江西⑧，又参抚、臬⑨；丙辰被困南昌⑩，官绅人人目笑存之。吃此四堑，无地自容。故近虽忝窃大名，而不敢自诩为有本领，不敢自以为是。俯畏人言，仰畏天命，皆从磨炼后得来。弟今所吃之堑，与余甲寅岳州、靖港败后相等，虽难处各有不同，被人指摘称快则一也。弟力守悔字硬字两诀，以求挽回。反求诸己，切实做去，安知大堑之后无大伸之日耶？

【注释】

① 堑（qiàn）：挫折。

② 癸丑：咸丰三年（1853）。曾国藩在长沙办团练反遭怨恨，被赶出城。

③ 壬辰年：道光十二年（1832）。佾（yì）生：清代朝廷及文庙举行庆祀活动时充任乐舞的童生，文生执羽箭，武生执干戚，合乐作舞。如获"佾生"资格，可免县试、府试，只需参加院试，故称"半个秀才"。

④ 悬牌：发布公告。学台：清代学政的俗称，此指学政岳镇南。

⑤ 庚戌年：道光三十年（1850）。日讲疏：指道光三十年四月初四日曾国藩上《条陈日讲事宜疏》。

⑥ 九卿：常指清代中央机关的六部尚书、都察院都御史、通政司使、大理寺卿。

⑦ 甲寅年：咸丰四年（1854）。湘军在湖南岳阳、长沙靖港战败，首战出师不利，曾国藩投水自尽未遂。

⑧ 乙卯年：咸丰五年（1855）。赧（nǎn）颜：因羞愧而脸红。

⑨ 抚、臬：指巡抚和按察使，分别主管一省军政、民政和司法刑狱、官吏考核。

⑩ 丙辰：咸丰六年（1856）。

【解析】 出自同治六年（1867）三月十二日家书《致沅弟》。此则论为人应悔过自新。此时曾国荃因剿捻失利而被弃用，曾国藩以平生四次受人讥笑之事来勉慰他，受挫不要紧，最重要的是能怀敬畏之心，正确面对挫折，风雨过后便是晴天。人其实最应看重的，是不能输在终点线，中途跌倒摔伤则是常态。

1.20 兄自问近年得力惟有一"悔"字诀。兄昔年自负本领甚大，可屈可伸，可行可藏；又每见得人家不是。自从丁巳、戊午大悔大悟之后①，乃知自己全无本领，凡事都见得人家有几分是处。

故自戊午至今九载，与四十岁以前迥不相同。大约以能立能达为体，以不怨不尤为用。立者，发奋自强，站得住也；达者，办事圆融，行得通也。

【注释】

① 丁巳、戊午：咸丰七年（1857）、八年（1858）。曾国藩回籍丁父忧，因咸丰六年（1856）困顿江西而大彻大悟。

【解析】出自同治六年（1867）正月初二日家书《致沅弟》。此则论为人应悔过自强。曾国藩劝诫九弟曾国荃面对处境要学会克制，泰然处之。男子汉大丈夫要奋发图强，勿怨天尤人；要谦逊虚心，勿骄傲自大。

1.21 困心横虑①，正是磨炼英雄，玉汝于成。李申夫尝谓余怄气从不说出②，一味忍耐，徐图自强，因引谚曰"好汉打脱牙和血吞"。此二语是余生平咬牙立志之诀。余庚戌、辛亥间为京师权贵所唾骂③，癸丑、甲寅为长沙所唾骂④，乙卯、丙辰为江西所唾骂⑤，以及岳州之败、靖江之败、湖口之败⑥，盖打脱门牙之时多矣，无一次不和血吞之。弟此次郭军之败⑦、三县之失，亦颇有打脱门牙之象。来信每怪运气不好，便不似好汉声口，惟有一字不说，咬定牙根，徐图自强而已。

【注释】

① 困心横虑：亦作"困心衡虑"，心意困苦，忧虑满胸。语出《孟子·告子下》："困于心，衡于虑，而后作。"

② 李申夫：李榕，曾国藩幕僚。

③ 庚戌、辛亥：道光三十年（1850）、三十一年（1851）。曾国藩在京上疏言事，针砭时弊，反被同僚耻笑。

④ 癸丑、甲寅：咸丰三年（1853）、四年（1854）。曾国藩督办团练，与长沙官场发生矛盾，反遭唾骂。

⑤ 乙卯、丙辰：咸丰五年（1855）、六年（1856）。曾国藩在江西战场，因筹饷等事弹劾抚臬，备受江西官场的牵制。

⑥ 岳州之败、靖江之败、湖口之败：指湘军前三次出战，咸丰四年（1854）湘军在湖南岳阳、长沙靖港，咸丰五年（1855）在江西九江的湖口，均被太平军挫败。

⑦ 郭军之败：指郭松林同治五年（1866）十二月在湖北围剿捻军，遭遇惨败。

【解析】 出自同治五年（1866）十二月十八日家书《致沅弟》，文字略有删减。此则论为人应正确面对困境。曾国荃此时因剿捻无功而备受挫折，心生怨气。曾国藩以湘军三大惨败来劝勉弟弟，面对逆境时要咬紧牙根，将挫折视为磨炼，卧薪尝胆，坚忍自强。

1.22　不困厄则不能激，无诋毁则不自愤。

【解析】 出自同治五年（1866）七月十八日书信《复李鸿章》。此则论为人应正视困难。曾国藩劝诫李鸿章，创办淮军必定会遭遇挫折。万事开头难，不经风雨怎能见彩虹！

1.23　人才非困厄则不能激，非危心深虑则不能达①。

【注释】

① 危心：心存戒惧。

【解析】 出自同治十年（1871）五月十九日书信《复袁保恒》。此则论成才必须经受磨炼。袁保恒（字小午）此时在李鸿章淮军营中效力。曾国藩与袁保恒讨论如何识拔人才。不经过摸爬滚打，只是普普通通的"人"，还不足以成"才"。

1.24　无盘根错节，则利器末由显著①。

【注释】

①"无盘"二句：俗谚说"不遇盘根错节，无以别利器"，指不遇到盘根错节，无法识别斧头是否锋利。

【解析】出自同治十年（1871）五月十九日书信《复袁保恒》。此则论人才须经受磨炼。事不避艰，行不畏难，方显过人之处！

1.25　傲为凶德^①，惰为衰气。凡当大任者，皆以此二字致于颠覆。用兵者，最戒骄气、惰气。作人之道，亦惟"骄""惰"二字误事最甚。

【注释】

① 凶德：违背仁德的恶行。

【解析】出自咸丰十年（1860）九月二十一日日记，文字稍有增改。此则论为人应力戒骄傲懒惰。四月至七月，湘军围困安庆，太平军英王陈玉成驰援无果，曾国荃一战成名。曾国藩认为处顺境时，当戒骄戒惰，以免误事导致失败。

1.26　人无贤愚，遇凶皆知自悔，悔则可免于灾戾^①。动心忍性，斯大任之基；侧身修行，乃隆兴之本。自古成大业者，未有不自困心、横虑、觉悟知非而来者也。

【注释】

① 灾戾（lì）：灾殃戾气。

【解析】出自杂著中《笔记二十七则·悔吝》，作于咸丰九年（1859），文字略有删改。此则论人面对失败、困厄时，当有自省、悔恨之心。只有反思过错，方能悔过自新。

1.27　吾辈所可勉者，但求尽吾心力之所能及，而不必遽希千古万难攀跻之人^①。

【注释】

① 遽希：急切希望。攀跻（jī）：攀登。

【解析】出自同治三年（1864）八月初五日家书《致沅弟》。此则论为人只求尽心竭力。曾国藩劝慰弟弟曾国荃已功垂不朽，切勿抑郁不乐，而应放宽心，尽心尽力去做，但求问心无愧，不应心高气傲去硬争做上等人，那样不现实，自己反而被逼得太累。

当百端拂逆之时①，只有逆来顺受之法，仍不外"悔"字诀、"硬"字诀而已。

【注释】

① 百端：众多思绪。拂逆：违背，不顺。

【解析】 出自同治六年（1867）三月初二日家书《致沅弟》。此则论面对困境应悔过自新。此时曾国荃被开缺回籍，心绪不佳。曾国藩劝诫他应学会逆来顺受，深藏功名，等待时机。果不其然，次年曾国荃起任湖北巡抚。

1.29 除却进德修业，乃是一无所恃，所谓把截四路头也。若不日日向上，则人非鬼责，身败名裂，无不旋踵而至矣，可不畏哉！

【解析】 出自咸丰元年（1851）八月初六日日记。此则论为人应修身养德。曾国藩自我反省，认识到：切勿抛弃对德行的日常修为和业务的勤奋研习，否则身败名裂转眼即至。

1.30 作人之道，以"勤""廉""信""慎"四字为要。勤可以补救愚拙，不知者将渐知，不能者将渐能；廉则临财不苟；信则出话不欺；慎者心则敬畏，而言则退让也。有是四端，小则谨身寡过，大则有守有为。

【解析】 出自同治六年（1867）三月二十三日书信《复欧阳星泉》，文字略有删减。此则论为人应勤廉信慎。曾国藩向内侄欧阳星泉传授为人之道：一是勤奋，二是清廉，三是诚实，四是谨慎。如此修行，往大讲，

修养类第一

012

可以秉持操守，奋发作为；往小看，也可立身严谨，少犯错误。

1.31　为人总以"勤""俭""敬""信"四字为本，而以择交为用。无四字，则凡事皆无根柢；纵有才华，亦浮荣耳。不择交，则无观摩规劝之益。故须物色贤者，明以为友，暗奉为师。

【解析】出自同治六年（1867）六月十八日书信《加王镇墉片》，个别文字有改动。此则论为人应勤俭敬信。外甥王镇墉初次入京，参加科举考试。京城诱惑多，人员杂，极易迷失自我。曾国藩劝他约束身心，以勤俭敬信为根本，交友要谨慎。

1.32　治心之道，先去其毒。阳恶曰忿①，阴恶曰欲②。治身之道，必防其患。刚恶曰暴③，柔恶曰慢④。治口之道，二者交惕，曰慎言语，曰节饮食。凡此数端，其药维何？ 礼以居敬，乐以导和。阳刚之恶，和以宜之；阴柔之恶，敬以持之；饮食之过，敬以检之；言语之过，和以敛之。敬极肃肃，和极雍雍，穆穆绵绵，斯为德容。容在于外，实根于内，动静交养，睟面盎背⑤。

【注释】

①阳恶：外露的恶行。忿（fèn）：心绪散乱，怒恨。

②阴恶：隐藏的恶行。

③刚恶：强硬的恶行。

④柔恶：软弱的恶行。

⑤睟（suì）面盎（àng）背：睟，清和润泽的样子。盎，显现，充盈。指有德者的仪态温润敦厚。出自《孟子·尽心上》："君子所性，仁义礼智根于心，其生色也，睟然见于面，盎于背，施于四体，四体不言而喻。"意谓仁义礼智植根于心，纯和温润表现于颜面，充盈于肩背，散布到手足四肢。

【解析】出自咸丰二年（1852）正月初三日日记。此则论修养身心应戒除毒患。曾国藩写日记来检点言行，修身养性，体悟到心、身、口必须分别戒除生气、私欲、暴躁、怠慢、乱说、暴食的毒害。三者由深到浅，由里及表，层次分明，切实可行。

1.33　吾人只有进德、修业两事靠得住。得尺则我之尺也，得寸则我之寸也。今日进一分德，便算积一升谷；明日修一分业，又算余一文钱。至于功名富贵，悉由命定，丝毫不能自主。尽其在我，听其在天，万不可稍生妄想。

【解析】出自道光二十四年（1844）八月二十九日家书《致澄弟温弟沅弟季弟》，文字略有删减。此则论为人应进德修业。此时曾国藩在京身为翰林，写信给诸位弟弟，劝诫他们不断增进美德，勤修功业，如此才靠得住。

1.34　圣贤豪杰，自古无种。只要人肯立志，无不可以做到。

【解析】出自同治二年（1863）十二月十四日家书《谕纪瑞》。此则论为人应立志。曾国荃即将攻占天京城（今南京，全书同），胜利在望。曾国藩劝诫曾国荃长子纪瑞，勿忘先贤勤俭之风，不可专恃祖先庇荫。圣贤豪杰没有世袭罔替，只要肯立大志，就有可能做到。

1.35　凡人一身，只有"迁善改过"四字可靠。

【解析】出自咸丰元年（1851）七月初八日家书《致澄弟温弟沅弟季弟》。此则论为人应改过向善。曾国藩认为一个人只有改错向善才可靠，一家人只有修德读书才可行。

1.36　古之君子，不薄其友为不足与言孔孟之学①，不自菲其身不可为圣贤②，而姑悠悠浮沉于庸众之中。

【注释】
① 薄：轻视。孔孟之学：以孔子、孟子学说为主的儒家思想。
② 菲：轻视。

【解析】出自咸丰元年（1851）四月书信《复罗泽南》，有删节。此则论为人应正视自己，重视朋友。侍郎曾国藩屡次上疏言事，批评朝中官员尸位素餐，而感叹知音难觅，写信给同乡好友罗泽南，自剖心迹，认为君子不会轻视朋友，更不会随波逐流。

1.37 于众醉独醒之际，仍以"浑"字出之；于效验迟缓之时，更以"耐"字贞之①；则人皆感其乐育②，而于己之养德养身，两有裨益。

【注释】

① 贞：坚定。

② 乐育：乐于培育人才。

【解析】出自同治六年（1867）四月十七日书信《复丁日昌》。此则论为人应修德养身。丁日昌此年正月升任江苏布政使，曾国藩向他传授机宜：众人皆醉我独醒时，要学会内敛隐藏，勿强行出头；迟迟不出成效时，要学会等待隐忍，勿轻易放弃。

1.38 古人人也，我亦人也。彼能艰苦困饿，坚忍以成业，而吾何为不能？ 彼能置穷通、荣辱、祸福、死生于度外，而吾何为不能？ 彼能以功绩称当时，教泽牖后世①，而吾何为不能？

其所以不能者，皆因无志焉耳；若志既立，则圣贤豪杰，有何不可做到？彼古人之所能者，安见我不与之同能也哉？

【注释】

① 牖（yǒu）：通"诱"，引导。

【解析】出于杂著中《劝学篇示直隶士子》，作于同治八年（1869）七月初四至初六日，个别文字有增添。此则论为人应坚忍不拔。曾国藩劝导直隶的读书人应树立远大抱负，坚忍不拔，修德立身，建功立业。

1.39　苟有富必能润屋，苟有德必能润身，不必如孔子之温良恭俭①，孟子之睟面盎背②，而后为符验也。一为盛德之君子，必有非常之仪范。是真龙，必有云；是真虎，必有风。不必如程门之游、杨、谢、尹③，朱门之黄、蔡、陈、李④，而后为响应也。一为修业之大人，必有景从之徒党⑤。斯二者，其几甚微，其效甚著，非实有诸己，乌可幸致哉！

【注释】

① 孔子之温良恭俭：孔子倡导的儒家美德，如温和、善良、恭敬、节俭等。

② 孟子之睟面盎背：参见1.32则注⑤。

③ 程门之游、杨、谢、尹：指北宋理学家二程（程颢、程颐）的四名弟子游酢、杨时、谢良佐、尹焞。

④ 朱门之黄、蔡、陈、李：指南宋理学家朱熹的四名弟子黄榦、蔡元定、陈淳、李方子。

⑤ 景从：如影随形。景，通"影"。

【解析】出自杂著中《笔记十二篇·功效》，作于同治十年（1871）二三月间，个别文字有改动。此则论成为有德君子、修业之人，不必担心形单影只，必会有众多追随者。

1.40　念"不知命""不知礼""不知言"三者，《论语》以殿全篇之末①，良有深意。若知斯三者，而益之以孟子"取人为善，与人为善"②之义，则庶几可为完人矣。天下滔滔，吾辈岂有安居之所？亦惟内省不疚，听其所止而休可耳！

【注释】

① 殿：在最后。

② 取人为善，与人为善：语出《孟子·公孙丑上》，指吸取别人的优点来行

善，就是偕同别人一道行善。

【解析】"天下滔滔"之前文字，出自咸丰九年（1859）三月二十九日日记。"天下滔滔"以下文字，出自咸丰十一年（1861）四月初八日书信《复刘蓉》。此则论为人应知命知礼知言。咸丰九年至十一年，太平军欲解安庆之围，数度与湘军激战。君子懂得乐天知命，处世知礼，鉴人知言，方能齐家治国平天下。

1.41　无好快意之事①，常存省过之心。

【注释】

① 好（hào）：喜爱。

【解析】出自杂著中《笔记十二则·悔吝》，作于咸丰九年（1859）。此则论为人应常自省悔过。曾国藩认为"吉凶悔吝，四者相为循环"，劝诫本家子弟要警惕"满招损"，应居安思危，常怀反思悔过之心。

1.42　德与才不可偏重。譬之于水，德在润下，才即其载物溉田之用；譬之于木，德在曲直，才即其舟楫栋梁之用。德若水之源，才即其波澜；德若木之根，才即其枝叶。德而无才以辅之，则近于愚人；才而无德以主之，则近于小人。世人多不甘以愚人自居，故自命每愿为有才者；世人多不欲与小人为缘，故观人每好取有德者，大较然也①。二者既不可兼，与其无德而近于小人，毋宁无才而近于愚人。自修之方，观人之术，皆以此为衡可矣。

【注释】

① 大较：大体上。

【解析】出自杂著中《笔记十二篇·才德》，作于同治十年（1871）二三月间。此则论人的品德与才智应当并重。有德无才是庸才，无德有才是小人，两害取其轻，情愿有德无才也不要有才无德。

1.43　方今天下大乱，人怀苟且之心，事出范围之外，无过而问焉者。吾辈当自立准绳，自为守之，并约同志者共守之，无使吾心之贼，破吾心之墙子。

案：惟能自立准绳，自为守之，而后不为内外两界所胜。外不至为习俗之奴隶，内不至为情欲之奴隶。末二句，无使吾心之贼，破吾心之墙子，即不为情欲奴隶之说也。

【解析】出自咸丰十年（1860）八月初六日书信《复李续宜》。此则论乱世应自立。曾国藩告诫属下名将李续宜，生逢乱世，人心不古，更应自守自立，并推己及人，不能因为周边的环境变坏而失去操守。

1.44　天下大乱，人怀苟且之心，事出范围之外，当谨守准绳，互相劝规，不可互相奖饰包荒①。

【注释】

① 奖饰：过分称誉。包荒：包庇或掩饰荒秽。

【解析】出自咸丰十年（1860）八月初八日书信《复胡林翼》，文字略有删减。此则论乱世应保持操守。信中谈及两天前已致信李续宜，现在愿与胡林翼一道保持操守，互相激励，而不互相称扬，也不互相包庇。

1.45　以勤为本，以诚辅之。勤则虽柔必强，虽愚必明；诚则金石可穿，鬼神可格①。

【注释】

① 格：感动。

【解析】出自同治四年（1865）八月初十日书信《加陈湜片》，文字略有删减。此则论为人应勤劳诚实。曾国藩劝诫湘军将领陈湜，无论公私之事，当以勤奋为立身根本，并辅以真诚。勤劳做事，柔弱也会变得强大，愚笨也会变得聪明；诚心做人，此意可以穿透金石，感动鬼神。

1.46　圣贤之言德行者，名类甚多。苟以一两字切己反求，皆有终身可行之益。但末流之弊，不可不防。故虞廷教胄①，及皋陶九德②，皆各有相反之字，以矫其偏而成其善。

梁任公曰③："学者无求道之心，则亦已耳。苟其有之，则诚无取乎多言，但使择古人一二语之足以针砭我而夹辅我者④，则终身由之不能尽，而安身立命之大原在是矣。"其言甚精，可与公之言参观。

【注释】

① 虞廷：虞舜的朝廷，圣明王朝的代称。教胄：语出《尚书·舜典》："帝曰：'夔！命汝典乐，教胄子。'"胄，谓元子以下至卿大夫子弟。

② 皋（gāo）陶（yáo）：传说虞舜时的司法官。九德：贤人所具备的九种优良品格。《尚书·皋陶谟》："皋陶曰：'都！亦行有九德。亦言其人有德，乃言曰，载采采。'禹曰：'何？'皋陶曰：'宽而栗，柔而立，愿而恭，乱而敬，扰而毅，直而温，简而廉，刚而塞，强而义，彰厥有常，吉哉！'"

③ 梁任公：梁启超（1873—1929），号任公，广东新会人。与老师康有为倡导变法维新，戊戌变法失败后，流亡日本。民国初，曾任司法总长、财政总长等职。晚年专于著述讲学。

④ 针砭（biān）：指出错误，以便改正。

【解析】出自同治九年（1870）二月十二日书信《复陈艾》。此则论为人应自省悔过。曾国藩劝诫幕僚陈艾要注意警惕末流弊病，防止走向两个极端，必须矫正偏激。

1.47　申甫所谓"好汉打脱牙和血吞"①，星冈公所谓"有福之人善退财"②，真处逆境者之良法也。

【注释】

① 申甫：李榕（1818—1890），字申甫（一作申夫、申凫），四川剑州（今

广元剑阁）人。咸丰二年（1852）进士，九年（1859）六月入曾国藩幕，官至湖南布政使。与忠县李士棻、中江李鸿裔合称"蜀中三李"。

②　星冈公：曾玉屏（1774—1849），号星冈，长子曾麟书即曾国藩之父。

【解析】 出自同治六年（1867）正月初二日家书《致沅弟》。此则论面对困境的两个办法。曾国藩致信弟弟曾国荃，家中遭灾，切勿慌乱胡猜，唯有泰然处之。面对逆境，要学会隐忍。富易招贼，要善于花财消灾，散财便是积福。

1.48　朝闻道而夕死^①，殊不易易。闻道者必真知而笃信之，吾辈自己不能自信，心中已无把握，焉能闻道？

【注释】

①　朝闻道而夕死：早晨得知真理，晚上死去都可以。

【解析】 出自咸丰九年（1859）二月初八日日记，个别文字有删改。此则论修身闻道之要义。当天晚上曾国藩与好友吴嘉宾（字子序）畅谈读书之道，认为读书人的目的之一就是追求真理，首要的是自己要信仰真理，其次是把握真理的要义，否则闻道无从谈起。

1.49　君子之自处，常严重而不可干^①。其待人也，以敬其身者敬之；道胜己者，抑志事之^②。

【注释】

①　严重：严肃稳重。干：冒犯。

②　抑：连词，表示转折。志：向慕。事：侍奉。

【解析】 出自道光二十四年（1844）正月二十八日书信《致王拯》，此则论为人应律己宽人。广西马平人王拯，道光二十一年（1841）进士，桐城派古文名家，信奉程朱理学，在京时与曾国藩交好。曾国藩认为君子能稳重自处，严于律己，宽以待人，多向强于自己的人学习。

1.50 君子有高世独立之志，而不予人以易窥；有藐万乘却三军之气^①，而未尝轻于一发。

【注释】

① 万乘：天子地方千里，能出兵车万乘，故指帝王。

【解析】 出自道光二十四年（1844）正月二十八日书信《致王拯》。此则论为人应有大志。曾国藩赞誉军机章京王拯，认为君子有高出世俗、特立独行的志向和藐视君王、击退三军的气概，但从不轻易显露出来。

1.51 俭以养廉，直而能忍。

【解析】 出自同治二年（1863）十一月十四日家书《致澄弟》。此则论为人应勤俭。曾国藩写信劝诫弟弟曾国潢在家常日用上要节俭，在老家盖房切忌过于奢侈。

1.52 荷道以躬^①，舆之以言^②。

【注释】

① 荷：担负。躬：亲自。
② 舆：用车装载。

【解析】 出自文集《五箴并序·立志箴》一文，又见道光二十四年（1844）三月初十日家书《致温弟沅弟》。此则论人应当树立远大的志向。李大钊云"铁肩担道义，妙手著文章"，略同此意。

1.53 言而无信，便一钱不值矣。

【解析】 出自同治元年（1862）十一月初四日批牍《批督带常胜军吴道煦禀进剿九洑洲请预定派何营会攻先赐咨行等情》。此则论为人应守信。九洑洲是进军金陵的重要隘口。曾国藩认为此军不遵守约定，导致军令如同一纸空文。古今中外，无论官位大小、才干高低，危急时刻如果言而无信，就是一文不值。人是有信任资本的，当以诚信为先。

1.54　福不多享，总以"俭"字为主，少用仆婢，少花银钱，自然惜福矣；势不多使，则少管闲事，少断是非，无感者亦无怕者，自然悠久矣。

【解析】出自同治三年（1864）六月初四日家书《致澄弟》，文字略有删减。此则论为人应勤俭。曾国藩告诫曾国潢，如今家境日渐富裕，希望勤俭节约，勿忘祖先创业之艰。

1.55　吾人立身于世，当务其大者远者，不当务其小者近者。

【解析】道光二十四年（1844）五月十二日家书《致澄弟温弟沅弟季弟》，文字略有增改。此则论为人应树立远大志向。人应志向远大，抓大放小，而不可只关注眼前的苟且。

1.56　治身当以"不药"二字为药，治心当以"广大"二字为药。

【解析】出自同治元年（1862）七月二十日家书《致沅弟季弟》，二句倒置。此则论如何修治身心。五月李续宜病重，曾国藩以此二句相劝，又用此来宽慰弟弟胸襟要开阔。

1.57　士之修德砥行①，求安于心而已。无欲而为善，无畏而不为不善者，此圣贤之徒中有所得而不惑者也。

【注释】

① 修德砥（dǐ）行：修养道德，砥砺品行。

【解析】出自文集中《纪氏嘉言序》一文，约作于道光二十六年（1846）。此则论为人修德养心之途。君子修养品德来砥砺行为，平和内心，悟得大道。

1.58　知己之过失，即自承认之地，改去毫无吝惜之心，此最难事。豪杰之所以为豪杰，圣贤之所以为圣贤，便是此等处磊落过人。

【解析】出自咸丰元年（1851）七月初七日日记。此则论为人敢于承认错误并加以改正的重要性，而豪杰、圣贤就在于心怀坦荡，敢于向自己"开刀"，正视过失，完善自我。

1.59　贤与不肖之等^①，惟视改过勇怯以为差而已矣。改过什于人者，贤亦什于人；改过百于人者，贤亦过百人。尤贤者尤光明焉，尤不肖者怙终焉而已^②。

【注释】
① 肖：不成材，不正派。
② 怙（hù）：依赖，凭恃。

【解析】出自文集中《召诲》一文，约作于道光二十四年（1844），文字略有删减。此则论人对待过错、过失的态度。贤良与不肖的区别，就看对待过错是勇敢面对还是怯懦逃避。

1.60　人之生，气质不甚相远也。习而之善，既君子矣。其有过，则其友直谏以匡之，巽言以挽之^①。其相率而上达也^②，奚御焉？习而之不善，既小人矣。其有过，则多方文之^③；为之友者，疏之则心非面谀^④，戚之则依附苟同。其相率而下达也，奚御焉？兹贤者所以愈贤，而不肖者愈不肖也。

【注释】
① 巽言：恭顺委婉的言词。
② 相率：相继，一个接一个。

③ 文：掩饰。

④ 面谀：当面恭维。

【解析】出处与1.59则相同，文字略有删减。此则论人的修行在于后天的培育。与君子相交，则愈发贤明；与小人相交，则愈发不肖。

1.61　圣人之道不明，世人相与为一切苟且之行，往往陷于大戾①，而其友无出片言相质确者②。而其人自视恬然，可幸无过。且以仲尼之贤，犹待学《易》以寡过，而今曰无过，欺人乎？ 自欺乎？ 自知有过，而因护一时之失，展转盖藏③，至蹈滔天之奸而不悔，斯则小人之不可近者已！

【注释】

① 戾：暴恶。

② 质确：质正核实。

③ 展转盖藏：多次掩盖。

【解析】出处与1.59则相同，个别文字略有改动。此则谈正视自己过失的必要性。圣贤尚且需要不断地学习来减少错误，而小人苟且度日，掩藏过错，罪恶滔天却不知悔改。

1.62　古之君子，所以自拔于人人者①，岂有他哉？ 亦其器识有不可量度而已矣②。试之以富贵贫贱，而漫焉不加喜戚③；临之以大忧大辱，而不易其常，器之谓也。智足以析天下之微芒，明足以破一隅之固，识之谓也。

【注释】

① 自拔：主动克服某种不良习气。

② 器识：器局与见识。

③ 漫：散漫随意。

【解析】出自文集中《黄仙峤前辈诗序》一文，约作于道光二十九年

（1849）。此则论君子器识之重要。有度量，有见识，方能临危不乱，从容应对。

1.63　存心则缉熙光明①，如日之升；修容则正位凝命②，如鼎之镇。内外交养，敬义夹持，何患不上达！

【注释】

① 存心：专心尽意。缉熙：光明。

② 正位凝命：君子应摆正自己的位置，完成使命。

【解析】 出自道光二十二年（1842）十一月初一日日记。此则论修身养心。此时曾国藩在京，深受理学大儒唐鉴的影响，认为修身养性在于每日外表端庄严整，内心光明磊落，内敬外义，交相培养，如此才能达到高明境界。

1.64　士人读书，第一要有志，第二要有识，第三要有恒。有志则断不甘为下流；有识则知学问无尽，不敢以一得自足；有恒则断无不成之事。此三者，缺一不可。

惟有识不可骤几①；至于有志有恒，则可以勉力为之者也。

【注释】

① 骤几：立刻接近。

【解析】 出自道光二十二年（1842）十二月二十日家书《致澄弟温弟沅弟季弟》，文字略有删减。此则论读书人必备的三个要诀。时为翰林院侍讲的曾国藩激励诸弟用功读书，立大志，广见识，有恒心。特别是见识，极为重要也最为难得。这三个要诀也不仅仅针对读书而言，可推而广之。

1.65　人之气质，由于天生，本难改变；惟读书则可变化气质。欲求变之之法，总须先立坚卓之志。即以余生平言之，三十岁前，最好吃烟，片刻不离。至道光壬寅立志戒烟①，至今不再吃。四十六岁以前，作事无恒，近五年深以为戒，现在大小事均尚有恒。即此二端，可见无事不可变也。吾人苟有短处，须立志改变。古称"金丹换骨"②，立志即丹也。

【注释】

① 道光壬寅：道光二十二年（1842）。

② 金丹换骨：比喻进入造诣极深的顿悟境界。

【解析】出自同治元年（1862）四月二十四日家书《谕纪泽纪鸿》。此则论立志读书可改变气质。曾国藩见儿子习字失于薄弱轻浮，故劝其更换字帖，从而论及气质的后天培养——读书可以改变气质，立志可以脱胎换骨，并以自己戒烟为例，强调贵在坚持。

1.66　君子之学道也，亦必有所谓基业者。大抵以规模宏大、言词诚信为本。如居室然，宏大则所宅者广，托庇者众①；诚信则置基甚固，结构甚牢。

【注释】

① 托庇：依赖他人或某种力量庇护。

【解析】出自杂著中《笔记二十七则·居业》一文，作于咸丰九年（1859）。此则论为人应志向远大，真诚守信。君子学道，像修建房屋一样，以言语真诚为根基，境界宏大为架构。

1.67　吾辈读书，惟"敬"字、"恒"字二端，是彻始彻终工夫。于进德则持之以"敬"，于修业则贞之以"恒"①。久之则自然精进。

【注释】

① 贞：坚定。

【解析】出自咸丰九年（1859）五月十二日书信《复葛封泰》，文字略有删改。此则论读书人应恪守敬恒。读书是为了进德修业，只有心存敬畏，并持之以恒，方能有所成就。

1.68　凡人凉薄之德^①，约有三端，最易触犯。闻有恶德败行，听之娓娓不倦；妒功忌名，幸灾乐祸。此凉德之一端也。人受命于天，穷达自有定分^②；而或不能受命，居卑思尊，日夜自谋置其身于高明之地，譬诸金跃冶^③，而以镆铘干将自命^④。此凉德之二端也。胸苞清浊，口不臧否者^⑤，圣哲之用心也；强分黑白，过事抑扬者，文士轻薄之习，优伶风切之态也^⑥。而吾辈不察而效之，动辄区别善恶，品第高下，使优者未必加劝，而劣者几无以自处。此凉德之三端也。余今老矣，此三者尚加戒之。

【注释】

① 凉薄：指人浅薄无行。

② 穷达：困顿与显达。

③ 跃冶：乐于接受锻炼而成良器。

④ 镆（mò）铘（yé）干将：亦作"莫邪干将"，古剑名，雄剑叫"干将"，雌剑叫"莫邪"。

⑤ 臧否：品评，褒贬。

⑥ 优伶：俳优乐工。风切：讽喻斥责。

【解析】出于咸丰九年（1859）九月二十日日记。此则论为人的三种恶德。嫉贤妒能，幸灾乐祸，这是心胸狭窄；不安本分，不自量力，这是心高气傲；强分善恶，评论高下，这是心理失常。

1.69　念阁下受任独难^①，而进德独猛。难则恐尚有意外之责备，猛则更有不可禁之风波。然后知孟子所谓"动心忍性，增益不能"者^②，殆专为阁下此数月中言之。愿阁下坚持勿懈，增益之外更求增益。历尽危险，坦途自此长矣。

【注释】

① 阁下：指李鸿章（1823—1901），字少荃，安徽合肥人。道光二十七年（1847）进士，后入曾国藩幕。同治元年（1862）创办淮军，九年（1870）创办北洋水师。与曾国藩、张之洞、左宗棠并称为"中兴四大名臣"。卒谥文忠。

② 动心忍性，增益不能：语出《孟子·告子下》，指磨炼心志，使性情坚忍，增长才干。

【解析】 出自同治七年（1868）正月二十九日书信《加李鸿章片》，个别文字有改动。此则论面对困境应坚忍进取。同治五年（1866）李鸿章任钦差大臣，镇压捻军，此时剿捻成效不大，招致朝野非议。曾国藩劝其秉持孟子箴言，坚忍不拔，继续进德修业。

1.70　读书之道，博学详说；经世之才，遍采广询。自度智慧精神，终恐有所不逮。惟当谨守绳墨①，不敢以浮夸导子弟，不敢以暴弃殆父母之遗体②。其有所进，幸也；无所进，终吾身而已矣。

【注释】

① 绳墨：规矩，准则。
② 殆：同"怠"，轻慢。遗体：身体。

【解析】 出自道光二十三年（1843）书信《复贺长龄》。此则论为人应守道。曾国藩感谢同乡前辈贺长龄的奖掖提携，表示一定恪守为人处事、读书致用的准则，不用浮夸来诱导子弟，也不自暴自弃来怠慢父母给自己的身体。

梦荪案：治心治身之道，贵于实行也，非贵于空言也。贵于空言，则理愈多愈妙，知愈杂愈妙；贵于实行，则一二句可为不尽终身，一二字可受用终身。只认定一二句已足，实践一二字已足，求多奚以为也？善夫！黄梨洲①之言曰："大凡学有宗旨，是其人之得力处，亦是学者之入门处。天下之义理无穷，苟非定以一二字，如何约之使其在我？"夫讲学之道，于无穷义理之中，能知定以一二字，约之使其在我，非于人生责任，澈底觉悟，志在实行，乌足语此？ 昔孔单重仁，孟兼论仁义，墨倡勤劳，朱提穷理尽性，王言致良知，标虽不同，皆守约也②；守虽不同，皆重行也。公生平于身心之学，讲究甚深，注重甚至，亦重守约。于治心之学，只守平淡二字；于治身之学，只守忠勤二字。人我之际，皆看得平；名利之际，皆看得淡。忠之积于平日，自不妄语始；勤之积于平日，自不晏起始。直截了当，易知易行。是公之得力处，亦是吾辈之入门处，可以为之终身不尽，可以受用终身不尽。吾辈知之而不行，真自负也！ 真有负于公也！

【注释】

① 黄梨洲：黄宗羲（1610—1695），字太冲，号南雷，世称梨洲先生，浙江余姚人。明清之际思想家、史学家。著有《明夷待访录》《宋元学案》等。

② 孔：指孔子，名丘，字仲尼，鲁国人，春秋末期儒家学派的创始者，主张"仁"，弟子编其言行成《论语》一书。孟：指孟子，名轲，字子舆，战国时期儒家代表人物之一，推崇"仁义"，其言行被编为《孟子》一书。墨：指墨子，名翟，春秋战国之际思想家、政治家，墨家学派的创始人，主张兼爱、勤俭等，其言行被编为《墨子》。朱：指朱熹（1130—1200），字元晦，号晦庵，祖籍徽州婺源（今属江西），理学集大成者，推扬"道问学"，讲求格物致知，穷究事理，世称"朱子"，著有《四书章句集注》《朱子语类》等。王：指王守仁（1472—1529），字伯安，浙江余姚人，明代哲学家、教育家，人称阳明先生，信奉"尊德性"，强调致良知，推重知行合一，其语录和书信被编成《传习录》一书。

正心类第二

2.1 胸襟广大,宜从"平""淡"二字用功。凡人我之际,须看得平;名利之际,须看得淡,庶几胸怀日阔。

【解析】出自咸丰九年(1859)二月初十日记。此则论如何修炼广大胸襟,大体上讲求人我要持平,名利须看淡。

2.2 圣人教人修身,千言万语,而要以不忮不求为重①。忮者,嫉贤害能,妒功争宠。所谓"怠者不能修,忌者畏人修"之类是也。求者,贪利贪名,怀土怀惠。所谓"未得患得既患失"之类是也。忮不常见,每发露于名业相侔、势位相埒之人②;求不常见,每发露于货财相接、仕进相妒之际。将欲造福,先去忮心。所谓人能充无欲害之心,而仁不可胜用也。将欲立品,先去求心。所谓"人能充无穿窬之心③,而义不可胜用也"。忮不去,满怀皆是荆棘;求不去,满腔日即卑污。于此二者痛下工夫,则欲心地干净不难矣。

附《忮求诗二首》:

善莫大于恕,德莫凶于妒。妒者妾妇行,琐琐奚比数?
己拙忌人能,己塞忌人遇。己若无事功,忌人得成务。
己若无党援,忌人得多助。势位苟相敌,畏逼又相恶。

己无好闻望，忌人文名著。己无贤子孙，忌人后嗣裕。

争名日夜奔，争利东西骛。但期一身荣，不惜他人污。

闻灾或欣幸，闻祸或悦豫。问渠何以然，不自知其故。

尔室神来格，高明鬼所顾。天道常好还，嫉人还自误。

幽明丛诟忌，乖气相回互。重者灾汝躬，轻亦减汝祚。

我今告后生，悚然大觉悟。终身让人道，曾不失寸步。

终身祝人善，曾不损尺布。消除嫉妒心，普天零甘露。

家家获吉祥，我亦无恐怖。（上不忮。）

知足天地宽，贪得宇宙隘。岂无过人姿？多欲为患害。

在约每思丰，居困常求泰。富求千乘车，贵求万钉带。

未得求速偿，既得求勿坏。芬馨比椒兰，盘固方泰岱。

求荣不知厌，志亢神愈忲。岁煗有时寒，日明有时晦。

时来多善缘，运去生灾怪。诸福不可期，百殃纷来会。

片言动招尤，举足便有碍。戚戚抱殷忧，精爽日凋瘵。

矫首望八荒，乾坤一何大！安荣无遽欣，患难无遽憝。

君看十人中，八九无倚赖。人穷多过我，我穷犹可耐。

而况处夷涂，奚事生嗟忔？于世少所求，俯仰有余快。

俟命堪终古，曾不愿乎外。

（案："于世少所求"一作"于世少取求"亦通。上不求。）

【注释】

① 忮（zhì）：嫉妒。求：贪图。

② 侔（móu）：相等。埒（liè）：等同。

③ 穿窬（yú）：亦作"穿逾"，指挖墙洞和爬墙头，比喻偷窃。

【解析】出自同治九年（1870）六月初四日家书《谕纪泽纪鸿》，即所谓"天津遗嘱"，个别文字有改动。曾国藩办理天津教案之前，劝诫儿子不嫉贤妒能，不贪图名利。《忮求》诗，作于此年三月二十五日及四月初一、初四日。嫉贤妒能与贪图名利，对于修德进业危害极大，前者易出现在与他人事业、地位相近之时，后者常在钱财交易、仕途升迁之际爆发，若不下工夫戒除，身心会愈发卑劣污浊。

2.3 心以收敛而细，气以收敛而静。

【解析】出自咸丰八年（1858）八月二十二日家书《致澄弟季弟》。此则论为人应收敛心气。信中谈及二弟在家无事，可临帖习字来收敛浮躁的心气。冲动是魔鬼！心宁气静方能练好书法，成就非凡人生。

2.4 牢骚太甚者，其后必多抑塞①。盖无故而怨天，则天必不许；无故而尤人，则人必不服。感应之理，自然随之。务宜力除此病。凡遇牢骚欲发之时，则反躬自思：吾果有何不足而蓄此不平之气？猛然内省，决然去之。

【注释】

① 抑塞：抑郁烦闷。

【解析】出自咸丰元年（1851）九月初五日家书《致澄弟温弟沅弟季弟》，文字略有删减。此则论为人应平心静气。曾国藩在京见过朋友牢骚太多而不祥的遭遇，故劝诫曾国华要平心养气，自省自强。发牢骚，易伤肝动气，不利于修身养性。

2.5 大抵世之乱也，必先由于是非不明，白黑不分。必欲一一强为区别，则愈求分明，愈致混淆，必将呕气到底。须学为和平，学为糊涂。

【解析】出自咸丰四年（1854）四月二十日家书《致澄弟温弟沅弟季弟》，个别文字有删减。此则论身处乱世应平和。曾国藩有感于在长沙办团练的官场阅历，告知诸弟：人世间有些事不可强行区分出子丑寅卯，平和模糊的处理反而显得高妙。

2.6　近来事有不如意者，方寸郁郁殊甚①，亦足见器量之不闳②、养气之不深也。

【注释】

① 方寸：心绪。

② 闳（hóng）：宏大。

【解析】出自同治元年（1862）七月十四日日记，个别文字有改动。此则论为人应有大气度。面临大事一旦不如己意，就郁郁寡欢，是因为修养差，器量小。

2.7　天下得失、祸福、毁誉、是非，皆有数存乎其间，而非人才之所得与，宜委心任运①，听其自至，不必过于抑郁也。

【注释】

① 委心：把心放下。任运：听从命运的安排。

【解析】出自咸丰十年（1860）闰三月初八日书信《复彭玉麟》，文字略有增改。此则论心态应平和。世间万事万物实际上处于对称平衡的状态，祸福相依，故应放平心态，顺其自然，生活随遇而安，工作随时努力。

2.8　"治生不求富①，读书不求官，修德不求报，能文不求名。"兼此四者，则胸次广大②，含天下之至乐矣。

此心须常有满腔生意③。

【注释】

① 治生：谋生计。

② 胸次：胸襟。

③ 生意：生机。

【解析】 出于同治七年（1868）二月初四日日记，文字略有增改。此则论读书人应恪守的四点要求。"治生""读书"二句出自苏轼诗《送千乘千能两侄还乡》。曾国藩认为切勿被世俗的富贵名利所束缚，凡事顺其本心，尽心竭力去做就好，以此来永葆活力，胸怀宽广，达到内心愉悦。

2.9　思人心所以扰扰不定者，只为不知命。陶渊明、白香山、苏子瞻所以受用者①，只为知命。吾涉世数十年，而有时犹起计较之心，若信命不及者，深可愧也。

【注释】

① 陶渊明（352—427）：又名潜，字元亮，浔阳柴桑（今江西九江）人，东晋著名诗人。他不为五斗米折腰，归隐田园，被称为"古今隐逸诗人之宗"。白香山：白居易（772—846），字乐天，号香山居士，祖籍太原，唐代著名诗人。曾官太子少傅，又称白傅。晚年退居洛阳，效法陶渊明，影响深远。苏子瞻：苏轼（1037—1101），字子瞻，号东坡，眉州眉山（今四川眉山）人，北宋著名文学家、书法家。屡次被贬，却豪放旷达。晚年和陶诗以自娱。谥号文忠。

【解析】 出自咸丰九年（1859）三月二十七日日记。此则论乐天知命方能心定神宁。不安天命，则心神不定，患得患失，更难以应对绝境。而陶渊明、白居易、苏轼面对惨淡的人生困境时，能随遇而安，安时处顺，顺天知命。

2.10　子序之言①，欲余捐除杂念，淡泊明志，信良友之言。余今老矣，忿不能惩，欲不能窒②，客气聚于上焦③，深用愧憾，古人所以贵于为道日损也。

【注释】

① 子序：吴嘉宾（1803—1864），字子序，江西南丰人。道光十八年（1838）进士。与曾国藩、邵懿辰等人交善。

② 窒：中断。

③ 客气：一时的意气，偏激的情绪。上焦：中医所谓的"三焦"之一，常指胃上口到舌下的部位，包括心肺。

【解析】出自咸丰八年（1858）十一月二十一日日记，文字略有删改。此则论修身养性，应该抛除杂念，看轻世事，淡泊名利。越到老年，更应多做减法。

2.11　凡天理自然通畅和乐，不通畅处皆私欲也，当时刻唤醒，不令放倒。

【解析】出自道光二十三年（1843）正月十六日日记。此则论为人应戒除私欲。任何一丁点不合情理的私欲，都应该警觉，绝不可轻易放过，因为私欲愈多，原罪也就愈重。

2.12　近来焦虑过多，无一日游于坦荡之天，总由于名心太切、俗见太重。今欲去此二病，须在一"淡"字上著意。不特富贵功名及身家之顺逆、子孙之旺否，悉由天定，即学问德行之成名与否，亦大半关乎天事，一概淡而忘之，庶此心稍得自在。

【解析】出自同治十年（1870）三月十六日日记，文字略有删减。此则论为人应淡泊名利。

2.13　君子之处顺境，兢兢焉常觉天之过厚于我①，我当以所余补人之不足。君子之处啬境②，亦兢兢焉之常觉天之厚于我：非果厚也③，以为较之尤啬者，而我固已厚矣。古人所谓境地须看不如我者，此之谓也。

以己之所余补人之不足，此是何等胸襟，是何等志气！

【注释】

① 兢兢：小心谨慎。厚：优待。

② 啬（sè）境：不顺利的境遇。

③ 果：真的。

【解析】出自道光二十四年（1844）三月初十日家书《致温弟沅弟》。此则论如何面对顺逆之境。曾国藩告诫弟弟，顺境时要感恩苍天厚爱，多帮助不如自己的人；逆境时要多看看不如我的人，自慰自励，以战胜困难。

2.14 阁下此时所处，极人世艰苦之境，宜以"宽"字自养，能勉宅其心于宽泰之域①，俾身体不就孱弱②，志气不至摧颓③，而后从容以求出险之方。

【注释】

① 勉宅：勉励安放。

② 俾（bǐ）：使（达到某种效果）。孱（chán）弱：瘦弱。

③ 摧颓：颓废，失意。

【解析】出自同治七年（1868）三月二十九日书信《加陈湜片》，文字略有删减。此则论面对险境的三步法。陈湜此时遭人弹劾，心绪郁塞。曾国藩开导他，一强身健体，二自我宽慰、坚忍不拔，三想方设法走出困境。

2.15 古人患难忧虞之际①，正是德业长进之时，其功在胸怀坦夷②，其效在于身体康健。圣人之所以为圣，佛家之所以成佛，所争皆在大难磨折之日③，将此心放得宽，养得灵，有活泼泼之胸襟，有坦荡荡之意境，故身体虽有外感，亦不至于内伤。

【注释】

① 忧虞：忧虑。

② 坦夷：坦率平易。

③ 争：力求实现。

【解析】出自同治七年（1868）六月二十一日书信《复陈湜》，个别文字有改动。此则论为人应正视困境，心胸要开阔坦荡，身体须健康强壮。

2.16　富贵功名皆人世浮荣①，惟胸次浩大是真正受用②。

【注释】

① 浮：表面的，不切实际的。

② 胸次：胸襟。

【解析】出自同治三年（1864）正月二十六日家书《致沅弟》。此则论为人应淡泊名利。太平天国首都天京即将被攻克，曾国藩劝诫曾国荃，在功名唾手可得之际，切记谦逊退让，忘却富贵功名，做到胸襟浩大才能颐养天年。

2.17　"静"字全无工夫，欲心之凝定，得乎？

【解析】出自道光二十二年（1842）十月初六日日记。此则论静心工夫。曾国藩写修身养性日记，请理学名家倭仁批点。他多日心浮气躁，沽名钓誉，故以"静"字诀来鞭策自己，养气定神。

2.18　凡人皆有切身之病①，刚恶柔恶，各有所偏，溺焉既深②，动辄发见，须自己体察所溺之病，终身在此外克治。余素有忿很不顾气习③，偏于刚恶。自知而不治，真暴弃矣④！真小人矣！

【注释】

① 切身：关乎自身。

② 溺：沉迷不悟，无节制。

③ 很：通"狠"。

④ 暴弃：糟蹋；不求上进。

【解析】出自道光二十二年（1842）十月二十七日日记，文字略有删改。此则论省过自新。曾国藩针对数日来的自身弊病，痛骂自己是小人。敢于向"昨日之我"宣战，"今日之我"才有望不成为"废人"。

2. 19　自去腊二十以后①，心常忡忡不自持②，若有所失亡者，至今如故。盖志不能立，时易放倒，故心无定向。无定向则不能静，又有鄙陋之见，检点细事，不忍小忿。故一毫之细，竟夕踌躇③，一端之忤④，终日沾恋，坐是所以忡忡也⑤。志不立，识又鄙，欲求心之安，不可得矣！ 夜来竟不成寐，展转千思，俱是鄙夫之见，于应酬小处计较，遂以引伸成忿，惩之不暇，而更引之，是引盗入室矣！

【注释】

① 去腊：去年十二月。

② 忡忡不自持：忧愁得不能克制自己。

③ 竟夕：通宵。踌躇：忐忑不安。

④ 忤：逆，不顺。

⑤ 坐是：因为这个。

【解析】出自道光二十三年（1843）正月初七日日记，文字略有删改。此则论心乱的危害。曾国藩自省近日心神不宁，缘于大志未立而心无方向，见识鄙陋却自以为是，斤斤计较又易于发怒。

2. 20　万事付之空寂，此心转觉安定，可知往时只在得失场中过日子，何尝能稍自立志哉！

【解析】出自道光二十三年（1843）正月十三日日记。此则论事事不可患得患失，否则心神不得安定，志向不能树立。

2.21 战战兢兢，即生时不忘地狱；坦坦荡荡，虽逆境亦畅天怀。

【解析】出自同治九年（1870）五月十二日日记。此则论为人应谨慎坦荡。此为曾国藩所撰的自箴联。处顺境，应小心谨慎，头上三尺有神明；处逆境，须坦荡磊落，心中随时能撑船。

2.22 古来圣哲，胸怀极广，而可达天德者约有四端①：如笃恭修己而生睿智，程子之说也②；至诚感神而致前知，子思之训也③；安贫乐道而润身睟面④，孔、颜、曾、孟之旨也⑤；观物闲吟而意适神恬，陶、白、苏、陆之趣也⑥。

【注释】

① 天德：至圣大德。

② 程子之说：程颢、程颐所说的内圣之道，原话载于朱熹《朱子语类》卷四四所引："程子曰君子'修己以安百姓'，'笃恭而天下平'，至'以此事天享帝'……'聪明睿智皆由此出'，则非容易道得。"

③ 子思之训：孔子之孙孔伋说的教诲——人若能达到至诚的境界，就可以预知事物未来的发展趋势，原话载于《礼记》卷五三："至诚之道，可以前知。国家将兴，必有祯祥；国家将亡，必有妖孽。……善必先知之，不善必先知之，故至诚如神。"

④ 睟（suì）：润泽。参见 1.32 则注⑤。

⑤ 孔、颜、曾、孟之旨：孔子、颜回、曾子、孟子所追求的修行目的。可参 1.32 则、1.39 则。

⑥ 陶、白、苏、陆之趣：陶渊明、白居易、苏轼、陆游所推崇的闲淡趣味。可参 19.64 则。

【解析】出自同治十年（1871）三月初十日日记，个别文字有改动。老年曾国藩钦慕古代圣贤胸怀宽广，上达至圣大德的四种境界。

2.23　禀气清则易柔①，惟志趣高坚，则可变柔为刚。清则易刻②，惟襟怀闲适，则可化刻为厚。

【注释】

① 禀气：天赋的气性。

② 刻：刻板，不灵活。

【解析】出自同治六年（1867）三月二十八日家书《谕纪泽》，文字略有删改。此则论"刚""柔"之间的转化。长子曾纪泽生性过于清纯，容易变得柔弱、刻板，曾国藩劝其通过涵养高远坚定的志趣和闲适恬淡的襟怀来调整。

2.24　自戒潮烟以来①，心神徬徨，几若无主，遏欲之难，类如此矣！ 不挟破釜沉舟之势，讵有济哉②！

【注释】

① 潮烟：指清代广东潮安一带产制的可吸食的烟草。

② 讵（jù）：岂，怎么。

【解析】出自道光二十二年（1842）十月二十九日日记，个别文字有增改。此则论为人应下狠工夫遏制、去除私欲。小小一支烟，危害万万千。土地不种误一春，人不戒烟误一生。先从戒烟做起，才能正心诚意。

2.25　不可存自是之心，不可怀骛名之念。

【解析】出自咸丰十年（1860）七月十三日书信《致金藻》，个别文字有改动。此则论为人不应自以为是、贪图声名。

2.26　君子欲有所树立，必自不妄求人知始。

【解析】出自咸丰三年（1853）二月二十一日书信《与张缄瓶》。君子若想有所建树，肯定是从不非分要求别人知道他开始的，而不是到处自卖自夸。

2.27　泛泛毁誉，不必深惜。

【解析】出自咸丰三年（1853）批牍《批湘潭县禀到任日期由》。此则论为人应正视诋毁虚誉。浮于表面而不符合实际的诋毁和奖誉，都不必放在心上。老子说"智者不辩"（《道德经·第八十一章》），荀子说"流言止于智者"（《荀子·大略》），说的就是这个道理。

2.28　天下之人，稍有才智者，必思有所表见①，以自旌异于人②。好胜者此也，好名者亦此也。同当兵勇，则思于兵勇中翘然而出其类③；同当长夫④，则思于长夫中翘然而出其类；同当将官，则思于将官中翘然而出其类；同为主帅，则思于众帅中翘然而出其类。虽才智有大小浅深之不同，其不知足、不安分，则一也。能打破此一副庸俗之见，而后可与言道。

为名为胜之善，无之不觉其少，有之实嫌其多，枉费精神最宜力戒。

【注释】

① 表见：显示出某种才能、本领等。

② 旌：表扬。

③ 翘然：特别突出的样子。

④ 长（cháng）夫：旧时军队中雇用的民夫。

【解析】出自咸丰十年（1860）闰三月十一日日记，文字略有删改。此则论为人应淡泊名利。人一旦自以为是，便会争名好胜，到处惹是生非，应当有自知之明，不被名利虚荣所束缚。俗语说"人怕出名猪怕壮"，名利其实是一种负累，应当戒除。

2.29　凡喜誉恶毁之心，即鄙夫患得患失之心也。于此关打不破，则一切学问才智，适足以欺世盗名。

名非人生目的所在，学贵为己，圣有明训，于此关不破，其亦自误甚矣。

【解析】出自道光二十二年（1842）十月初八日日记。此则论为人不可患得患失。曾国藩与挚友何绍基谈如何破除喜好名利、厌恶被人批评的得失心。君子，贵在为己修身，而非追名逐利。

2.30　喜戚一主于己①，不迁于境，虽处富贵贱贫、死生成败而不少移易②，非君子人者，而能庶几乎③？

【注释】

① 喜戚：快乐忧愁。

② 少：通"稍"，稍微。

③ 庶几：相近，差不多。

【解析】出自文集中《湖口县楚军水师昭忠祠记》，作于咸丰九年（1859）八月初八、初九日，文字略有删节。此则论君子应看淡名利生死。

2.31　君子之立志也，有民胞物与之量①，有作圣为雄之业，而后不忝于父母之生②，不愧为天地之完人。故其为忧也，以不如舜、不如周公为忧也，以德不修、学不讲为忧也③。是故内乱外患，则忧之；小人在位，贤才否闭④，则忧之；匹夫匹妇不被己泽，则忧之。所谓悲天命而悯人穷，此君子之所忧也。若夫一身之屈伸，一家之饥饱，世俗之荣辱得失、贵贱毁誉，君子固不暇忧及此也。

奋斗必须有之心肠。

【注释】

① 民胞物与：视人民为同胞，视万物为同类。

② 忝：辱，有愧于。

③ 德不修、学不讲：品德不去修养，学问不去讲习。

④ 否闭：闭塞不通。

【解析】出自道光二十二年（1842）十月二十六日家书《致澄弟温弟沅弟季弟》，文字略有删改。此则谈君子当树立远大志向。君子悲天悯人，担忧内乱外患，防止小人当道，操心百姓没受到自己的恩惠，自省德行有无改善。

2.32　只可畏天知命，不可怨天尤人。所以养身却病在此，所以持盈保泰亦在此①。

自然看似无知，魔力甚大，畏之者即所以胜之也。

【注释】

① 持盈保泰：处在极盛时，要谦逊谨慎以保持平安。

【解析】出自同治三年（1864）四月二十日家书《致沅弟》。此则论为人不可怨天尤人。曾国藩认为古来成就大业的人，一半是天缘巧合，一半靠努力追求，故告诫曾国荃要敬天命，识时务，不能埋怨上天、归罪别人。事事追求完美、争夺名誉，反而难以维持安泰祥和的景象。

2.33　君子之道，自得于中而外无所求。饥冻不足于事畜而无怨①，举世不见是而无闷。

【注释】

① 事畜："仰事俯畜"的省略语，侍奉父母，养育妻儿。

【解析】出自文集中《养晦堂记》，作于道光三十年（1850）十月。此则论君子内外兼修。曾国藩为好友刘蓉的书斋养晦堂题记，认为君子注重内心修养而没有过多的欲求。侍奉父母、养育妻儿，是男人的分内之事，即使忍冻挨饿，被人误解，也毫无怨言和烦闷。

2.34　凡民有血气之性，则常翘然而思有以上人。恶卑而就高，恶贫而觊富①，恶寂寂而思赫赫之名。此世人之恒情。而凡民之中有君子人者，常终身幽默②，暗然深退。彼岂生与人异性哉？诚见乎其大，则知众人所争者之不足深较也。

【注释】

① 觊（jì）：希望得到。

② 幽默：沉寂无声。

【解析】出处与2.33则相同。此则论为人应志向远大。追求身份、名誉和财富，想做人上人，这是凡人；恪守正道，志向远大，不计较名利得失，方为君子。

2.35　古之君子，盖无日不忧，无日不乐。道之不明，己之不免为乡人，一息之或懈，忧也；居易以俟命①，下学而上达②，仰不愧而俯不怍③，乐也。自文王、周、孔三圣人以下，至于王氏④，莫不忧以终身，乐以终身。无所于祈，何所为报？己则自晦⑤，何有于名？

【注释】

① 居易：处于平易的境地。俟命：等待天命。

② 下学：学习基本的人情事理。上达：指君子修养德性，务求通达于仁义。《论语·宪问》："君子上达，小人下达。……不怨天，不尤人，下学而上达。"

③ 怍（zuò）：惭愧。

④ 王氏：指清代著名学者王念孙、王引之父子。

⑤ 自晦：自隐才能，不使声名彰著。

【解析】出自文集中《圣哲画像记》，作于咸丰九年（1859）正月十九至二十一日。此则论君子的内圣外王之道。君子既兼济天下，又独善其身，上达天理，下学人事，明道知命，不求声名，真正做到无愧于天、地、人三极。

2.36　今夜醒后，心境不甚恬适，于爱憎恩怨未能悉化①，不如昨夜之清白坦荡远甚。夫子所称"日月至焉"者②，或即似此乎？

【注释】

① 悉化：完全消除。

②"夫子"句：语载《论语·公冶长》，指孔子所说的某月某天某时暂且达到仁，但无法长期保持这种境界。

【解析】出自咸丰九年（1859）十月十八日日记，个别文字有增改。此则论修心。曾国藩自省无法长期保持心无杂念的状态，心底不够恬淡纯净，修身养性之道还很漫长。

2.37　近日之失，由于心太弦紧，无舒和之意。以后作人，当得一"松"字意味。

系看松名利，非看松应尽责任。

【解析】出自咸丰九年（1859）十一月初二日日记，文字略有删减。此则论为人应看松名利。

2.38　没世之名不足较①，君子之学务本焉而已。

【注释】

① 没（mò）世：通"殁"，死亡。

【解析】出自文集中《国子监学正汉阳刘君墓志铭》，作于道光二十九年（1849）。此则论君子不计名利。此则乃同乡刘传莹诉于曾国藩之语，曾颇为赞同。顾炎武《答李紫澜书》："君子所求者，没世之名；今人所求者，当世之名。"君子追求的是儒家的仁义孝悌，而不是浮名虚誉。

2.39　夫名者，先王所以驱一世于轨物也①。中人以下，蹈道不实，于是爵禄以显驭之，名以阴驱之，使之践其迹，不必明其意。若君子人者，深知乎道德之意，方惧名之既加，则得于内者日浮②，将耻之矣！而浅者哗然骛之③，不亦悲乎！

【注释】

① 轨物：法度与准则。

② 得于内者日浮：内心变得日渐浮躁。

③ 骛（wù）：同"务"，强求。

【解析】 出自文集中《求阙斋记》，作于道光二十五年（1845）五月。此则论为人应自守求缺之道。曾国藩时为翰林院侍讲，年轻有为，自名书斋为"求阙"，意谓求缺自守，以防盈满易亏、自傲有失，日渐变得老成持重。世间哪有那么多圆满，缺憾无所不在。不在不完美的人生路上，就在追求完美的路上。

梦荪案：正心之训，托始《大学》。历代诸儒，递有所论，各有发明。然其大旨所在，总不外去心中一偏之蔽，使其本体常明而已。夫人之生也，莫不各有视听言动；而视听言动之发，莫不各以其心为本。苟非本体常明，而或有一偏之蔽，则或以私欲用事，或以客气用事，视听言动，谬妄不堪，贻害社会，何可卒言！古今哲人，皆以此为兢兢，诚以用力之不可不得其本也。公于正心之理，所得甚深。至云须由平淡二字用功，尤得惩忿节欲之要。今一一案其所言，所发明者大抵此两义也。吾辈苟有志于正心之学，依公所言，认定平淡二字，人我之际，皆看得平，名利之际，皆看得淡，则识大量大，境遇之为顺为逆，举不足以摇之。物常受制于我，我决不受制于物；而本体常明，绝无一偏之蔽。所谓君子坦荡荡者，将庶几近之。其视听言动，有不期而自合于礼者矣！心地既磊落光明，则言行一秉至公，将见无往而不合礼。

梦苏又案："改造社会的下手方法，在于改良那些造成社会的种种势力（如制度、习惯、思想、教育，等等）。那些势力改良了，人也改良了。"胡适之先生所言[1]，理由充分，最足使人玩味。但改良此种势力，社会中人人都有其责，然亦未必人人都尽其责，其所以改此腐败趋彼光明者，诚不能不有赖于少数之优秀分子也。此少数优秀分子，各鼓其心思才力，以与各势力奋斗，日从事于各部分之破坏，或从事于各部分之建设，苟其中无道义以为之主，则已蔽其本体之明，非欲念熏心，即刚愎自用。凡所以自为谋者殆无所不至，凡所以牺牲遏抑他人者将无所不用其极。改之而已，良何足云？旷观东西历史，只有能清心寡欲不汲名利者之能改良，只有能和衷共济不务排人者之能改良；多欲自用者之能改良，为情欲奴隶者之能改良，未之前闻。甚矣，良之不可不改！欲改于外者，不可不先改其内；欲改其内者，诚不容不自正其心也。

【注释】

① 胡适之：胡适（1891—1962），字适之，安徽绩溪人。著名学者、思想家及新文化运动的代表人物。师从美国实用主义哲学家杜威，曾任北京大学校长、驻美大使等。著有《中国哲学史大纲》《胡适文存》等。

梦苏又案：胡适之先生尝言："古代的社会哲学和政治哲学，只为要妄想凭空改造个人，故主张正心诚意独善其身的办法。这种办法，其实是没有办法，因为没有下手的地方。"照他这些话看来，似很反对正心诚意，以正心诚意为无用。但照我的意思看来，他名义上虽是反对正心诚意，精神上实是主张正心诚意。我现在也不必多说，只是转引他几种主张，就可以证明了。胡适之对于做研究生活从事改良社会势力的人，不是主张要公开心胸的么？ 不是主张要欢迎事实要不怕事实的么？ 不是主张要爱问题要不怕问题逼人的么？ 公开心胸就是正心了！ 欢迎事实要不怕事实就是正心了！ 爱问题不怕问题逼人就是正心了！ 胡适之不是主张对于反对的旧势力，应该作正当的奋斗，不可退缩的么？ 对旧势力而作正当奋斗，不肯退缩，就是诚意了！ 由胡适之各种主张看起来，可见"正心诚意"四个字，不但拿他来独善其身是很用得着，就是拿他来改造社会改良社会种种势力也是很用得着。"公开心胸"等，这就是正心的办法，这就是下手的地方；正当奋斗，毫不退缩，这就是诚意的办法，这就是下手的地方！ 我以为胡适之先生名义上虽反对正心诚意，精神上实主张正心诚意，就是这种根据。

忠诚类第三

3.1　人必中虚^①，不著一物，而后能真实无妄。盖实者，不欺之谓也。人之所以欺人者，必心中别著一物，心中别有私见，不敢告人，而后造伪言以欺人。若心中了不著私物，又何必欺人哉？其所以自欺者，亦以心中别著私物也。所知在好德^②，而所私在好色^③。不能去好色之私，则不能不欺其好德之知矣。是故诚者，不欺者也；不欺者，心无私著也；无私著者，至虚也。是故天下之至诚，天下之至虚者也。当读书则读书，心无著于见客也。当见客则见客，心无著于读书也。一有著则私也。灵明无著^④，物来顺应，未来不迎，当时不杂，既过不恋。是之谓虚而已矣，是之谓诚而已矣！

案："虚"字创于老子，至庄周而畅发其说。其言有曰："至人之用心若镜，不将不迎，应而不藏，故能胜物而不伤。"此数语者，虚字至精之训也。公今兹所言尤为深切著明，使人易于了解。"既过不恋"，即庄周之所谓"不将"也。"未来不迎"，即庄周之所谓"不迎"也。惟当时不杂一语，则与庄周应而不藏小异，然其理由固甚充足也。至以"虚"字通于"诚"字，尤能合道儒二家于一冶，其识更高不可及。

【注释】

① 中虚：内心虚空。

② 好德：喜欢道德。

③ 好色：喜欢美色。《论语·子罕》："吾未见好德如好色者也。"

④ 灵明：精神。

【解析】出自曾氏读书录《周易·中孚》。此则论为人应诚实。做人要诚实，既不自欺也不欺人，如此心底才真实虚空，不会被外界所迷惑而失去自我。

3.2 惟忘机可消众机①，惟懵懂可被不祥②。

【注释】

① 忘机：忘却机谋诈术，常指甘于淡泊，与世无争。

② 懵（měng）懂：糊涂，此指凡事不过于计较，为人不过于精明。被（fú）：消除。

【解析】出自咸丰九年（1859）九月十六日日记，个别文字有删减。此则论为人应朴实。为人朴拙，无心机，不算计，会让人感到踏实，有安全感，反不会当作仇敌，也不会有无妄之灾。

3.3 接人宜以真心相向，不可常怀智术以相迎距①。凡人以伪来，我以诚往，久之则伪者亦共趋于诚矣。

【注释】

① 迎距：迎接或拒绝，亦指交往。距，通"拒"，拒绝。

【解析】出自咸丰七年（1857）十二月初六日家书《致沅弟》，个别文字有增添。此则论为人应真诚待人。心胸宽广，坦诚无私，才有可能将敌人转化为朋友。攻心为上，俘获对方靠的是真诚，而不是虚伪。

3.4 弟书自谓是笃实一路人，吾自信亦笃实人，只为阅历世途，饱更事变①，略参此机权作用②，把自家学坏了。实则作用万不如人，徒惹人笑，教人怀憾③，何益之有？近日忧居猛省，一味向平实处用心，将自家笃实的本质还我真面、复我固有。贤弟此刻在外，亦急须将笃实复还，万不可走入机巧一路④，日趋日下也。纵人以巧诈来，我仍以浑含应之⑤，以诚愚应之⑥，久之则人之意也消。若钩心斗角，相迎相距，则报复无已时耳⑦。

【注释】

① 饱更：充分经历。

② 机权：机智权谋。

③ 憾：怨恨。

④ 机巧：诡诈。

⑤ 浑含：浑朴而含混藏拙。

⑥ 诚愚：真诚而大智若愚。

⑦ 已：停止。

【解析】出自咸丰八年（1858）正月初四夜家书《致沅弟》，个别文字有改动。此则论为人应忠诚老实。此时曾国荃转战江西吉安，进展缓慢；曾国藩在老家思云馆守孝，悔过自新，实现了人生的第三次蜕变。为人处世，要内方外圆，要守诚藏拙，不要小聪明。别人要奸使诈，如果硬碰硬去应对，会杀敌一千，自损八百，两败俱伤是最不划算的。

3.5 君子直道而行，岂肯以机械崄巇与人相竞御哉①？

【注释】

① 机械：巧诈，机巧。崄（xiǎn）巇（xī）：比喻人事艰险或人心险恶。

【解析】出自咸丰三年（1853）九月初九日书信《与张亮基》。此则论为人应正直。此时曾国藩在长沙办团练，备受省府官员的排挤，仍认为君子应该走人间正道，绝不可用巧诈机术来与别人争长较短。身处困境尚能不忘初心，确实令人钦佩。

3.6 有权术而不屑用，有才智而不自用，非德性大过人者不

能也。

【解析】出自咸丰八年（1858）八月十六日书信《加李续宜片》。此则论为人不要权术和小聪明。领导力的核心是真诚，而不是自恃聪明要权谋。

3.7 绌己之聪明①，贬己之智术；大小事件，殷殷好问②，处处出于至诚，则人皆感悦而告之以善矣。

【注释】

① 绌（chù）：跟下句"贬"字义近，减少，压低。

② 殷殷：殷切。

【解析】出自咸丰九年（1859）十二月二十三日书信《致李榕》，个别文字有删改。论为人应真诚朴实。真诚朴实是一种大德，耍小聪明只是雕虫小技。

3.8 革薄从忠①，夙怀此志，特有天质本来之薄，有外物激之使薄②。本来之薄，革之已极不易；激之使薄，尤觉旋革旋萌，毫无长进。然终不能因其难而自弛也。

【注释】

① 革薄从忠：革除薄行，忠厚赤诚。

② 激：刺激引发。

【解析】出自咸丰十年（1860）三月十五日书信《复李续宜》，个别文字有删改。此则论悔过自新。敢于向自己"开刀"，下狠心改正缺点，这是曾国藩走向成功的一大法宝。

3.9 大抵激之而变薄者，吾辈之通病。若默自试验，激之而不薄，则进境也。

【解析】出自咸丰十年（1860）五月十九日书信《致李续宜》，个别文字有删改。此则论应自我激励而不浅薄。一个人若能恪守正道，自励自强，必然会勇猛精进，而不惧外界恶习的侵蚀。

3.10　吾辈读书人，大约失之笨拙，即当自安于拙，而以勤补之，以慎出之，不可弄巧卖知①，而所误更甚矣。

【注释】

① 弄巧卖知：投机取巧，卖弄聪明。

【解析】出自咸丰十年（1860）九月三十夜书信《复宋梦兰》。此则论读书人应用勤慎来弥补笨拙。曾国藩以书生创建湘军，最终成就勋业，其诀窍就是以勤补拙，稳扎稳打。读书人喜欢炫耀卖弄，投机取巧，看似高明，实则拙劣愚蠢。

3.11　天地之所以不息，国之所以立，贤人之德业之所以可大可久，皆诚为之也。故曰："诚者，物之终始，不诚无物。"

【解析】出自道光二十三年（1843）书信《复贺长龄》。此则论为人应诚实。33岁的曾国藩认为真诚是天地运转不息、国家建立巩固和道德发扬持久的关键。英国作家杰弗雷·乔叟说："真诚才是人生最高的美德。"美国开国元勋之一本杰明·富兰克林也说："诚实是最好的政策。"诚实是一切的基石。

3.12　无惯习机械变诈①，恐愈久而愈薄耳。

【注释】

① 机械：巧诈，机巧。

【解析】出自咸丰七年（1857）十二月初六日家书《致沅弟》。此则论为人不可耍奸使诈，可与3.8则、3.9则相互参阅。曾国藩劝诫曾国荃以己为鉴，多向李续宾学习，遇事少发火，处事不使诈，这样才会心纯体健，而不浅薄浮浪。

梦莐案：吾辈之生斯世，果事事以社会之公益为前提，不以一己之私利为本位，则居心坦白，无不可对人言之事，无在不可剖心肝以示人，诚无庸心劳作伪以欺世，诚无所用于权术。而不然者，内顾其私，外有畏惮，遂不得不乞灵权术，作伪欺世，以冀掩饰天下之耳目矣！然为公为私，久之自予天下人以共见。能欺于一时，亦安能欺之以永久？至于不能欺之时，而肺肝如见，信用大堕，徒以来指摘而受抵制，惟有身败名裂已耳！究其终，何尝有丝毫之益哉！梦莐往者不明此中之害，读史至善用权术之人，皆以为得计而崇拜之；既而读公全集，见以上所言数端，乃恍若有悟：知权术之足以堕落信用，贬损人格；无论其所得之如何，皆不敌其所失也。昔孔子有言曰："人皆曰予智；驱而纳诸罟擭陷阱之中①，而莫之知避也！"孟子曰："为机变之巧者，无所用耻焉。"庄子曰②："哀莫大于心死，而身死次之。"吕东莱曰③："欺人之害，心害；受欺之害，身害。心既受其害者，身无有不从之受其害。"好用权术之人，皆无耻心死，以智自命，自落陷阱，身心尝交受其害者也。乞灵于权术以谋利，而卒之无利可谋，身心尝交受其害焉，则权术误人之大，从可想见矣。吾辈立身之必须屏黜权术④，更可深信勿疑矣。

【注释】

① 罟（gǔ）：捕兽的网。擭（huò）：装有机关的捕兽木笼。

② 庄子：名周，战国时期道家代表人物，主张齐物我，一是非，逍遥物外，安时处顺，著有《庄子》。

③ 吕东莱：吕祖谦（1137—1181），字伯恭，人称东莱先生，婺州（今浙江金华）人，南宋理学家。曾参与朱熹、陆九渊鹅湖之会，主张学以致用。著有《东莱集》，辑有《近思录》。

④ 屏（píng）黜（chù）：排斥，抛弃。

　　梦荪又案：权谋主义，流毒至今，已数千余年。论者谓此种主义，倡始于老子，此乃不善于读书之过，而实际上决非如是也。老子《道德经》中有云："将欲翕之①，必固张之；将欲弱之，必固强之；将欲废之，必固兴之；将欲夺之，必固与之。是谓微明。鱼不可脱于渊，国之利器不可示人。""将欲翕之"八句，即弄权谋之谓；微即小之谓。所谓微明者，谓弄权谋为小聪明，有眼光者决不出此；非谓能弄权谋者为精明也。所谓鱼不可脱于渊者，言人不可离于信用；一离信用，即堕落其人格，万事都行不去。犹鱼之脱离于渊，其生命岌岌将不保也。所谓国之利器不可示人者，谓两国相交，惟贵以信；若此国用权谋以诈往，彼国将用权谋以诈来，互相报复，势必至于战争，其贻害社会，将至不可思议。图私利之权谋，万不可用之以示人也。综以上各节观之，尊重信用，屏弃权谋，词旨彰彰，何尝有丝毫提倡权谋之意！而论者竟以此为权谋主义所自出，真可谓不善读书，任意武断者矣！鱼不可脱于渊，上有"柔胜刚，弱胜强"两句，似言权术有益。但既言权术有益，下文又言权术不可示人，未免自相矛盾。且老子素主张见素抱朴②，如"绝巧弃利""常德不离复归于婴儿""含德之厚比于赤子""以智治国国之贼，不以智治国国之福"，等等，皆足以主张抱朴之证，亦即足为屏弃权术之证，何至于此章忽言权术有益，与平日主张相反？"柔胜刚，弱胜强"两句，不通已极明，为后人加入材料，今一并删去，并说明其理由于此。

【注释】

① 翕（xī）：同"歙"，收敛。

② 见素抱朴：老子的一种主张，即推举圣人，实行无为而治。

　　梦荪又案：近今社会有一种心理，为种种乱源所自出者，即崇拜脑筋复杂，以脑筋简单为无用是也。夫脑筋简单非他，即心有定向之谓。换言之，即至诚之谓。脑筋复杂非他，即心无定向之谓。换言之，即反复无常，势利是趋之谓。一为至公而一为至私。必崇

　　　　　　　　　　　　　　　　　　　　　　　　　　　　曾文正公学案

　　　　　　　　　　　　　　　　　　　　　　　　　　　　忠诚类第三

055

尚其至公，贱弃其至私，风气乃可望日趋于纯正，而治安乃可以永保。今崇尚其至私，而贱弃其至公，则凡可以自便其私者，将无所不至；凡所以牺牲他人牺牲社会者，将无所不至。风气何从而正！治安何从而保！ 我国既有此种坏心理，不亟加铲除，则流毒所及，吾又安能测其所终极哉！

强毅类第四

4.1　男儿自立，必须有倔强之气①。

欲自立者，无男女皆当如是，不止男儿须如是也。

【注释】

① 倔强：强硬直傲，不屈于人。

【解析】出自同治三年（1864）六月十六日家书《致沅弟》。此则论为人应刚强自立。曾国藩鼓励曾国荃，紧要关头愈要自立自强，敢于啃硬骨头。当日湘军攻破太平天国都城天京。

4.2　"强"字原是美德，第须从"明"字做出，然后始终不可屈挠。若全不明白，一味横蛮，待他人折之以至理，证之以后效，又复俯首输服，则前强而后弱，京师所谓瞎闹者也。

【解析】出自同治二年（1863）七月十一日家书《致沅弟》，文字略有删减。此则论明理自强。曾国荃与安徽巡抚乔松年等官员有矛盾。曾国藩劝慰他不必强硬过度，就是强硬也要先弄清事实、分析道理。没占理时，蛮横霸道，之后又低头认错，这纯粹是瞎胡闹。

4.3　大抵任天下之大事以气，气之郁积于中者厚，故倔强之极，不能不流为忿激①。存其倔强，而去其忿激，斯可耳。

【注释】

① 忿激：愤怒偏激。

【解析】出自同治三年（1864）六月十一日家书《致沅弟》，个别文字有删减。此则论为人应有倔强之气。天京即将攻破，曾国藩劝导曾国荃，临大事不可动怒气，偏激容易失去理智，应该保持坚韧倔强之气。

4.4　强毅之气，决不可无，然强毅与刚愎有别①。古语云"自胜之谓强"②，曰强制，曰强恕，曰强为善，皆自胜之义也。如不惯早起，而强之未明即起；不惯庄敬，而强之坐尸立斋③；不惯劳苦，而强之与士卒同甘苦，强之勤劳不倦。是即强也。不惯有恒，而强之贞恒，是即毅也。舍此而求以客气胜人④，是刚愎而已矣！二者相似，而其流相去霄壤，不可不察，不可不谨。

【注释】

①刚愎（bì）：倔强固执。

②自胜：语出《韩非子·喻老》，谓战胜自己的人才是强者。

③坐尸立斋：语出《礼记》："坐如尸，立如斋。"谓坐着就要像代死者受祭的人一样端重，站着就要像斋戒的人一样恭敬。

④客气：言行虚骄，并非出于真诚。

【解析】出自咸丰八年（1858）正月初四夜家书《致沅弟》。此则论强毅与刚愎的区别。能自我克制，战胜自己，这才叫强毅；逞强逼迫自己，斗气压倒别人，这是刚愎。二者看似相近，实则有云泥之别，不可不辨析详察。

4.5　从古帝王将相，无人不由自立自强做出，即为圣贤者，亦各有自立自强之道，故能独立不惧，确乎不拔①。昔余往年在京，好与诸有大名大位者为仇，亦未始无挺然特立不畏强御之意②。近来见得天地之道，刚柔互用，不可偏废。太柔则靡，太刚

则折。刚非暴虐之谓也③，强矫而已④；柔非卑弱之谓也，谦退而
已。趋事赴公，则当强矫；争名逐利，则当谦退。开创家业，则当
强矫；守成安乐，则当谦退。出与人物应接，则当强矫；入与妻孥
享受⑤，则当谦退。若一面建功立业，外享大名；一面求田问舍⑥，
内图厚实；二者皆有盈满之象，全无谦退之意，则断不能久。

【注释】

① 确乎不拔：坚定刚强，不可动摇。

② 强御：豪强，有权势的人。

③ 暴虐：凶狠残酷。

④ 强矫：坚强勇武。

⑤ 妻孥（nú）：妻子和儿女。

⑥ 求田问舍：语载《三国志·陈登传》，意指购买田地房屋，只谋求私利，
而胸无大志。

【解析】出自同治元年（1862）五月二十八日家书《致沅弟季弟》。
此则论自立自强之道。自立自强，就是要刚柔并济，有所为而有所不
为，一味地强硬或柔弱都是不可取的。

4.6　禀阳刚之气最厚者，其达于事理必有不可掩之伟论，其
见于仪度必有不可犯之英风。未有无阳刚之气，而能大有立于世
者。有志君子养之无害可耳。

【解析】出自杂著中《笔记十二篇·阳刚》，作于同治十年（1871）
二三月间。曾国藩认为，最有阳刚之气的人，比如汉代的樊哙，明晓
事理，议论高明，风度非凡，气概英武。

4.7　吾辈在自修处求强则可，在胜人处求强则不可。若专在
胜人处求强，其能强到底与否尚未可知；即使终身强横安稳，亦君
子所不屑道也。古来英杰，其成大事全在有刚强之气；无刚强之

气，万不能成大事也。

不屈不挠为奋斗最要之诀，无此精神，安见能成大事！

【解析】前两句出自同治五年（1866）九月十二日家书《致沅弟》，文字略有删节；"古来英杰"至"万不能成大事也"，据同治五年四月二十日《复刘仲良学士》改写。此则论刚强。自律自强，方是刚强；与人争斗，只是逞强。君子鄙视逞强，也不屑于逞强。成就大业，须有刚强之气，而无逞强之行。

4.8　释氏所谓降龙伏虎①，龙即相火也，虎即肝气也。肝气发时，不惟不和平，并不恐惧，确有此境。要在稍稍遏抑，不令过炽。降龙以养水，伏虎以养火。古圣所谓窒欲，即降龙也；所谓惩忿，即伏虎也。释儒之道不同，而其节制血气未尝不同，总不使吾之嗜欲戕害吾之躯命而已②。至于"倔强"二字，却不可少。功业文章，皆须有此二字贯注其中，否则柔靡不能成一事。孟子所谓"至刚"③，孔子所谓"贞固"④，皆从"倔强"二字做出。吾兄弟好处，亦正在倔强。若能去忿欲以养体，存倔强以励志，则日进无疆矣。

【注释】

① 释氏：释迦牟尼的略称，此指佛教。

② 戕（qiāng）害：伤害。

③ 至刚：极其刚硬，不可屈挠。

④ 贞固：坚持正道，矢志不移。《周易》："贞固，足以干事。"

【解析】出自同治二年（1863）正月二十日家书《致沅弟》，文字略有删减、倒置。此则论为人应坚韧刚毅。曾国藩劝诫曾国荃，在天京大决战前夕，愈要坚韧刚毅，不可意气用事，失去理性。

4.9　周亚夫刚正之气①，已开后世言气节者之风。观其细柳劳军，天子改容②，已凛然不可犯。厥后将兵不救梁王之急③，不肯侯王信④，不肯王匈奴六人⑤，皆秉刚气而持正论，无所瞻顾，无所屈挠。他如西汉萧望之、朱云⑥，东汉杨震、孔融之徒⑦，其风节略与相近，不得因其死于非命而薄之也。惟其神锋太隽⑧，瞻瞩太尊⑨，是乃取祸之道，不可以为后世法。吾辈师其刚而去其傲，斯可耳。

【注释】

① 周亚夫（前199—前143）：沛郡（今江苏丰县）人。绛侯周勃次子。西汉著名将领，治军颇严。汉景帝时曾任丞相，为人耿直，不畏权贵。

② 细柳劳军，天子改容：指汉文帝去细柳营慰劳将士，因无周亚夫之令，被门卫阻挡在外，脸上的神情也变了。

③ 厥：于是。将（jiàng）兵：指挥军队。不救梁王之急：汉景帝时，吴王刘濞发动叛乱，急攻梁国，梁王刘武向周亚夫求援，周不发救兵，暗中截断叛军粮道，平定内乱，但因此与梁王结仇。

④ 不肯侯王信：窦太后想让汉景帝封王皇后之兄王信为侯，但汉景帝听从周亚夫的意见没有赐封。

⑤ 不肯王（wàng）匈奴六人：汉景帝时，来投降的匈奴人被封侯，丞相周亚夫极力反对而遭到免职。

⑥ 萧望之（约前114—前47）：萧何七世孙。一代名儒，刚正不阿，不惧权势，因被奸小诬陷而不被君王信任，最终自杀。朱云：生卒年不详，为人正直，敢言直谏，数次不顾生死上书抨击朝廷大臣。

⑦ 杨震（？—124）：弘农华阴（今陕西华阴）人，东汉名臣，为官正直，多次上书批评时弊，后被迫自杀。孔融（153—208）：孔子第十九世孙，东汉末年"建安七子"之一。喜议论时政，后因触怒曹操而被杀。

⑧ 神锋太隽：锋芒外露，过于峻利。

⑨ 瞻瞩太尊：眼光过高。

【解析】　出自杂著中《笔记十二篇·周亚夫》，作于同治十年（1871）

二三月间，个别文字有删改。此则论为人应刚正而不骄傲。为人处世应外圆内方、刚柔相济，这样既能守住底线，不忘初心，又能左右逢源，建功立业。

4.10　遇挟而骄者^①，不肯低首恳求，亦硬之一端。

【注释】

① 挟：倚仗。

【解析】 出自同治六年（1867）三月十二日家书《致沅弟》，个别文字有删减。此则论为人应有硬气。曾国藩认为，身处危局，须强硬刚毅，并用平生四次受人讥笑之事来宽慰弟弟要"好汉打脱牙和血吞"，卧薪尝胆，等待转机。

4.11　必明理而后可言好义，必有远虑而后行其刚气。

【解析】 出自杂著中《谕天津士民》，作于同治九年（1870）六月初八、初九日。此则论刚硬正气与深谋远虑之关系。曾国藩来天津办理教案的第二天，发布此告示：天津人好义刚劲，皆缘于明事理、有远虑。

4.12　情愿充硬汉而为众人所共亮^①；不愿受私庇而为众人所指摘。

【注释】

① 亮：清楚。

【解析】 出自同治六年（1867）十一月二十五日书信《复李榕》。此则论为人应忍辱负重。做人凭本事，腰杆也挺直。宁愿做硬汉，也不吃软饭。

4.13　君子慎度身世，信诸心，则蒙大难、决大计而不惧；未信诸心，则虽坦途而不肯轻试。

【解析】出自文集中《衡阳彭氏家谱序》，作于同治五年（1866）十月初三日。此则论为人应刚毅倔强。衡阳彭玉麟，入幕参军，功勋卓越，名震天下，官至安徽巡抚、漕运总督。曾国藩认为君子坚强刚毅，能审时度势，临危不惧，故常化险为夷，转危为安。

4.14　思夫人皆为名所驱，为利所驱，而尤为势所驱。当孟子之时，苏秦①、张仪②、公孙衍辈③，有排山倒海、飞沙走石之势，而孟子能不为所摇，真豪杰之士，足以振厉百世者矣④！

处万恶之社会竟无丝毫习气，殆善养浩然之气所致欤！

【注释】

① 苏秦：战国时纵横家，主张合纵六国以抗秦，曾佩六国相印。

② 张仪：战国时纵横家，提出连横策略，深受秦惠王赏识。

③ 公孙衍：战国时纵横家，主张合纵，曾挂五国相印。辈：等，类(指人)。

④ 振厉：也作"振励"，奋勉，振作。

【解析】出自咸丰九年（1859）五月十四日日记。此则论为人应有正气。当天曾国藩与下属李元度久谈，认为人易被名利、时势所驱使，而孟子身处恶境，却不沾染丝毫陋习，心有浩然正气，激励无数后人。

4.15　国藩昔在湖南、江西，几于通国不能相容。六七年间，浩然不欲复闻世事。然造端过大，本以不顾死生自命，宁当更问毁誉？ 以拙进而以巧退，以忠义劝人而以苟且自全，即魂魄犹有余羞！ 是以戊午复出①，誓不反顾。阁下之进退，视鄙人昔年，虽稍绰绰，然既蒙诟毁，则宜俛默精勤②，以冀吾志之大白，不宜草草赋归也。

【注释】

① 戊午：咸丰八年（1858）。曾国藩在家丁父忧。

② 俛（fǔ）默：低头不语。俛，通"俯"。

【解析】出自同治四年（1865）正月初二日书信《复郭嵩焘》，文字略有删减。此则论为人应忍辱负重。广东巡抚郭嵩焘与总督瑞麟不合，遭受诋毁，心情抑郁，曾国藩用自身经历开导他。一生总会遇到低谷，岂能忘却家国大业？困境面前当逃兵，岂知烈火见真金。左宗棠也有名言说："能受天磨真好汉，不遭人嫉是庸才！"郭嵩焘未能挺过这关，次年五月离职。

4.16　窃观自古人乱之世，必先变乱是非，而后政治颠倒，灾害从之。屈平之所以愤激沉身而不悔①，亦以当日是非淆乱为至痛。故曰"兰芷变而不芳，荃蕙化而为茅"②，又曰"固时俗之从流，又孰能无变化"③，伤是非之日移日淆而几不能自主也。后世如汉、晋、唐、宋之末造④，亦由朝廷之是非先紊，而后小人得志，君子有皇皇无依之象⑤。推而至于一省之中，一军之内，亦必其是非不诡于正，而后其政绩少有可观。赏罚之任，视乎权位，有得行，有不得行。至于维持是非之公，则吾辈皆有不可辞之任。顾亭林先生所称"匹夫与有责焉"者也⑥。

当是非颠倒小人得志之际，能以维持是非之公为己任，是者谓是，非者谓非，以一身为众矢之的，而无所于惧无所于悔，可谓倔强之至矣。

【注释】

① 屈平：屈原（前340—前278），字灵均。楚国贵族。伟大的爱国诗人。提倡美政，举贤任能，后遭诽谤而被流放，沉江自杀。

②"兰芷"二句：语出屈原《离骚》，谓兰草芷草失去芳香，荃草蕙草变成茅草。

③"固时"二句：语出《离骚》，谓这些世俗之徒本来就随波逐流，谁又能不受污染发生变异？

④ 末造：朝代末期。

⑤ 皇皇：惶恐不安的样子。

⑥ 顾亭林：顾炎武（1613—1682），江苏昆山人，著名学者、思想家，人称亭林先生。"匹夫与有责焉"出自顾炎武《日知录·正始》："保天下者，匹夫之贱，与有责焉耳矣。"谓普通百姓都有责任来保卫天下。梁启超将此概括为"天下兴亡，匹夫有责"。

【解析】出自咸丰八年（1858）十一月十三日书信《加沈葆桢片》。此则论为人应有担当精神。曾国藩致信江西道台沈葆桢，论及国家危难之际，既有为国捐躯的烈士，去彰显忠诚正义，也应有忍辱偷生的志士，去拯救社稷苍生。

4.17　事会相薄①，变化乘除②。吾尝举功业之成败，名誉之优劣，文章之工拙，概以付之运气一囊之中，久而弥自信其说之不可易也。然吾辈自尽之道，则当与彼赌乾坤于俄顷，校殿最于锱铢③，终不令囊独胜而吾独败。

环境有些苛酷才是玉汝于成因，失败而自馁安得谓之有志。

【注释】

① 薄：迫近。

② 乘除：世间人事的消长盛衰。

③ 校殿最于锱铢：对锱铢等微小事物，最终也要谨慎核计。

【解析】出自同治三年（1864）三月二十六日书信《复郭嵩焘》。曾国藩致信广东巡抚郭嵩焘，粤防似乎不必过于慌张。战争态势风云变幻，有时也要仰仗运气，不到最后一刻，也不知鹿死谁手。唯有恪尽职守，谨小慎微，给对方致命一击，才能成功。

4.18　国藩从宦有年，饱阅京洛风尘①，达官贵人优容养望②，与在下者软熟和同之象③，盖已稔知之而惯尝之。积不能平，乃变而为慷慨激烈、轩爽肮脏之一途④。思欲稍易三四十年来不白不黑、不痛不痒、牢不可破之习，而矫枉过正，或不免流于意气之偏，以是屡蹈愆尤⑤，丛讥取戾⑥，而仁人君子固不当责以中庸之道，且当怜其有所激而矫之之苦衷也。

【注释】

① 京洛：东周、东汉的京城在洛阳，故称"京洛"，泛指国都。风尘：宦途，官场。

② 优容养望：安闲自得，博取虚名。

③ 软熟和同：柔和圆润，内敛通达。

④ 慷慨激烈：意气风发，情绪激烈。轩爽：开朗爽快。肮脏：高亢刚直。

⑤ 愆（qiān）尤：过失，罪咎。

⑥ 丛讥取戾：受到众人的讥讽而自取其罪。戾（lì）：罪过。

【解析】 出自咸丰三年（1853）十二月书信《复黄淳熙》，个别文字有改动。此则论矫枉须过正。看上去平安无事、实质腐烂透顶的局面，往往矫枉过甚才会使人警醒，方能除旧布新。毛泽东《湖南农民运动考察报告》也说："矫枉必须过正，不过正不能矫枉。"

4.19 天之生贤人也，大抵以刚直葆其本真①。其回枉柔靡者②，常滑其自然之性③，而无以全其纯固之天。即幸而苟延，精理已销④，恒干仅存⑤，君子谓之免焉而已⑥。国藩尝采辑国朝诸儒言行本末，若孙夏峰、顾亭林、黄梨洲、王而农、梅勿庵之徒⑦，皆硕德贞隐⑧，年登耄耋⑨，而皆秉刚直之性。寸衷之所执⑩，万夫非之而不可动，三光晦、五岳震而不可夺⑪。故常全其至健之质，跻之大寿而神不衰。不似世俗孱懦竖子⑫，依违濡忍⑬，偷为一切⑭，不可久长者也。

【注释】

① 葆：保持。

② 回枉：柔曲不直。

③ 滑（gǔ）：扰乱。《列子》："雷霆不乱其听，美恶不滑其心。"

④ 精理：精神义理。

⑤ 恒干：人的躯体。

⑥ 免：免遭祸害。

⑦ 孙夏峰：孙奇逢（1584—1675），字启泰，世称夏峰先生。明清之际理学名家，与黄宗羲、李颙齐名。顾亭林：顾炎武，参见 4.16 则注⑥。黄梨洲：黄宗羲，参见"修养类"案语注①。梅勿庵：梅文鼎（1633—1721），字定九，号勿庵，清初著名天文学家、数学家。

⑧ 硕德：大德。贞隐：守持正道，不求闻达。

⑨ 耄（mào）耋（dié）：年老，高龄。七十曰耄，八十曰耋。

⑩ 寸衷：内心。

⑪ 三光晦：日月星辰无光。

⑫ 孱（chán）：软弱。

⑬ 依违：犹豫不决，模棱两可。濡忍：柔忍，含忍。

⑭ 偷：苟且。

【解析】出自文集中《陈仲鸾同年之父母七十寿序》，约作于道光二十九年（1849）。此则论为人应刚直坚毅。贤人志士，大都性格刚直，本质真纯，意志坚定，而懦弱之辈苟且偷生，精神消亡，犹如行尸走肉。

4.20　今年春复，胡润帅两次贻书①，责弟嫉恶不严，渐趋圆熟之风，无复刚方之气。今睹阁下侃侃正言，毫无顾忌，使弟弥惭对润帅于地下矣②！

【注释】

① 胡润帅：胡林翼（1812—1861），号润芝，湖南益阳人。道光十六年（1836）进士，湘军重要将领，官至湖北巡抚。与曾国藩、李鸿章、左宗棠并称"中兴四大名臣"。

② 弥：更加。

【解析】出自咸丰十一年（1861）十一月初八日书信《复毛鸿宾》。此则论为人应刚正。人到中年，阅历渐丰，应该保持刚直强毅之气，处事圆融温和而不是圆滑世故。

4.21　弟忝窃高位，又窃虚名，亦不欲率有讥弹。惟是非所在，则未肯涉于婀娿摩棱之习①。

【注释】

① 婀（ān）娿（ā）：亦作"婀阿"，依违阿曲。摩棱：亦作"模棱"，遇事态度含糊。

【解析】出自同治元年（1862）八月二十三日书信《加晏端书片》。此则论为人应正直。八月十九日曾国藩致信进士同年、新任两广总督晏端书，希望抽取两粤厘税来贴补江南兵饷。曾国藩自剖心迹：不是为了乌纱帽而怕遭人讥讽抨击，更不是做个毫无主张的和事老。刚毅坚强，是为人的品格，也是做官的原则。

梦苹案："强"之一字，最是人生立命之根。人必着力于此一字，而后道德学问，乃有可言；否则阉然媚世①，与时俯仰，一至庸极弱之人已耳！公以上所言，于"强"之一字，可谓发挥尽致。至谓强须从明做出，尤为甘苦有得之言，吾辈所当服膺勿失，而不可一刻或忘也。夫古今来之自命为强者多矣，而究其实际，卒不可语于强，何莫非不明之故哉？心既不明，则真之所在，茫然而无所知；善之所在，昧焉而莫能辨。谬见所存，任意簧鼓②；孤行所是，毒流社会，其害有不可胜言者矣！此其所以自命为强，而有识者未之或许也。然则所谓强者当如何？曰真者必信，不真者必不信；善者必为，不善者必不为。只以真善为主，决不为势利转移。夫是之谓强。势如政府之权威、社会之不良风气、根深蒂固之旧思想、无知者之非笑阻挠、屡次试验之失败、自然人事界之种种危险、有力之种种压迫等等；利如名位、金钱、肉体之苟全及快乐奉享等等。

【注释】

① 阉（yān）然：曲意逢迎的样子。

② 簧鼓：用动听的言语迷惑人。

梦苳又案：古语云："愚者千虑必有一得，智者千虑必有一失。"愚者坚持其一得，必舍人以从己，强之事也；智者不安于一失，必舍己以从人，亦强之事也。近人乃专以舍人从己为强，则目的并非在于坚持至是，乃在于固执其私见。强则强矣，究将奚用哉？于社会何益哉？

梦苳又案："强"之一字，在古本有两种解释。北派如孔子，则以守死善道为强，所谓"至死不变，强哉矫"者是也。南派如老子，则以倒行逆施为强，所谓"强大处下，强梁者不得其死"者是也。以前学者不知有此两种分别，对于老学横肆诋諆①。以老子为反对强矫，以老子为同乎流俗，合乎污世。今试一读老子历史，观其答孔子问礼之言，寥寥数语，已得礼经之要；而所以示人极力变化气质，不可为情欲奴隶者无所不至。其强矫之精神何如！又一试读《道德经》一书，细心分别真伪，除去后人加入种种谬论。如和光同尘，小国寡民，一切文物皆无所用，鸡犬相闻老死不相往来，等等。而所以示人对于旧势力不必信任，须正当奋斗，不屈不挠，总以推陷廓清为目的者，殆无所不至。其强矫之精神又何如！吾辈生当自由之世，虽良知所极认为是，犹时畏祸惧罪，有所顾忌而不敢言！彼不但不顾忌而言之，并大言之，并特言之，其胆量之雄，真可谓卓绝千古！崇拜之不暇，可妄诋諆之乎？

【注释】

① 横肆：纵放恣肆。诋（dǐ）諆（qī）：毁谤污蔑。

梦荪又案：老学以倒行逆施解释"强"字，既如前所述；然有时不以此种恶意解释，而更以他种善意解释之者，又不可不知也。老学以善意解释"强"字，在《道德经》中凡三见。其一为"自胜者强"，谓能以良心战胜情欲，不为情欲奴隶者为强也。其二为"心使气曰强"，谓能以良心驱使血气，言语动作，惟良心命是听者为强也。其三为"守柔曰强"，谓守定谦谨，服从公理者为强也。三说虽各不同，而坚持良知之所是，行乎良心之所安，不被利诱，不为威胁，精神未尝不相一致。从事老学者，于"强"之一字，分别观之可也。

勤劳类第五

5.1　天下无现成之人才，亦无生知之卓识。大抵皆由勉强磨炼而出耳。《中庸》所谓"人一己百，人十己千"①，即勉强工夫也。今士人皆思见用于世，而乏用世之具。诚能考信于载籍②，问途于已经，苦思以求其通，躬行以试其效，勉之又勉，则识可渐进，才亦渐充。才识足以济世，何患世莫己知哉③！

苦思即训练思想之谓，勤之第一层工夫亦只是在苦思。吾辈日日言勤而不知从苦思致力，则所谓勤者枝叶之勤耳。虽勤亦奚足贵。

【注释】

①人一己百，人十己千：别人花一分（十分）气力，自己用百（千）倍力量，即以百倍的努力赶上别人。

②考信：查考真实。

③己知："知己"，知道自己。

【解析】出自杂著中《劝诫浅语十六条·劝诫绅士四条》，作于咸丰十一年（1861）八月二十日至九月二十二日。此则论为人应勤奋。发明家爱迪生说："天才就是1‰的灵感加上99‰的汗水，当然，没有那1‰的灵感，世界上所有的汗水加在一起也只不过是汗水而已！"对于资质平平的人来说，勤奋是唯一有可能走向成功的捷径。

5.2　天下事未有不从艰苦中得来，而可久可大者也。

可久可大之业固非折枝之易，亦非挟山超海之难①，有志之士勉之勉之。

【注释】

① 挟山超海：夹着泰山跨越北海，比喻做绝对办不到的事。

【解析】 出自咸丰十年（1860）八月初六日日记。此则论为人应吃苦。夏炘（号笏甫）送来著述数种，其中的《述朱质疑》论朱熹的学术由艰苦研习所得，故为百世之师。曾国藩对此十分赞同，认为治学问道、带兵打仗都一样，经历艰难困苦才有可能取得伟大的成就。不经风雨，怎见彩虹；不历烈火，岂有真金？

5.3　能吃天下第一等苦，乃成天下第一等人。

【解析】 出自咸丰十年（1860）十一月初八日批牍《批江绍华禀奉谕赴礼前营帮办文案抵营日期》。此则论为人要能吃苦。"吃得苦中苦，方为人上人。"把苦难当作人生的种种磨炼，就会越来越接近成功。

5.4　勤到十分，自然做成一个好汉。

【解析】 出自咸丰十年（1860）十月二十五日批牍《批管带礼前礼后营杨游击镇魁禀拔营抵卢村侦探贼情由》。此则论为人应勤奋。天道酬勤，多一分耕耘，就有可能多一分收获。

5.5　凡享大名者，无不从坚忍艰苦而成。

【解析】 出自同治六年（1867）五月初八日批牍《批统领老湘营刘镇松山统领和厚营李镇祥和禀进剿捻逆情形由》。此则论成功者多坚忍自强。仁人志士最终能功成名就，无不经历过艰难险阻。列夫·托尔斯泰曾说："情况越严重，越困难，就越需要坚定、积极、果敢，而越无为就越有害。"

5.6　天下断无易处之境遇，人间那有空闲的光阴①。不为圣贤，便为禽兽；莫问收获，但问耕耘。

【注释】

① 那：同"哪"。

【解析】 二句均为曾国藩所撰自箴楹联。前一联出自咸丰九年（1859）十月十七日日记，后一联出于咸丰元年（1851）七月十二日日记。此则论勤奋耕耘。前者告诫自己，人生总会遇到困境低谷，应该珍惜当下时光，迎难而上。后者劝勉自己，要立志高远，而不应只顾眼前的苟且；要脚踏实地，切莫只重结果而不问过程。

5.7　观于田夫、农父终岁勤劳而少疾病，则知劳者所以养身也。观于舜、禹、周公终身忧劳而享寿考①，则知劳者所以安心也。

【注释】

① 周公：姬旦，周文王之子，周武王之弟，辅佐周成王，天下太平，后世尊之为圣贤的典范。寿考：长寿。

【解析】出自杂著中《劝诫浅语十六条·劝诫委员四条》，作于咸丰十一年（1861）八月二十至九月二十二日，个别文字有改动。此则论为人应勤劳尽责。曾国藩对公职人员进行劝诫，第一条就是"习勤劳以尽职"。身体、心思勤加活动，既能劳而有获，也能强筋健骨。

5.8　身体虽弱，却不宜过于爱惜，精神愈用则愈出，阳气愈提则愈盛。每日作事愈多，则夜间临睡愈快活。若存一爱惜精神的意思，将前将却①，奄奄无气，决难成事。

增长精神强固筋骨，不勤动何以能致？以爱惜不动为得计，久之必自知其失计也。

【注释】

① 将前将却：又想向前行进，又想向后退步。

【解析】 出自咸丰七年（1857）十二月十四夜家书《致沅弟》。此则论为人应勤快。战胜疾病的良药就是自己保持好心态，平常多运动，柔弱也能变刚强。

5.9　精神愈用而愈出，不可因身体素弱过于保惜；智慧愈苦而愈明，不可因境遇偶拂遽尔摧沮①。

【注释】

① 拂：违背，不顺。遽尔：急切。摧沮：沮丧。

【解析】 出自咸丰八年（1858）四月初九日家书《致沅弟》。此则论勤奋自强。大脑是越用越灵光，身体是越练越强壮。

5.10　凡人安逸则百病丛生，勤劳则众善悉臻。须以"勤"字为主，庶不至日就懈弛。

【解析】 出自咸丰十一年（1861）七月初八日批牍《批刘国斌禀奉委统带选锋营水师接任日期》。此则论为人应勤劳。"懒惰没有牙齿，但却可以吞噬人的智慧"，不管做事还是养生，平日应该积正气，勤锻炼，应急之时才能激发出潜能。

5.11　百种弊病，皆从懒生。懒则弛缓，弛缓则治人不严而趣功不敏①，一处迟则百处懈矣。

【注释】

① 趣：通"趋"，快步走。功：功能，功效。不敏：不敏捷。

【解析】 出自同治三年（1864）二月二十八日日记。此则论为人不可懒散。富兰克林说："懒惰，像生锈一样，比操劳更能消耗身体，经常用的钥匙总是亮闪闪的。"

5.12 "勤"字之要，在好问好察。

问继以察，盲从之弊庶几可免。

【解析】出自咸丰十年（1860）五月初六日日记。此则论勤问勤观察。曾国藩在营中督导诸生功课，教以"诚勤廉明"四字。不懂就问，问了再去调查研究，这样才不会盲从。

5.13 一息尚存，此志不懈。

勤之工夫如斯，可谓至极。

【解析】出自同治元年（1862）十一月初四日家书《谕纪泽》，个别文字有改动。此则论为人应持之以恒。《论语·泰伯》："死而后已，不亦远乎!"朱熹注曰："一息尚存，此志不容少懈，可谓远矣。"曾国藩劝诫儿子纪泽读书贵在有恒，生命不息，奋斗不止。英国作家狄更斯也说："顽强的毅力可以征服世界上任何一座高峰。"

5.14 从短处下一番苦工，进之以猛，持之以恒，自不患无精进之日也。

【解析】出自同治元年（1862）四月初四日家书《谕纪泽》，文字略有删改。此则论为人贵在有恒心。曾国藩勉励长子纪泽在读书、作文方面，尤其要从自己的短处劣势上下手，下苦功夫，坚持不懈，不用担心成功不会到来。本杰明·富兰克林曾说："勤奋是好运之母。"

5.15 扶危救难之英雄，以心力劳苦为第一义。

【解析】出自咸丰十年（1860）六月二十七日日记。此则论英雄贵在勤劳。曾国藩早饭后巡查军营，与营官马得顺谈及太平盛世的英雄开创基业，应将胸襟开阔作为最至上的妙理；而末代乱世的英雄拯危济困，应把勤劳辛苦放在第一位。

5.16　天可补，海可填，南山可移；日月既往，不可复追。其过如驷^①，其去如矢^②，虽有大知神勇^③，莫可谁何^④？光阴之迁流如此，其可畏也，人固可自暇逸也哉？

光阴一去不能复返，足知为至宝之物。吾辈毫不加意，弃之如敝屣，何其愚至是！

【注释】

① 驷（sì）：四匹马同驾一辆车，速度飞快。形容时间过得极快。

② 矢：箭。形容时间像离弦的箭有去无回。

③ 知：通"智"，聪明。

④ 莫可谁何：无可奈何。

【解析】出自文集中《朱玉声先生七十三寿序》，作于道光二十一年（1841）七月二十至八月十一日。此则论为人应珍惜时间。成功都是建立在时间的基础之上的。莎士比亚曾说："放弃时间的人，时间也放弃他。"

5.17　凡才力得之天禀者不足喜，得之人事者乃可据。厉志以广之^①，苦学以践之，才力无不日长者。水之渐也，盈科而进^②；木之渐也，积时而高。才力之增，亦在乎渐而已矣。

"渐"之一字，最足引人入胜。

【注释】

① 厉志：磨炼心志。

② 盈科而进：水灌满坑洼之后再向前流去，比喻想要进步就要打好坚实的基础。

【解析】出自咸丰十一年（1861）五月十日批牍《批湖北抚标新仁营兼辖英字营吴倅廷华禀克复孝感县城迨至德安围剿由》。此则论为人应循序渐进。才华、能力都是循序渐进修炼来的，不能光仰仗天赋。

5.18　积诚可以生明，积勤亦可以生明。

【解析】出自同治二年（1863）五月初二日批牍《批芜湖县曾化南禀到任察看地方一切情形由》。此则论为人应诚实勤奋。积聚诚心可以使人聪明，长期勤奋也可以使人聪明，即便不能及时挽救时艰，也可以慢慢恢复元气。

5.19　祸福由天主之，善恶由人主之。由天主者，无可如何，只得听之；由人主者，尽得一分算一分，撑得一日算一日。

【解析】出自咸丰八年（1858）十一月二十三日家书《致澄弟沅弟季弟》。此则论为人应尽心尽责。十月初十日，湘军悍将李续宾率部在安徽肥西的三河镇被全歼，李续宾战死，六弟曾国华也以身殉国。曾国藩劝慰三位弟弟，认为三河大败恐怕是天意。其实根本原因是李续宾轻敌孤军深入。

5.20　处乱世而得宽闲之岁月，千难万难！切莫错过此等好光阴也。

世愈乱，则责任愈重，尤当日夜竭尽心力，从事奋斗，扫除乱源，乌可错过光阴！

【解析】出自同治二年（1863）二月二十四日家书《谕纪泽》。此则论身处乱世应珍惜时间。曾国藩劝导长子曾纪泽在家饱览群书，照顾家庭。在后方珍惜时间，奋发图强，也是一种有为！

5.21　用工不可拘苦，总须讨些趣味出来。

持久之道不外乎斯。

【解析】出自同治五年（1866）三月十四夜家书《谕纪泽纪鸿》。此则论为人应懂苦中作乐。兴趣是最好的老师，尤其对于自己的短处，要学会苦中作乐，在改进的过程中找到乐趣，就能事半功倍。

5.22　一刻千金，不可浪掷光阴。

千金易得，光阴难再，浪掷者是诚何心也？

【解析】出自咸丰八年（1858）八月二十日家书《谕纪泽》，文字略有改动。此则论珍惜时间。曾国藩此时在江西弋阳军中，仍不忘督促20岁的纪泽抓住大好时光，在家勤学苦读，千万不可浪费光阴。

5.23　天下之事，有其功必有其效；功未至而求效之遽臻，则妄矣！君子之用功也，如鸡伏卵不舍，而生气渐充；如燕营巢不息，而结构渐牢；如滋培之木，不见其长，有时而大；如有本之泉，不舍昼夜，盈科后进①，终放乎四海。但知所谓功，不知所谓效，而效亦徐徐以至也。

有功如此，必有效如彼，此深明因果律之言。

【注释】

①　盈科后进：参见5.17则注②。

【解析】出自杂著中《笔记二十七则·功效》，作于咸丰九年（1859），个别文字有改动。此则论处事不可贪图速效。天下事若用功去做，自然会有效果。努力不一定成功，不努力肯定不可能成功！功夫未到却强求见效，这是痴心妄想。

5.24　有一分之功，必有一分之效。有真积力久之功，必有高厚悠远之效。不俟功候之至而遽期速效，不知致力之方而但求速效，不惟无益，反以害之矣。

物质文明、精神文明皆勤劳之结果，功候至则其效自见，求速也奚为？

【解析】 出自杂著中《笔记二十七则·功效》，作于咸丰九年（1859），末句有改动。此则论为人不可急功近利。欲速则不达。

5.25 《论语》两称"敏则有功"①。敏，有得之天事者，才艺赡给②，裁决如流③，此不数数觏也④。有得之人事者，人十己千，习勤不辍，中材以下，皆可勉焉而几⑤。

【注释】

① 敏则有功：做事敏捷而多能成功。语载《论语》的《阳货》《尧曰》篇。

② 赡（shàn）给（jǐ）：富裕充足，此指才华横溢。

③ 裁决如流：做决定迅速果断。

④ 数数：常常。觏（gòu）：遇见。

⑤ 勉：努力。几（jī）：差不多，接近于。

【解析】 出自杂著《笔记二十七则·儒缓》，作于咸丰九年（1859）。此则论中等资质者应勤奋努力。有的人天生才华出众，做事敏捷果断，是难得一遇的人才；绝大多数资质中等的人，只能靠后天勤奋练习，才能努力接近这种水平。

5.26 自古圣贤豪杰，多由强作而臻绝诣①。近世论人者，或曰②："某也向之所为不如是，今强作如是，是不可信。"沮自新之途③，而长偷惰之风，莫大乎此！

【注释】

① 臻：达到。绝诣：精妙的造诣。

② 或：有的人。

③ 沮：阻止。

【解析】 出自杂著中《笔记十二篇·勉强》，作于同治十年（1871）二三月间。此则论坚强勤奋。谋胜之道没有速成秘诀，但有方法可循。要想成为圣贤豪杰，必须稳健持重而不急于求成，锐意进取而不偷懒耍滑，这就是曾国藩认定的修行要旨。

5.27　一日无进境，则一日渐退矣。进退之间所争几微，思之真可寒心。以一缕精心，运用于幽微之境，纵不日进，或可免于退乎？愈思想则道理愈出，智慧愈增，日进将不可量。言免于退者，退一步之词也。

【解析】出自同治元年（1862）八月十九日日记，个别文字有改动。此则论为人贵在勤奋坚持。曾国藩在日记中反思最近公事懈怠，马虎散漫，故痛定思痛，打算从每一天做起：吏事、军事在午前加意，午后对饷事加意，入夜后对文事加意。

5.28　欲去"惰"字，总以不晏起为第一义。

【解析】出自咸丰十一年（1861）二月初四日家书《致澄弟》，个别文字有增改。此则论每天应早起。一日之计在于晨！从每天的第一件事——不睡懒觉做起，既易于执行，也易见到成效。

5.29　三达德之首曰智①，智即明也。古来豪杰，动称英雄。英，即明也。明有二端：人见其近，吾见其远，曰高明；人见其粗，吾见其细，曰精明。高明者，譬如室中所见有限，登楼则所见远矣，登山则所见更远矣。精明者，譬如至微之物，以显微镜照之，则加大一倍、十倍、百倍矣；又如粗糙之米，再舂则粗糠全去②，三舂、四舂则精白绝伦矣。

二者之为明不同，皆可以学力致之。好学好问，即所以求此二者之诀也。不有二明，何所恃以贡献于社会？不好学好问，又何以自致于二明？

【注释】

① 三达德：指智、仁、勇。

② 舂（chōng）：把东西放在石臼或乳钵里捣。

【解析】出自杂著中《箴言六则规澄侯·明》，作于同治七年（1868）十月二十四、二十五日。此则论为人应追求高明精明。曾国藩撰写六则箴言送给曾国潢，其一就是"明"。高明要靠天分，精明要靠好学好问。钥匙，是越用越光亮，而没有锈斑；大米，是越舂越精白，而没有糟糠。

5.30 凡仁心之发，必一鼓作气，尽吾力之所能为。稍有转念，则疑心生，私心亦生。

欲贡献于社会，中道而退转，可谓不诚至极。

【解析】出自道光二十四年（1844）三月初十日家书《致温弟沅弟》。此则论为人应时刻秉持仁心。人的天性是私心常有，爱心不常有。抓住爱心闪现的一瞬，立刻去做个有爱心的人，而不强求常人"存爱心灭私心"，这是曾国藩的高明之处。

5.31 自古圣贤豪杰、文人才士，其志事不同，而其豁达光明之胸大略相同。吾辈现办军务，系处功利场中，宜刻刻勤劳，如农之力穑①，如贾之趋利，如篙工之上滩，早作夜思，以求有济②。而治事之外，此中却有一段豁达冲融气象。二者并进，则勤劳而以恬淡出之，最有意味。

【注释】

① 穑（sè）：收割谷物，泛指耕作。

② 有济：有所收获。

【解析】出自同治二年（1863）三月二十四日家书《致沅弟》。此则论为人应勤劳而恬淡。曾国荃研读宋儒邵雍诗，领悟到恬淡冲融之趣，襟怀大有长进。心胸开阔豁达，勤劳而不热衷名利，这样最有意味。

5.32 不慌不忙，盈科后进①，向后必有一番回甘滋味出来。

【注释】

① 盈科后进：参见 5.17 则注②。

【解析】 出自咸丰七年（1857）十二月十四日家书《致沅弟》，个别文字有改动。此则论为人应稳重。曾国藩劝导曾国荃学习李续宾的沉稳持重。临大事而不慌乱，处乱世而不莽撞，流水静深，胸有成竹，境界自然有提升。可与 3.12 则相参。

5.33　以体弱之人，处多难之世，若能风霜磨炼，苦心劳神，亦足以坚筋骨而长识见。

【解析】 出自咸丰九年（1859）三月初三日家书《谕纪泽》，个别文字有改动。此则论为人应磨炼身心。儿子曾纪泽将在五月娶亲成家，故曾国藩向他传授修养之法。人生似洪水奔流，不遇岛屿与暗礁，怎能激起美丽的浪花？

5.34　无间最难①，圣人之纯亦不已，颜子之"三月不违"②，此不易学，即"日月之至"③，亦非诸贤不能，"至"字煞宜体会④。我辈但宜继继续续求其时习而说⑤。

【注释】

① 间：间断。

② 颜子：孔子的高徒颜回。三月不违：语出《论语·雍也》，指颜回长时间不违背仁德。

③ 日月之至：一日或一月为期限，即短时间能做到。

④ 煞：十分，极。

⑤ 时习而说：经常温习而感到愉悦。说，通"悦"。

【解析】 出自道光二十二年（1842）十月二十七日日记。此则论为人应矢志不渝。曾国藩写心性日记，此日进城拜见倭仁请求指点，本则即倭仁的点拨之语。为人志向专一，不改初心，做事尽心尽意，内心才会愉悦。一个人坚定不移的意志力和执行力，是取得最终胜利的重要法宝。

5.35 凡事之须逐日检点者，一日姑待后来补救，则难矣！况进德修业之事乎？

【解析】出自道光二十二年（1842）十月初十日日记。此则论为人应每日省察。圣贤说"吾日三省吾身"，曾国藩主张凡事应逐日检查，一日懈怠将难以弥补。何况是修养品行，提高学业之事？

5.36 精神要常令有余，于事则气充而心不散漫。

【解析】出自道光二十二年（1842）十月初七日日记。此则论为人应专心致志。曾国藩这一天出城会客六七家，说话太多，导致精神困乏，心思散漫。孔子说："道听而途说，德之弃也。"多言多嘴，游谈无根，反被有德的人抛弃。精神足，气血旺，才能做好事情。

5.37 尽其所可知者于己，性也；听其不可知者于天，命也。圣人之不可及处，在尽性以至于命。尽性犹下学之事，至于命则上达矣。当尽性之时，功力已至十分，而效验或有应有不应。圣人于此淡然泊然。若知之若不知之，若着力若不着力，此中消息最难体认。吾辈若于性分当尽之事，百倍其功以赴之；而俟命之学①，则以淡如泊如为宗②，庶几其近道乎。

如是以言命，不但无因循自然之害，而此心转有鸢飞鱼跃之乐，可谓善言命矣。

【注释】

① 俟命：听天由命。

② 淡如泊如：犹言淡泊，不趋名利。

【解析】出自同治元年（1862）十月初十日日记，个别文字有增改。

此则论尽人事听天命。曾国藩晚读王夫之注解张载《正蒙》篇，对尽性知命之旨略有领会，表示无心功名利禄，希望践行功成身退的儒家观念。

5.38　古来圣哲名儒之所以彪炳宇宙者，无非由于文学、事功。然文学则资质居其七分，人力不过三分；事功亦运气居其七分，人力不过三分。惟尽心养性，保全天之所赋，充无欲害人之心而仁足，充无穿窬之心而义足①，此则人力主持，可以自占七分。人生著力之处，当自占七分者黾勉求之②，而于仅占三分之文学、事功，则姑置为缓图。庶好名争胜之念，可以少息③；徇外为人之私④，可以日消乎？

所谓为己之学者此也。

【注释】

① 穿窬（yú）：参见2.2则注③。

② 黾（mǐn）勉：勉励，努力。

③ 少息：稍稍平息。

④ 徇（xùn）：曲从。

【解析】出自同治八年（1869）十二月二十二日日记，文字略有删减。此则论为人应尽三分努力。晚年曾国藩谨小慎微，乐天知命，不像咸丰六年（1856）九月在江西战场写信给次子纪鸿："半由人力，半由天命。"他认为七分天注定，三分靠打拼，好多事情并非个人所能掌控，环境与时机更加重要，所谓"运来天地皆同力，运去英雄不自由"。

5.39　人生惟"有常"是第一美德。余早年于作字一道，亦尝苦思力索，终无所成。近日朝朝暮暮写，久不间断，遂觉月异而岁不同。可见年无分老少，事无分难易，但行之有恒，自如种树畜牲，日见其大而不觉耳。

有恒之效如是心贵，勿忘孟子真非欺我。

【解析】出自同治元年（1862）四月初四日家书《谕纪泽》，个别文字有改动。此则论为人应有恒心。三天打鱼，两天晒网，怎么会有进步？

5.40　"勤"字工夫，第一贵早起，第二贵有恒。

【解析】出自同治二年（1863）十二月十四日家书《谕纪瑞》。此则论为人应勤奋。曾国藩劝导侄子曾纪瑞，家境日渐宽裕，有福不可享尽，有势不可使尽，应该秉承勤劳的祖训。另参看5.28则、1.65则。

5.41　勤则不知者可徐徐而知，不能者可徐徐而能，己之办事日稳，人之敬心亦日生。

【解析】出自咸丰九年（1859）七月十九日批牍《批湖北抚标新仁营吴廷华禀奉委兼辖副仁营事务并探报贼情由》，个别文字有改动。此则论处事应勤快。任务愈艰巨，愈要勤苦耐劳。勤快是通向成功的必由之路。

5.42　勤则不知者博访而渐知，不能者苦习而渐能，自不患无出头之日也。

【解析】出自同治六年（1867）三月二十三日书信《复欧阳星泉》，文字略有删改。此则论勤可补拙。曾国藩主张为人之道，尤以勤、廉、信、慎为要。其中勤摆在第一位，因为勤能补拙。不太聪明、能力较弱的人，可以通过多访查、勤练习，而慢慢变得聪明能干，不用担心没有出头之日。

5.43 秉质愚柔，舍"困勉"二字别无入处。

【解析】出自咸丰十年（1860）八月二十一日书信《复夏炘》。此则论为人应坚忍自强。学者夏炘《述朱质疑》论朱熹的学术由艰苦研习所得，曾国藩对此十分赞同，自己也是如此仿效圣贤的，自认为资质愚笨柔弱，只好用艰难困苦来勉励自己，砥砺品性，别无他法。拿破仑也说："胜利属于最坚忍的人。"可与5.2则相互参阅。

5.44 古之成大业者，多自克勤小物而来[①]。百尺之高，基于平地；千丈之帛，一尺一寸之所积也；万石之钟，一铢一两之所累也。以仲山甫之贤[②]，而夙夜匪懈[③]；以文、周之圣[④]，一则自朝至暮，不遑暇食[⑤]；一则仰思继日[⑥]，坐以待旦[⑦]。其勤若此，则无小无大，何事之敢慢哉？

为大于其细，图难于其易，省以后许多枝节，添许多注意研究兴趣。

【注释】

① 克勤：能勤劳。

② 仲山甫：一作仲山父，西周王室后裔，出生时家道已中落，周宣王时受荐入朝，后位居百官之首。

③ 夙夜匪懈：日夜辛劳，勤奋不懈。

④ 文：指文王姬昌，西周王朝的奠基者。周：周公姬旦，参见5.7则注①。

⑤ 不遑暇食：没有时间吃饭。

⑥ 仰思继日：连日追思。

⑦ 坐以待旦：坐着等待天亮，形容勤谨。

【解析】出自杂著《笔记二十七则·克勤小物》，作于咸丰九年（1859），文字略有改动。此则论为人应勤快。不管是圣贤豪杰，还是平民百姓，都是从小事做起，勤勉实干。大事小情，从不轻慢懈怠；难的化难为易，大的化整为零。这正是曾国藩的高明之处。

5.45　用功不求太猛，但求有恒。

太猛则近于助长，岂惟于知识无益，将见于身体有害。

【解析】出自同治四年（1865）正月廿四日家书《致沅弟》。此则论为人应有恒心，功到自然成。短期内拼命用功，会适得其反，还对身体有害。饭要一口一口去吃，事得一件一件去做，急功近利反而欲速则不达。朱熹说得好："宽着期限，紧着课程。"成功是一点一滴汇聚而来的。

5.46　一事有恒，则万事皆可渐振，无以为小端而忽之。

忍苦耐劳之习惯端赖自小养成。今日忽于小，异日安见其能认真于大？

【解析】出自咸丰十年（1860）闰三月二十夜书信《批李榕禀信尾》。此则论办事贵在有恒。曾国藩劝导李榕做事不可间断，切勿因为事情微小而无所谓！刘备给儿子刘禅的遗诏也说："勿以恶小而为之。"生活习惯好，做事善始善终，是成功者的优秀品质。

5.47　由渐而习，则日变月化，而迁善不知；若改之太骤，则难其有恒。

【解析】出自咸丰六年（1856）二月初八日家书《致澄弟温弟沅弟季弟》。此则论为人应循序渐进。虚岁十八的曾纪泽将于三月二十一日与贺长龄之女完婚。曾国藩叮嘱诸弟多教导纪泽夫妇。好习惯是一天天慢慢养成的，步子迈得太快，会适得其反，也不易坚持下去。要像文火炖肉，时间久，肉才会熟烂。

5.48　庄子曰："美成在久。"[①]骤而见信于人者，其相信必不固；骤而得名于时者，其为名必过情[②]。君子无赫赫之称，无骤著之美，犹四时之运③，渐成岁功④，使人不觉。则人之相孚⑤，如"桃李不言，下自成蹊"矣⑥。

实至则名自归，不于实是求而惟名是好，稍有识者当不如是也。

【注释】

① 美成在久：语出《庄子·人间世》，指人的心灵美是长时间积累而成的。

② 过情：超过实际情形。

③ 四时之运：一年四季农时的循序移动。

④ 岁功：一年的收获。

⑤ 孚：为人所信服。

⑥ 桃李不言，下自成蹊：语出《史记·李将军列传》，意谓桃李不招引人，因为有花和果实，人们在树下走来走去，走出条小路。比喻人只要真诚忠实，就能感动别人。

【解析】 出自咸丰元年（1851）七月初三日日记。此则论成功靠积累。曾国藩读《庄子·人间世》"美成在久"一句有感。成功与荣誉，都是一步步踏实干出来的。任何马虎敷衍、偷懒耍滑都是要不得的，一蹴而就、一步登天等任何妄想都是行不通的。

5.49　君子之学道，尤病于近名①。人禀气于天地，受形于父母，苟官骸得职②，作事有伦，虽一字不识，阒寂无闻③，于我乎无损也；虽著述万卷，誉满天下，于我乎无加也。世士不察，乃欲舍此之由，急彼之骛④。穷年而殚日⑤，悴力而敝身⑥，则足以炽其好名争胜之私已矣，岂笃于为己者哉？ 夫德性未尊，则问学适以助长；德性既尊，则知识少焉而不足耻，多焉而不足矜。周公之材艺，孔子之多能，吾不如彼，非吾疚也。若其践形尽性，彼之所禀，吾亦禀焉，一息尚存，不敢不勉。则业术虽无寸进，而心志可以大定，寤寐可以安恬⑦。

【注释】

① 近名：追求名誉。

② 官骸：身躯；形体。

③ 阒（qù）：寂静。

④ 鹜（wù）：通"务"，强求。

⑤ 穷：耗尽。殚（dān）：竭尽。

⑥ 悴力：精力衰弱。敝身：身体疲困。

⑦ 寤（wù）寐（mèi）：醒与睡，常指日夜。安恬：安然恬静；内心淡泊。

【解析】 出自书信《答冯卓怀》，清光绪传忠书局本系于咸丰元年（1851），唐浩明《曾国藩全集》本系于道光三十年（1850），个别文字有删改。此则论君子自我修习与成效之关系。人生，追求的应是品性的成熟、灵魂的安顿，而非世俗的浮名虚利。

5.50　凡视听所宜晰无不晰①，言动所宜审无不审②，心思所宜条理无不条理而理之。使夫一身得职，而天地万物各安其分，以位以育，以效吾之官司③，所谓践形者也④。今世人之为学者，不践形而逐众好：耳无真受，众耳之所倾亦倾之；目无真悦，众目之所注亦注之；疲一世以奔命于庸夫之毁誉，竟死而不悔，可谓大愚不灵者也⑤。

【注释】

① 晰：明白，清楚。

② 审：谨慎。

③ 官司：此指人的器官。

④ 践形：人性体现于形色。

⑤ 大愚不灵：十分愚笨，不晓事理。

【解析】 出自文集中《送刘君椒云南归序》，作于道光二十八年（1848）二月，文字略有删改。此则论学者应自立。儒家学术最注重心性修养，务求砺学敦行。曾国藩批判今世学者为了名利，随波逐流，逢迎谄媚，投机取巧，被撕裂成口是心非的"两面人"，真是可悲又可叹。

5.51　人一日所着之衣、所进之食，与一日所行之事、所用之力相称，则旁人韪之^①，以为彼自食其力也。古之圣君贤相，若汤之"昧旦丕显"^②，文王之"日昃不遑"^③，周公之"夜以继日，坐以待旦"^④，盖无时不以勤劳自励。《无逸》一篇，推之于勤则寿考，逸则夭亡，历历不爽^⑤。为一身计，则必操习技艺，磨炼筋骨，困知勉行，操心危虑，而后可以增精神而长才识。为天下计，则必己饥己溺^⑥，一夫不获，引为余辜。鞠躬尽瘁，而后可以完其人之责。大禹之周乘四载，过门不入；墨子之摩顶放踵^⑦，以利天下：皆极俭以奉身，而极勤以救民。故荀子好称大禹、墨翟之行，以其勤劳也。军兴以来，每见有一材一技、能耐艰苦者，无不见用于人，见称于时。其绝无材技、不惯作劳者，皆唾弃于时，饥冻就毙。是以君子欲有立于世，莫大于习劳也。

【注释】

①韪（wěi）：是，对。

②汤：成汤，商朝开国君主。昧旦丕显：语出《尚书·太甲上》，指天不亮就起床，思考如何光大自己的德业，形容为政勤劳辛苦。

③日昃不遑：太阳偏西了也没空闲吃饭，多指帝王勤于政事。

④夜以继日，坐以待旦：晚上连着白天，坐着等待天亮，形容勤谨。

⑤历历不爽：一一没有差错。

⑥己饥己溺：别人挨饿、落水就像自己挨饿、落水一样，常指关心人民疾苦，以解除别人的痛苦为己任。

⑦摩顶放踵：从头顶到脚跟都磨伤，形容不辞辛苦，舍己为人。

【解析】出自同治九年（1870）十一月初二日家书《谕纪泽纪鸿》，个别文字有删改。此则论为人应勤劳。此日曾国藩撰写四条日课作为家训，此为第四条，作于十一月初三日。"人生在勤，不索何获？"哪儿有勤奋，哪儿就有成功。以勤劳作为习惯的人，就连神灵都为之钦服。

5.52　君子赴势甚钝，取道甚迂，德不苟成，业不苟名，艰难错迕①，迟久而后进。铢而积，寸而累。及其成熟，则圣人之徒也。

【注释】

① 错迕：交错。

【解析】出自文集《送郭筠仙南归序》，作于道光二十五（1845）年四月，个别文字有删改。此则论为人应坚韧自强。同乡好友郭嵩焘赴京应考，名落孙山。曾国藩劝慰他切勿气馁。只要不畏艰难困苦，坚韧不拔，成功总会来临。果然，郭嵩焘两年后进士及第。

5.53　自古圣贤立德，豪杰立功，成不成，初不敢预必；只是日就月将①，尽其在我。孔子所谓"谁敢侮"②，孟子所谓"强为善"③，皆此义也。

【注释】

① 日就月将：每天有成就，每月有进步，形容精进不止。

② 侮：语出《孟子·公孙丑上》，指戏玩。

③ 强为善：语出《孟子·梁惠王下》，指竭力推行善政。

【解析】出自同治三年（1864）正月初三日批牍《批统带精毅营席道宝田禀复该营裨将各情另单禀请饬令吴中书绍烈前来襄办营务由》。此则论为人应随时努力。工作随时努力，日久年深，积少成多，成功还会远吗？

5.54　求速效必助长，非徒无益，而又害之。只要日积月累，如愚公之移山，终久必有豁然贯通之候。

【解析】 出自道光二十三年（1843）六月初六日家书《致澄弟沅弟季弟》。此则论不可贪图速效。心急吃不了热豆腐！朱熹曾说："读书之法，在循序渐进，熟读而精思。"读书治学，靠的是长年累月的积聚之功。

5.55　格物，致知之事也。诚意，力行之事也。此二者并进，下学在此，上达亦在此。

【解析】 出自道光二十二年（1842）十月二十六日家书《致澄弟温弟沅弟季弟》。此则论读书人应诚意、格物。曾国藩认为读书人最重要的两件事就是格物、诚意。格物就是推究事理，获取知识；诚意就是心志真诚，身体力行。

5.56　天下凡物加倍磨治，皆能变换本质，别生精彩。人之于学，但能日新又新，百倍其功，何患不变化气质，超凡入圣①？

【注释】

① 超凡入圣：超越常人而达到圣贤的境界，形容学识修养达到了高峰。

【解析】 出自咸丰十一年（1861）十二月二十一日日记，个别文字有删减。此则论加倍磨炼才能变化气质。曾国藩战时仍恪守章程，每天读书治学。只有精益求精，坚持不懈，才能百炼成钢，化茧成蝶。读书改变气质，可参阅 1.65 则。

5.57　圣人之道，亦由学问、阅历渐推渐广，渐习渐熟，以至于四达不悖①。从来圣贤未有不由勉强以几自然，由阅历悔悟以几成熟者也。

【注释】

① 四达不悖：礼、乐、刑、政这四者都得到实现而不相违背。

【解析】出自咸丰九年（1859）五月十七日日记，个别文字有删改。此则论熟习才能产生质变。儒家说，人皆可以为尧舜。曾国藩的话更接地气，普通人不再是袖手旁观的冷眼看客、事不关己的旁观者，也可以通过后天的勤学苦练来实现超凡入圣。

5.58　事事勤思善问，何患不一日千里？

【解析】出自道光二十五年（1845）二月初一家书《致澄弟温弟沅弟季弟》。此则论处事应勤于思考请教。弟弟们偏居湖南乡间，苦无名师。曾国藩劝导他们，没有名师，可去省城拜谒陈本钦、罗泽南；诗文、书法没长进，可以勤学苦练。勤于思考，虚心请教，自有突飞猛进的那一天。

5.59　不课功效之多寡，但课每日之勤惰。

【解析】出自咸丰九年（1859）十二月二十日书信《复吴廷栋》。此则论为人应勤奋不懈。曾国藩反思：事非经过不知难！目标过于高远，反而不易实现，不如大处着眼、小处入手，从自查每天是否勤劳开始。

5.60　精诚所至，金石亦开；苦思所积，鬼神可通。

【解析】出自杂著中《劝诫浅语十六条·劝诫委员四条》，作于咸丰十一年（1861）八月二十至九月二十二日，个别文字有改动。此则论为人应勤劳。曾国藩对公职人员进行劝诫，四条中的第一条是"习勤劳以尽职"，就是身、眼、手、口、心都要勤快。心勤，金石也会开裂，鬼神也可感通。可与1.45则相互参阅。

5.61　凡物之骤为之而遽成者，其器小也。

【解析】出处与5.52则相同，个别文字有删减。此则论为人应有器量。郭嵩焘落榜南归，曾国藩劝慰他放宽心态。毛泽东有诗曰："牢骚太盛防肠断，风物长宜放眼量。"男子汉大丈夫要经得住挫折，贪求速效，反而不利于自身成长，无法养成坚毅的品质。

5.62　《传》曰："民生在勤，勤则不匮。"①先王之所为常致充盈，绰绰有余者，勤而已矣，不自暇逸而已矣！

【注释】

①民生在勤，勤则不匮：语出《左传·宣公十二年》，指人民的生计在于勤俭，勤俭就不会缺乏财物。

【解析】出自文集中《朱玉声先生七十三寿序》，作于道光二十一年（1841）七月二十至八月十一日，个别文字有改动。此则论为人应勤俭。曾国藩赞扬朱玉声勤勉持家，慷慨好义。辛勤俭朴，既能保证物质丰裕，还能使内心充盈，抱义怀仁。可与5.16则相互参阅。

5.63　劳其力者贞而固①：户枢不蔽②，磨铁不蚀。

【注释】

①贞而固：守持正道，坚定不移。
②户枢不蔽：经常转动的门轴不会腐坏。

【解析】出处同5.62则。此则论为人应勤奋。曾国藩赞扬朱玉声守持正道，朴素坚贞。常开的门轴不易腐烂，常用的钥匙光鲜明亮。俗话说"临阵磨枪，不快也光"，何况时时磨砺的人呢？

5.64　君子进德修业，欲及时也。

【解析】出处同5.62则。此则论为人进修德业应及时。此句承接5.63则，曾国藩认为君子欲提高道德修养，扩大功业建树，一定要尽早。做事要趁热打铁，一鼓作气，错过了就会成为永远的遗憾！

5.65　从古至今，伟人畸士①，莫不劬劳撼顿②，忍性动心③。

何者？ 精神以磨炼而强，智虑以艰危而邃也。

【注释】

① 畸士：独行拔俗之人。

② 劬（qú）劳：劳累。撼顿：动荡困顿。

③ 忍性动心：使性格坚忍、内心震动，指不顾外界阻力，坚持下去。

【解析】出自文集中《季仙九师五十寿序》，作于道光二十六年（1846）六月初七、初九日。此则论为人应坚忍自强。季芝昌移任浙江学政，曾国藩赞美老师心志坚忍，堪为师表。从古至今，伟人志士没有不经受困苦而坚忍刚毅的。温室里养不出万年松，庭院里跑不出千里马！

5.66　圣人无不可为，功无不可就，独患人不自克，不能竭其心与力之所竟耳。

述何丹畦语。

【解析】出自文集中《何君殉难碑记》，作于咸丰十年（1860）闰三月十二至十四日，个别文字有删减。何桂珍，字丹畦，云南师宗人，道光十八年（1838）进士，与唐鉴、曾国藩交善，推崇宋儒。后任安徽徽宁池太广道，率领乡团抵抗太平军，咸丰五年（1855）十月为叛贼李兆受所害。咸丰十年（1860）曾国藩访得何桂珍殉难处，为之作文纪念。此则论事在人为，圣人只担心自己能否胜任，是否竭心尽力去完成了。

5.67　好不当则贼仁①，恶不当则贼义，贼者日盛，本性日微，盖学问之事自此兴也。学者何？ 复性而已矣。所以学者何？ 格物诚意而已矣②。格物则剖仁义之差等而缕晰之③，诚意则举好恶之当于仁义者而力卒之。

【注释】

① 贼：毁坏。

② 格物：推究事理。诚意：意念诚实。

③ 缕晰：详尽清楚。

【解析】 出自道光二十五年（1845）书信《答刘蓉》。此则论学者应讲究格物诚意。曾国藩向好友刘蓉叙说如何研习朱熹理学：要善于处理好恶，恢复本性；其办法就是格物诚意。

5.68　尧、舜、禹、汤、文、武、周公、孔子之学，岂有他欤？ 即物求道而已。物无穷，则分殊者无极①，则格焉者无已时②。彼数圣人者，惟息息格物③，而又以好色恶臭者竟之④，乃其所以圣也。不如是，吾未见其圣也。

【注释】

① 分殊：区分。

② 无已时：无止境。

③ 息息：时时刻刻。

④ 好色恶臭：喜欢美丽的女色，厌恶腐臭的气味。

【解析】 出自道光二十五年（1845）书信《答刘蓉》。此则论求道贵在落实。大千世界，万物差异无限，故推究事理也无止境。圣贤之学关键在于落实，即时时刻刻来格物致知，即物求道。

5.69　仆之所志，其大者盖欲行义于天下，使凡物各得其分；其小者则欲寡过于身，行道于妻子，立不悖之言以垂教于宗族乡党。其有所成欤？ 以此毕吾生焉；其无所成欤？ 以此毕吾生焉。

【解析】 出自道光二十五年（1845）书信《答刘蓉》。此则论人生的意义。道光二十五年十月，曾国藩升任翰林院侍讲学士，向好友刘蓉表露志趣抱负：人生的意义就是进德修业，同时推己及人。

5.70 此后更无可望，但当守一"勤"字，以终吾身而已。

【解析】此则承接5.59则，论为人应勤奋。不求成效的多寡，而在于每日是否勤勉。心底犹如明镜，关键在于执行。勤奋不一定出人才，懒惰定会将人活埋。

5.71 耐劳为吾辈立身第一义。

【解析】出自咸丰十年（1860）十二月二十日书信《复左宗棠》，个别文字有删减。此则论为人应吃苦耐劳。左宗棠领兵打仗，因道路泥泞，进展十分艰难。曾国藩宽慰他吃苦耐劳是立身之本，当然条件也不能太过简陋。

5.72 弟自八年夏间再出视师①，痛改前此客气用事之弊，以一"勤"字自勖②，仰希仲山甫夙夜匪懈、陶桓公分阴是惜之风③，来示所引"先劳"之训，盖尝有志焉而未逮。

【注释】

① 八年：咸丰八年（1858），戊午年。曾国藩在老家服丧，参见1.20则、4.15则。

② 勖（xù）：勉励。

③ 仲山甫：参见5.44则。陶桓公：陶侃（259—334），庐江浔阳（今江西九江）人，东晋名将，卒谥桓，故称陶桓公。

【解析】出自咸丰十年（1860）九月十四日书信《复邓汪琼》，个别文字有删减。此则论为人贵在勤勉。邓汪琼是次子纪鸿的老师，非常赞赏曾国藩将行事心迹载入日记。曾国藩回信说，自从咸丰八年再次出山，敬仰仲山甫勤奋不懈、陶侃惜时如金，决定痛改前非，勤勉前行。

5.73 以困勉之功，志大人之学。

【解析】出自道光二十一年（1841）闰三月十二日日记。此则论治学应迎难而上。翰林曾国藩写信给慷慨好学的耒阳同族曾忍斋，读书必须勤奋刻苦，知难而进；立志必须高远，革凡成圣。

5.74　养生与力学皆从有恒做出，故古人以有恒为作圣之基。

【解析】出自同治五年（1866）五月十二日书信《复陈远济》。此则论治学养身贵在有恒心。曾国藩写信教导二女婿陈远济（陈源兖之子）：养生与力学其实同理，生活起居、学习功课都要持之以恒。良好的生活习惯和学习习惯，是成功的基石。

5.75　勤则百弊皆除。

【解析】出自咸丰五年（1855）六月十六日家书《致澄弟温弟沅弟季弟》。此则论勤奋的作用。此时湘军进展不顺，曾国藩皮肤病又未痊愈，寝食难安，但仍然勤勉努力，毫不懈怠。唐代大文学家韩愈《进学解》中说："业精于勤，荒于嬉。"懒惰是走向堕落的一大源头。

5.76　精进不懈，博览而约守，资深而居安①，终有洒然自得、涣然冰释之日②。

【注释】
①资深而居安：造诣精深，安心学习。
②涣然冰释：消除心中疑惑。

【解析】出自同治八年（1869）三月初七日书信《加黎庶昌片》。此则论治学修德贵在坚持。黎庶昌来信说深怕一事无成、声名不扬。曾国藩用此则来教导他。治学修德，恪守"勇猛精进"四字，悠然自得的境界定会到来。

5.77　仆昔亦有意于作者之林，悠悠岁月，从不操笔为文。去年偶作罗忠节、李忠武兄弟诸碑①，则心如废井，冗蔓无似②，乃知暮年衰退，才益不足副其所见矣！　少壮真当努力，光阴迈往，悔其可追?

【注释】

① 罗忠节：罗泽南（1807—1856），号罗山，湖南双峰人，湘军著名将领，咸丰六年（1856）进攻湖北武昌时战死，谥忠节。李忠武：李续宾（1818—1858），号迪庵，湖南涟源人，师从罗泽南，湘军著名将领，咸丰八年（1858）安徽三河镇之战兵败身亡，谥忠武。

② 心如废井，冗蔓无似：内心如同荒废的枯井、冗长的藤蔓一样，才思枯竭，头绪芜杂。

【解析】出自同治九年（1870）正月末书信《复刘蓉》。此则论作文贵在勤学苦练。曾国藩年老力衰，认为那种专修道德而文章会不期自工的看法不一定坚确，不论年纪长幼，文章都要勤于练习，才会思如泉涌，下笔有神。

5.78　圣人之异于众人者安在乎？耳、目、口、鼻、心知①，百体皆得其职而已矣②。

【注释】

① 心知：心智。

② 百体：人体的各个部分。

【解析】出自文集中《送刘君椒云南归序》，作于道光二十八年（1848）二月。此则论修德贵在安分知命。做好自己，有自知之明，能安于本分，才有望接近圣贤的境界。可参看5.50则。

5.79　余近来衰态日增，眼光益蒙，然每日诸事有恒，未改常度。

【解析】出自同治五年（1866）七月二十日家书《谕纪泽纪鸿》。此则论为人贵在有恒心。世上最难的，有时就是把看似容易的事一直坚持做下去。

5.80　凡外间有逆耳之言，皆当平心考究一番。

【解析】出自同治二年（1863）七月二十一日家书《致沅弟》。此则论为人应平心静气对待反对意见。曾国荃性格急躁，争强好胜，曾国藩上次已写信劝诫，但他不愿意虚心受教，反而动辄辩驳，这是很不理智的做法。诚如古人所言："良药苦口，惟疾者能甘之；忠言逆耳，惟达者能受之。"

5.81　余此次再出，已满十月。论寸心之沉毅愤发①，志在平贼，尚不如前次之紧。至于应酬周到，有信必复，公牍必于本日办毕，则远胜于前。

【注释】
① 沉毅：沉着刚毅。

【解析】出自咸丰九年（1859）四月二十三夜家书《致澄弟沅弟季弟》。此则论为人贵在勤奋刚毅。此时曾国藩已重出江湖，执掌湘军十个月，精力日衰，老眼昏花，军务不甚如意，但能坚毅刚强，各种事务应对自如。今日事今日毕，把握当下才能赢得未来。

梦苏案：人之生也，其责任之最大者，莫大乎为善以去恶。然何以能为善？不外乎勤而已。何以能去恶？亦不外乎勤而已。勤也者，不自欺其良知；竭尽其心力，以完其为人之责任者也。惟其以自完其责为鹄①，故见善如不及，而不肯优游以卒岁②，饱食而无所用心；故见恶如探汤③，而不屑妄费精神，言不义而行小慧。吾辈之所以由愚以进于明，由弱以进于强，皆勤之由也。公于勤之一字，或指示其方法，或发明其关系，诏示后来，一字一珠，果能一一率而行之，其所以超凡入圣，日新又新，永不堕落者在此矣！其所以增长智慧，日趋高明，日近精明，进化永永不止者，亦在此矣！勤之关系德智两育，有如斯重大关系，体育亦正不浅，今不更及之者从略故也。

【注释】

① 鹄（gǔ）：目标，目的。

② 卒（zú）岁：度过岁月。

③ 探汤：用手探试沸水。

梦荪又案："致良知"三字，王阳明用以诏示后学，有裨世教，良非浅鲜！至公则不言致良知，而所提倡者惟有一勤。诚以勤之所关至大，为为善去恶之不二法门。能勤则自能见善必为，见恶必去，所谓致良知者即在其中，故仅言勤而已足也。夫勤之一字，既足包含致良知而有余，则吾辈为人，只悬此一字为鹄，尽力以赴之可矣。

梦荪又案：公尝有言，办事之法，以五到为要：所谓心到口到眼到手到身到者是也。吾今推广其义曰，勤劳之法，以五到为要。一曰心到：谓鼓其脑力，尽量推究，正世人所袭误，补世人所未及；疑难所在，必思以真知之；既知疑难，必思以解决之。提出种种假设，寻出实验证明。各种知识整之使皆成条理；研求学术一一皆寻其系统；小而一身一家，大而一社会一国全世界，凡应办之事，必苦思剖晰，大条理，小条理，始条理，终条理，既理其绪而分之，又比其类而合之；已办之事，必思其有无陷于不义；苟其有之，必设法加以补救者是也。二曰口到：谓有不知必问于人，取人之善以益己；有所知必告于人，与己之善以益人。办事则暗访明查，讲学则往得辩难，使人警众，再三叮嘱不以为烦，若诗若文，常朗诵以求有得者是也。三曰眼到：谓著意看人，分别其良莠；著意看自然、人事两界现象，以及文件、书籍，或著意看报纸、杂志，一一求其真相所在者是也。四曰手到：谓书籍精要，分类抄录；别有意见，记免遗忘；从事实验，须手者用手；公私事件，非手不可者用手；编译书籍，促进文化，于人之长短，事之关键，随笔写记，不肯疏忽者是也。五曰身到：谓责任所在，不避危险，不辞劳瘁①，必躬必亲。当出巡者必行出巡，当亲赴其地者必亲赴其地，绝无退缩者是也。

【注释】

① 劳瘁（cuì）：亦作"劳悴"，因辛劳过度而导致身体衰弱。

梦荪又案：余往者欲自认定一字，以为标准，守之终身。苦思数年，仍无所得，久之乃有悟于"勤"之一字，包罗万有，无美不备，无论新旧伦理，皆可归纳之而有余。盖无论何种伦理学说，所定何种标准，于人生责任，皆不外重一"行"字。而勤不但于责任含有行之意味，并含有行须尽心竭力之意味，于"行"字最能表现十足。此其所以能统新旧而一贯，而吾愿奉为惟一标准，守之终身；并竭力提倡，愿普天下善男子信女人，亦共奉为惟一标准，守之终身焉者也。

谦谨类第六

6.1　自修之道，莫难于养心。心既知有善知有恶，而不能实用其力，以为善去恶，则谓之自欺。方寸之自欺与否①，盖他人所不及知，而己独知之。故《大学》之"诚意"章，两言慎独。能慎独则内省不疚，断无"行有不慊于心则馁"之时②。人无一内愧之事，则天君泰然，此心常快足宽平。是人生第一自强之道，第一寻乐之方。

谦谨中第一层工夫最宜在此等处下力，最宜在此等处注意。

【注释】

① 方寸：内心。

② 行有不慊（qiè）于心则馁：人在言行中感觉不满意而气馁心虚，语出《孟子·公孙丑上》。慊，通"惬"，满意。

【解析】出自同治九年（1870）十一月初二日家书《谕纪泽纪鸿》，文字略有删减。此则论为人应慎独。此日曾国藩撰写四条日课作为家训，此为第一条"慎独则心安"。曾国藩认为，人生第一个自强之道、自乐之方就是慎独。君子慎独，即小心谨慎，独立行事，自觉控制好欲望，而不用他人监督，也不自欺欺人，所谓心中有天地，不为外物欺。

6.2　独也者，君子与小人共焉者也。小人以其为独而生一念之妄，积妄生肆①，而欺人之事成。君子懔其为独而生一念之诚②，积诚为慎，而自慊之功密③。彼小人者，一善当前，幸人之莫我察也，则趋焉而不决④；一不善当前，幸人之莫我伺也，则去之而不力。幽独之中，情伪斯出，所谓欺也。惟夫君子者，惧一善之不力，则冥冥者有堕行⑤；一不善之不去，则涓涓者无已时⑥。屋漏而懔如帝天⑦，方寸而坚如金石⑧。独知之地⑨，慎之又慎。

【注释】

① 积安生肆：非分之想积聚到一定程度就会肆意妄为。

② 懔（lǐn）：畏惧。

③ 自慊（qiè）之功：提升道德修为，使自己满意。

④ 趋焉而不决：去做的时候迟疑不决。

⑤ 冥冥者有堕行：在晦暗中会产生堕落的行为。

⑥ 涓涓者无已时：像涓涓细流常年不断地犯错。

⑦ 屋漏而懔如帝天：暗室之中，心怀敬畏之心而不动邪念，如同面对上天。

⑧ 方寸：内心。

⑨ 独知之地：自己单独行事的地方。

【解析】 出自文集中《君子慎独论》，作于道光二十七年（1847）四月二十七日，文字略有删改。此则论君子慎独。君子慎独，就是要心怀敬畏之心，不管有无他人来监督，也要不断省察自我的思想、行为是否合乎仁义道德。一个人想要进步，就得学会慎独，才能提升自我。

6.3　古人之学，莫大乎求贤以自辅。小智之夫，矜己而贬物①，以为众人卑卑②，无足益我。夫不反求诸己③，而一切掩他人之长而蔑视之，何其易欤？

【注释】

① 矜己：夸耀自己。贬物：贬低他人。

② 卑卑：平庸。

③ 反求诸己：从自己方面找原因。

【解析】 出自文集《送谢吉人之官江左序》，作于道光二十五年

（1845）六月。此则论为人应严于律己，多向人请教。同乡谢邦鉴（吉人）是"烧车御史"谢振定（芗泉）之孙，此年高中进士，外任江苏高淳知县。江南人文荟萃，曾国藩希望他谦逊为政，结交贤良之士，切勿恃才傲物，夸耀自己而贬低他人。

6.4　"忮""求"二端①，盖妒妇、穿窬兼而有之②。自反既不能免此，亦遂怃然愧惧③，不敢复道人之短。

【注释】

① 忮（zhì）：嫉妒。

② 穿窬（yú）：参阅 2.2 则注③。

③ 怃然：怅然失意的样子。

【解析】出自同治十年（1870）五月初五日书信《复郭嵩焘》。此则论为人应力戒嫉妒和贪心。上一年五月天津教案爆发，曾国藩处理不当，招人非议，心绪不佳，郭嵩焘屡次写信前来劝慰。自我反省，是优点；但要等到人人都是圣贤，才可以评短论长，那也不太现实，毕竟不是谁都能做圣贤的！

6.5　君子不恃千万人之谀颂，而畏一二有识之窃笑。

【解析】出自同治五年（1866）十二月二十三日书信《加郭崑焘片》。此则论君子不因大多数人的阿谀赞颂而感到骄傲，而畏惧少数有识之士的私下耻笑。

6.6　"敬"之一字，孔门持以教人①，至程朱则千言万语不离此旨②。吾谓敬字切近之效，尤在能固人肌肤之会、筋骸之束。庄敬日强③，安肆日偷④，皆自然之征应。虽有衰年病躯，一遇坛庙祭献之时、战阵危急之际，亦不觉神为之悚，气为之振，斯足知敬能使人身强矣。若人无众寡，事无大小，一一恭敬，不敢懈慢，则身体之强健，又何疑乎？

【注释】

① 孔门：孔子的门下，指儒家学派。

② 程朱：宋代理学家程颢、程颐兄弟和朱熹的合称。三人提倡性理之学，自成一派，故后人以"程朱"代指。

③ 庄敬日强：为人行事庄严恭敬，则日渐强盛。

④ 安肆日偷：安乐放肆，则日益懒散。

【解析】出自同治九年（1870）十一月初二日家书《谕纪泽纪鸿》，文字略有删改。此则论为人应恭敬。此日曾国藩撰写四条日课作为家训，此为第二条，主要谈主敬则身强。曾国藩认为，牢牢地抓住以敬为主，身体就会强健；身体是根本，其他是零，强健的体魄就是奋斗的坚实基础。

6.7 "敬""恕"二字，细加体认，实觉刻不可离。敬则心存而不放，恕则不蔽于私。大抵接人处事，于见得他人不是，极怒之际，能设身易地以处，则意气顿平。故恕为求仁极捷之径。

【解析】出自咸丰八年（1858）十一月初二日书信《复邓汪琼》，个别文字有删减。此则论为人应恪守敬恕。敬是谨守本心而不放纵，恕则是推己及人而不被私心蒙蔽。

6.8 敬是平日涵养之道，恕是临时应事之道；致知则所以讲求此敬，讲求此恕也。

【解析】出处与6.7则相同。曾国藩认为，讲求敬恕，就是日常与急时、自己与他人、为人与处事三方面要合乎儒家之道。

6.9 意见意气，惟强恕者足以平之。

【解析】出处与6.7则相同。邓汪琼来信说近来为意气、意见所累，只好以局中人作局外想。自制力强、懂换位思考的人，完全能够平息因主张不同而产生的意气之争。

6.10　敬则无骄气，无怠惰之气；恕则不肯损人利己，存心渐趋于厚。

【解析】出自咸丰八年（1858）九月二十八日家书《致澄弟季弟》。此则论敬恕可以戒惰养心。敬，就是没有骄横懒怠的习气；恕，就是不损人利己，心地愈来愈纯朴仁厚。

6.11　"敬"字惟"无众寡，无小大，无敢慢"三语，最为切当。

【解析】出自咸丰八年（1858）七月二十一日家书《谕纪泽》，文字略有改动。此则论为人恭敬的三种具体表现。三语出于《论语·尧曰》，做到"三无"的君子能够安泰持重而不骄傲。

6.12　吾人自修之道，舍居敬更无别法。内则专静纯一，以养大体①；外则整齐严肃，以养小体②。如是而不自强，吾不信也！

【注释】
① 大体：心志。
② 小体：耳目之类。

【解析】出自道光二十三年（1843）二月初一日日记，文字略有增改。此则论居敬方可内外兼修。此日日记可与6.6则对阅。

6.13　敬以持躬①，恕以待人。敬则小心翼翼，事无巨细，皆不敢忽；恕则凡事留余地以处人，功不独居，过不推诿②。常常记此二字，则长履大任，福祚无量矣③。

【注释】
① 持躬：约束自己。

② 推诿（wěi）：推卸责任。

③ 福祚（zuò）：福禄，福分。

【解析】出自咸丰八年（1858）九月二十日书信《加鲍超片》。此则论为人应敬恕。曾国藩叮嘱鲍超，虽然战功显赫，封官晋爵，但仍应该用敬谨约束自己，用宽恕对待别人。对于鲁莽粗暴的人来说，这确实是一剂疗效极佳的良药！

6.14　作人之道，圣贤千言万语，不外"敬""恕"二字。"仲弓问仁"一章，言敬恕最为亲切。自此以外，则"立则见其参于前也，在舆则见其倚于衡也"①；"君子无众寡，无小大，无敢慢"②，斯为泰而不骄③；"正其衣冠，尊其瞻视，俨然人望而畏"④，斯为威而不猛。是皆言敬之最好下手者。孔言欲立立人，欲达达人⑤；孟言行有不得，反求诸己⑥。以仁存心，以礼存心。是皆言恕之最好下手者。凡心境明白之人，于"恕"字或易著功，"敬"字则宜勉强行之。此立德之基，不可不谨。

【注释】

①"立则"句：语出《论语·卫灵公》，谓站立时，就像看见"言忠信，行笃敬"几个字在面前；在车里，就像看见它们刻在前面的横木上。

②"君子"句：语出《论语·尧曰》，谓君子无论人数多少、势力大小，都不敢怠慢他们。

③泰而不骄：安泰持重而不骄傲。

④"正其"句：语出《论语·尧曰》，谓君子衣冠整齐，目不斜视，庄严得令人望而生畏。

⑤"孔言"句：语出《论语·雍也》，孔子说仁就是自己要站得住，同时也使别人站得住；自己要事事行得通，同时也使别人事事行得通。

⑥"孟言"句：语出《孟子·离娄上》，孟子说行为得不到预期效果的话，就应该自己反省。

【解析】此则与6.11则出处相同，个别文字有增改。内心纯洁，表里如一，安详坦然而不骄矜凌人，威严而不凶猛，这是践行"敬"的最好入手处。心存仁爱礼义而能居安思危，推己及人又可设身处地，这是践行"恕"的最好入手处。"敬""恕"是立德的根基。对于心境明白通达的人来说，"恕"更容易见效，"敬"只可以勉力而行。

6.15 勉强之为道甚博①，而端自强恕始。凡有血气，必有争心。人之好胜，谁不如我？ 施诸己而不愿，亦勿施于人，此强恕之事也。一日强恕，日日强恕，一事强恕，事事强恕，久之则渐近自然。

【注释】

① 勉强：尽力而为。

【解析】 出自杂著中《笔记二十七则·勉强》，作于咸丰九年（1859），语句略有倒置。此则论为人应刚强精进。明知不可为而为之，即曾子所说的"士不可以不弘毅，任重而道远"。不断向有缺陷的"我"挑战，是儒家倡导的内圣之法。从损人利己到推己及人，从强加于人到换位思考，从强恕到自然，是君子每日每事修德进业的必由之路。

6.16 余生平于"敬"字无工夫，是以五十而无成。弟于"敬"字亦未尝用力，宜从此日致其功，于《论语》之"九思"①、《玉藻》之"九容"②，勉强行之。临之以庄，则人自加敬。习惯自然，久久遂成德器，庶不致徒做一场说话，"四十、五十而无闻"③也。

九思谓视思明，听思聪，色思温，貌思恭，言思忠，事思敬，疑思问，忿思难，见得思义也。九容谓足容重，手容恭，目容端，口容止，声容静，头容直，气容肃，立容德，色容庄也。

【注释】

①九思：指君子有九种考虑，语载《论语·季氏》，详见本则末尾龙梦荪注语。

②九容：指君子修身处世应有的九种姿容，语载《礼记·玉藻》，详见本则末尾龙梦荪按语。

③"四十、五十而无闻"：语出《论语·子罕》，四五十岁还没有什么名望，也就不值得惧怕了。

【解析】 出自咸丰八年（1858）五月十六日家书《致沅弟》，个别文字有删改。此则论为人应恭敬。

6.17　圣门好言仁，仁即恕也。曰富，曰贵，曰成，曰荣，曰誉，曰顺；此数者，我之所喜，人亦皆喜之。曰贫，曰贱，曰败，曰辱，曰毁，曰逆；此数者，我之所恶，人亦皆恶之。吾辈有声势之家，一言可以荣人，一言可以辱人。荣人则得名，得利，得光耀，人尚未必感我，谓我有势，帮人不难也。辱人则受刑，受罚，受苦恼，人必恨我次骨①，谓我倚势，欺人太甚也。吾兄弟须从"恕"字痛下工夫，随在皆设身以处地。我要步步站得稳，须知他人也要站得稳，所谓立也。我要处处行得通，须知他人也要行得通，所谓达也。今日我处顺境，预想他日也有处逆境之时；今日我以盛气凌人，预想他日人亦以盛气凌我之身，或凌我之子孙。常以"恕"字自惕②，常留余地处人，则荆棘少矣。

【注释】

①次骨：犹入骨，形容程度极深。

②自惕：自我警惕，小心谨慎。

【解析】 出自杂著《箴言六则规澄侯·恕》，作于同治七年（1868）十月二十四、二十五日，个别文字有删减。此则论为人应讲仁恕。曾国藩撰写六则箴言送给曾国潢，其中一则就是"恕"，即孔子所说的

"其恕乎！己所不欲，勿施于人"。换言之，己所欲也勿施于人。从"恕"字下功夫，随时随地要设身处地为别人考虑。眼光要长远，气量须宏大，就能最大限度地消除损人益己之心。

6.18　检摄于外①，只有"整齐严肃"四字；持守于内②，只有"主一无适"四字③。

【注释】

① 检摄：约束监督。

② 持守：坚持操守。

③ 主一无适：专一，无杂念。

【解析】出自道光二十一年（1841）七月十四日日记。此则论修身养心应恭敬。针对年轻的曾国藩喜热闹、存私欲、多戏谑的弊病，唐鉴教以此则要诀。古往今来的成功者，都严格遵循这八字方针。

6.19　"敬"字固属最好，然须添一"和"字，则敬方不是勉强把持。古语云"礼乐不可斯须去身"①，亦谓敬须济之以和也。

【注释】

① "礼乐不可斯须去身"：语载《礼乐·乐记》，谓礼乐片刻都不能离开身心。

【解析】出自道光二十二年（1842）十月初四日日记，文字有删改。此则论为人应恭敬平和。此日畏友吴廷栋来，说"敬"字最好，曾国藩认为还需要添加"和"字。倭仁随后亦来检查，对此评论道："敬自和乐，勉强固不是敬，能常勉强亦好。"

6.20　不能主一之咎，由于习之不熟，由于志之不立，而实由于知之不真。若真见得不主一之害心废学①，便如食乌喙之杀人②，则必主一矣。

【注释】

① 害心废学：危害心志，废弃学业。

② 食乌喙之杀：语出《史记·苏秦列传》，指人饿了去吃有毒的乌喙（中药），肚子暂时填饱了，却有死亡的危险。

【解析】出自道光二十二年（1842）十月二十四日日记。此则论为人应专心。表面上是在读书，实则杂念横流。一旦心猿意马，就会损害心性，荒废学业，与食乌杀人、饮鸩止渴是一样的结局。

6.21　凡富贵功名，皆有命定，半由人力，半由天事。惟学作圣贤，全由自己作主，不与天命相干涉。吾有志学为圣贤，少时欠居敬工夫，至今犹不免偶有戏言戏动。尔宜举止端庄，言不妄发，则入德之基也。

【解析】出自咸丰六年（1856）九月二十九夜家书《谕纪鸿》。此则论恭敬应从小抓起。曾国藩劝勉九岁的次子纪鸿，要勤劳刻苦，勿沾染官家习气，多将心思放在德行修养上，少去考虑功名富贵。自己能掌控并加以修炼的，只有德行品性。

6.22　为人宜束身圭璧①，法王羲之、陶渊明之襟韵潇洒则可②，法嵇、阮之放荡名教则不可③。

【注释】

① 束身：约束自己。圭璧：贵重的玉器，指自己像圭璧一样端重。

② 王羲之（321—379）：字逸少，东晋琅琊（今属山东）人，后迁会稽（今浙江绍兴）。生性潇洒闲散。尝为右军将军，世称王右军。工书，被誉为"书圣"。陶渊明：参见2.9则注①。

③ 嵇：指嵇康（223—262?），字叔夜，三国魏人，娶魏宗室女，与阮籍等人交好，"竹林七贤"之一。崇尚老庄，声言"非汤武而薄周孔"，主张"越名教而任自然"。后遭钟会构陷，为司马昭所杀。阮：指阮籍（210—263），字嗣宗，三国魏人，尤好老庄，纵酒谈玄，与嵇康齐名，"竹林七贤"之一。放荡：放纵，不受约束。名教：指以正名定分为主的封建礼教。

【解析】出自同治元年（1862）七月十四日家书《谕纪泽》，个别文字有增添。此则论平日应当自我约束。

6.23 能敬乃无废事①。

【注释】

① 废事：积压的事务。

【解析】出自杂著中《笔记二十七则·克勤小物》，作于咸丰九年（1859）。此则论专心不会坏事。眼高手低，恃才傲物，最易坏事！兢兢业业，认认真真，是为人做事的准则，也是一人修养、一家兴旺的根基。

6.24 谁人可慢？ 何事可弛？ 弛事者无成，慢人者反尔①。

【注释】

① 反尔：语出《孟子·梁惠王下》，指你怎样对待人家，别人就会怎样对待你。

【解析】出自文集中《五箴·居敬箴》，作于道光二十四年（1844）二月初二日。此则论为人应恭敬。年轻有为的曾国藩有感于人事日渐纷杂，德行日益损弃，撰写五则箴言以自励。

6.25 凡作人，当如花未全开月未圆之时。花盛则易落，月圆则必缺，人满则招损。声名太甚，宜常存一不自满之心，庶几以谨厚载福。

【解析】出自咸丰十年（1860）十二月初四日批牍《批统领霆字营鲍镇超禀饬增四营现派营官赴辕请示由》，个别文字有改动。此则论为人应抱缺自守。人生在世，不能把好处都占全，应留有缺陷作为回旋的余地。好处占全了，紧随其后的就是走下坡路。

6.26 "小心大度"，凡人不可不牢记此四字。小心者，戒骄矜，戒怠忽，即所谓花未全开、月未圆满也。大度者，不与人争

利，虽办得掀天揭地事业，而自视常若平淡无奇也。既能小心，而又加以大度，则成大器矣。

【解析】出自咸丰十一年（1861）四月初六日批牍《批鲍超谢保举之件》，文字略有增改。此则可与6.25则相互参阅。曾国藩主张"求缺"的人生哲学，求缺就是为了保泰延福，小心谨慎、大度包容正是实现"求缺"的内在要求。

6.27　好谈兵事者，其阅历必浅；好攻人短者，其自修必疏。二者皆非务实之所为也。苟有志为务实之学，须自禁大言始。欲禁大言，须自不轻论兵始，自不道人短始。

【解析】出自杂著中《劝诫浅语十六条·劝诫绅士四条》，作于咸丰十一年（1861）八月二十至九月二十二日，文字略有改动。此则论切勿说大话。曾国藩劝诫本省乡绅、外省客游之士，第三条就是"禁大言以务实"。务实的第一步就是不说大话不揭短，不轻谈排兵布阵。

6.28　总须心中极明，而后口中可断。能明而断，谓之英断；不明而断，谓之武断。武断自己之事，为害犹浅；武断他人之事，招怨实深。惟谦退而不肯轻断，最足养福。

【解析】出自杂著中《箴言六则规澄侯·明》，作于同治七年（1868）十月二十四、二十五日。此则论为人应英明果断，可与5.29则相互参阅。

6.29　夫务为大言者，始自满，继自欺，终必流于妄。欲祛客气①，须自勿妄言始。

【注释】
①　客气：参见2.10则注④。

【解析】出自曾国藩与莫祥芝语（载朱树人编《曾国藩逸事汇编》卷

七"隐忍蓄才成大业"条；又见柴萼《梵天庐丛录》卷四），文字略有删减。此则论为人不说大话才可戒除偏激。想要除去骄横偏激的情绪，必须从禁止胡说八道开始。

6.30 以才自足，以能自矜^①，则为小人所忌，亦为君子所薄。

【注释】

① 自矜：自负，自夸。

【解析】 出自杂著中《格言四幅书赠李芋仙》，作于咸丰十一年（1861）七月初八日。此则论为人不可骄傲自满。李士棻（字芋仙），与李鸿裔、李榕号为"蜀中三李"，有才学，性狂傲。曾国藩撰写四幅格言予以劝诫。为人谦逊谨慎，方为人生准则，于己于人皆有裨益。

6.31 眼界不必太高，自谦不必太甚。

【解析】 出自同治二年（1863）七月初一日家书《致沅弟》。此则论为人眼界太高和过分谦虚。曾国藩指导曾国荃如何下工夫写奏折：不是一味地强调谦逊恭谨，而是审时度势，灵活变通，采取简单易行的办法来提升自我。

6.32 吾人居世，要以言逊为宜。有过人之行而口不自明，有高世之功而心不自居，乃为君子自厚之道^①。

【注释】

① 自厚：犹自重，意谓善自珍重。

【解析】 出自咸丰十年（1860）四月十五日书信《复吴廷栋》，个别文字有改动。此则论为人应谦逊。曾国藩认为方宗诚《俟命录》一书稍嫌偏激。谦逊是一种美德，更是每个人走好人生之旅的必备工具。只有谦虚谨慎，取长补短，严格要求自己，有才不炫耀，有功不自居，才会终成大器。

6. 33 "妄"字不可有，"狂"字不可无。狂者能自树立之谓，专指志趣风骨之蕴于中者而言，若容貌辞气之著于外者，终以谦逊为主，不可误认傲慢为狂，堕入客气而不自觉。

【注释】

① 客气：参见 2. 10 则注④。

【解析】 出自曾国藩与莫祥芝语（载朱树人编《曾国藩逸事汇编》卷七"隐忍蓄才成大业"条。此则论人可狂而不可妄。曾国藩认为，人不能妄但不可不狂。年轻人要敢于拼搏，有闯劲，不惧失败，即咸丰八年（1858）七月二十一日《谕纪泽》所说的"少年不可怕丑，须有狂者进取之概"，否则到老时拼不动，就会后悔。常言道："二十不狂没志气，三十犹狂没头脑。"

6. 34 自立全在不争权势，不妒功名。若权势太甚，泰然居之不疑，则将来暗启人之争心、妒心而不觉。

【解析】 出自咸丰十一年（1861）十一月十七日书信《致官文》，个别文字有删改。曾国藩致信湖广总督官文，认为身居高位，应当时刻谨慎敬畏，不可有贪心和嫉妒心。

6. 35 古今亿万年，无有穷期，人生其间，数十寒暑，仅须臾耳！ 大地数万里不可纪极，人于其中，寝处游息①，昼仅一室耳，夜仅一榻耳！ 古人书籍，近人著述，浩如烟海，人生目光之所能及者，不过九牛之一毛耳！ 事变万端，美名百途，人生才力之所能办者，不过太仓之一粒耳！ 知天之长而吾所历者短，则遇忧患横逆之来，当少忍以待其定；知地之大而吾所居者小，则遇荣利争夺之境，当退让以守其雌②；知书籍之多而吾所见者寡，则不敢以一得自喜，而当思择善而约守之；知事变之多而吾所办者少，则不敢以功名自矜，而当思举贤而共图之。夫如是，则自私自满之见可渐渐蠲除矣③。

【注释】

① 寝处：坐卧。游息：游玩休息。

② 守其雌：语出《老子》，指安守雌柔谦下的地位来为人处事。

③ 蠲（juān）除：清除。

【解析】 出自同治元年（1862）四月十一日日记。此则论为人应淡泊名利。

6.36　无形之功，不必形诸笔墨，腾诸口说，此是"谦"字之真工夫。所谓君子之所不可及，在人之所不见也。

吾辈有所建设于社会，系报社会之恩，非以要誉于社会。尽职由己，知不知由人，不自表白其功，应尔应尔。

【解析】 出自同治二年（1863）五月十六日家书《致沅弟》，文字略有删改。此则论为人应谦逊。曾国藩劝慰曾国荃要有"功成不必在我"的精神境界和"功成必定有我"的历史担当。谦逊退让，做好事不留名，这是曾国藩为人做官的高明之处，也是教导曾国荃不宜事事上奏的经典案例。

6.37　不可学大家口吻，动辄笑人之鄙陋，笑人之寒碜①，日习于骄纵而不自知。

【注释】

① 寒碜（chen）：难看，丢脸。

【解析】 出自咸丰十年（1860）四月二十四日家书《致澄弟》。此则论为人不可骄傲蛮横。谦逊持静是修养心性的第一步，骄横无礼是损害自我、败坏家声的一剂毒药。

6.38 古人曰钦，曰敬，曰谦，曰谨，曰虔恭，曰祇惧①，皆"慎"字之义也。慎者，有所畏惮之谓也②。凡人方寸有所畏惮③，则过必不大，人必从而原之；若任意妄为，毫无忌惮，坏乡里之风气，作子孙之榜样，其所损者大矣。

处处从风气上着想，此老志趣正自不凡。

【注释】

① 祇（zhī）惧：敬惧，小心谨慎。

② 畏惮：敬畏。

③ 方寸：内心。

【解析】 出自杂著《箴言六则规澄侯·慎》，作于同治七年（1868）十月二十四、二十五日，个别文字有改动。此则论为人应谨慎敬畏。此为箴言的第四则。谦谨敬畏作用极大，可以磨炼志趣，还可以端正风俗。

6.39 古人谓齐桓葵丘之会①，微有振矜②，而叛者九国。亢盈悔吝之际③，不可以不慎也。

【注释】

① 齐桓葵丘之会：公元前 651 年，齐桓公在葵丘举行会盟，鲁、宋、卫、郑、许、曹等国国君参会，周襄王也派代表参加。此次规模最大，标志齐桓公成为首位霸主。

② 振矜：傲慢不恭。

③ 亢盈：骄傲盈身。悔吝：灾祸。

【解析】 出自咸丰三年（1853）十月十九日书信《与王鑫》。此则论为人应恭敬谨慎。同乡王鑫，字璞山，之前与罗泽南募集湘勇，但志大才疏，视天下事如同无物。曾国藩数次写信劝诫：为人应谦逊沉着，脚踏实地，不可逞口舌之快。

118

6.40　陈容有言曰："仁义岂有常？ 蹈之则为君子，违之则为小人。"①大哉言乎！ 仁者，物我无间之谓也。一有自私之心，则小人矣。义者，无所为而为之谓也。一有自利之心，则小人矣。同一日也，朝而公正，则为君子；夕而私利，则为小人。同一事也，初念公正，则为君子；转念私利，则为小人。"惟圣罔念作狂，惟狂克念作圣"②，所争只在几微③。"君子无终食之间违仁，造次必如是，颠沛必如是。"④一不如是，则流入小人而不自觉矣。所谓小人者，识见小耳，度量小耳。井底之蛙，所窥几何，而自以为绝伦之学。辽东之豕⑤，所异几何，而自以为盖世之勋。推之以孑孑为义⑥，以硁硁为信⑦，以龊龊为廉⑧，此皆识小而易以自足者也。对上不能积诚以相感，而动疑恩遇之过薄；处友不能积渐以相孚，而动怨知己之罕睹；兄弟不相容，夫妇不相信，父子不相亮，此皆量小而易以滋疑者也。君子则不然，广其识，则天下之大，弃若敝屣⑨；尧舜之业，视若浮云。宏其度，则行有不得，反求诸己。己所不欲，勿施于人。乌有所谓自私自利者哉？ 不此之求，而诩诩然号于众曰："吾君子也！"当其自诩君子深信不疑之时，识者已嗤其为小人矣。

有识有量斯为互助之本。彼眼光如豆，厚于责人，专务排人者亦日日谈互助，吾不知其所谓助者究何所恃以为助耳。

【注释】

①"陈容"句：陈容，三国时人，批评袁绍残害忠义之士臧洪，说："实现仁义哪有什么固定常规，遵循它的就是君子，违背它的就是小人。"随后亦被杀。事载《三国志·魏书·臧洪传》。

②"惟圣"句：语载《尚书》，指圣人产生妄念即为凡夫俗子，凡夫俗子坚持正念即为圣人。

③ 几微：些微，一点点，此指一念之间。

④ "君子"句：语出《论语·里仁》，指君子连吃饭的时间也不离开仁德，仓促匆忙时、颠沛流离时都与仁德同在。

⑤ 辽东之豕：辽河以东的白猪与别处不同，比喻少见多怪。

⑥ 以子（jié）子为义：把小恩小惠当作仁义。

⑦ 以硁（kēng）硁为信：把浅陋固执当作信用。

⑧ 以龊（chuò）龊为廉：把谨小慎微当作廉洁。

⑨ 敝屣（xǐ）：破鞋。

【解析】 出自杂著《笔记二十七则》的《君子·小人》篇，作于咸丰九年（1859），文字略有删改。此则论君子与小人的区别。君子与小人有时就在一念之间，而君子更多的工夫是在修身明德，克制妄念，消除私欲，增长见识，扩充涵养，澡雪精神，以儒家的仁义礼智信作为伦理准则。

6.41　有盖宽饶、诸葛丰之劲节①，必兼有山巨源、谢安石之雅量②。于是乎言足以兴，默足以容。否则峣峣易缺③，适足以取祸也。雅量虽由于性生，然亦恃学力以养之。惟以圣贤律己、躬自厚而薄责于人，则度量闳深矣。

【注释】

① 盖宽饶（前105—前60）：字次公，西汉魏郡（今山东滕州）人，官至司隶校尉。为人刚正廉明，公卿贵戚莫敢犯禁。因上书进言勿用刑法，勿任宦官，推行儒术，被诬告迫使皇帝禅位，下狱后自杀。诸葛丰：字少季，琅琊诸县（今山东诸城）人，西汉元帝时为司隶校尉。刚正无私，外戚贵幸不敢触犯。后因忤旨，免为庶人。

② 山巨源：山涛（205—283），字巨源，西晋河内怀县（今河南武陟）人。有器量，好老庄学说，与嵇康、阮籍友善，为"竹林七贤"之一。官至司徒，谥号康。谢安石：谢安（320—385），字安石，东晋陈郡阳夏（今河南太康）人。性情娴雅温和，处事公允明断，不专权营私，有宰相气度。指挥淝水之战，大获全胜。卒谥文靖。

③ 峣（yáo）峣：形容性格刚直。

【解析】出自咸丰元年（1851）七月初四日日记。此则论为人应有节操和雅量。曾国藩此日温习《汉书·盖宽饶传》，读后有感：人应当有盖宽饶、诸葛丰的坚贞节操，也要有山涛、谢安的优雅气度。

6.42　凡畏人，不敢妄议论者，谦谨者也；凡好讥评人短者，骄傲者也。谚云："富家子弟多骄，贵家子弟多傲。"非必锦衣玉食动手打人而后谓之骄傲也，但使志得意满，毫无畏忌，开口议人短长，即是极骄极傲耳！

【解析】出自咸丰十一年（1861）二月初四日家书《致澄弟》。此则论为人应谦虚谨慎。曾国潢来信说家中子弟没有不谦虚的。曾国藩甚感欣慰，认为谦虚谨慎才是自我修行、家庭和睦的源动力。

6.43　达官之子弟，听惯高议论，见惯大排场，往往轻慢师长，讥弹人短，所谓骄也。由骄而奢、而淫、而佚①，以至于无恶不作，皆从"骄"字生出之弊。而子弟之骄，又多由于父母为达官者，得运乘时②，幸致显宦，遂自忘其本领之低，学识之陋，自骄自满，以致子弟效其骄而不觉。吾家子侄辈亦多轻慢师长、讥弹人短之恶习。欲求稍有成立，必先力除此习，力戒其骄。欲禁子弟之骄，先戒吾心之自骄自满，愿终身自勉之。

不言之教，议身作则之教，其感化人也最深。

【注释】
① 佚（yì）：放荡。
② 得运乘时：运气顺达，时运亨通。

【解析】出自同治七年（1868）正月十七日日记。此则论权贵子弟不可傲慢自满。曾国藩感叹大学士周祖培之子周文翕，骄纵奢侈，贪图享乐；自以为是，轻慢师长；高谈阔论，口无遮拦；学识浅陋，目光短浅。故极为重视子弟教育。

6.44　古来言凶德致败者约有二端①：曰长傲，曰多言。历观名公巨卿，多以此二端败家丧身。我之处处获戾②，其源亦不外此二者。温弟性格略与我相似，而发言尤为尖刻，是诚其所短。凡傲之凌物，不必定以言语加人，有以神气凌之者矣，有以面色凌之者矣。温弟之神气稍有英发之姿，面色间有蛮很之象③，最易凌人。凡人中心不可有所恃，有所恃，则达于面貌。只宜抑然自下。言忠信，行笃敬，庶几可以遮护旧失，整顿新气，否则人皆厌薄之矣。

【注释】

① 凶德：违背仁德的恶行。

② 获戾：得罪。

③ 蛮很：亦作"蛮狠"，强悍凶狠。

【解析】 出自咸丰八年（1858）三月初六日家书《致沅弟》，文字略有增改。此则论为人不可自傲、多嘴。

6.45　天地间惟谦谨是载福之道。骄则满，满则倾矣。凡动口动笔，厌人之俗，嫌人之鄙，议人之短，发人之覆①，皆骄也。我家子弟满腔骄傲之气，开口便道人短长，笑人鄙陋，均非好气象。欲戒子弟之骄，先须将己好议人短、好发人覆之习气痛改一番，然后令后辈事事警改，则子弟亦日趋于恭敬而不自觉矣。

【注释】

① 发人之覆：揭露别人的隐私。

【解析】 出自咸丰十一年（1861）正月初四日家书《致澄弟》，个别文字有删改。此则论为人应力戒骄傲自满，可与6.42则、6.43则相互参看。曾国藩认为曾国潢人生阅历日渐加深，但信里行间还是有一种骄气。其高明之处在于：一抓住苗头就严加管教；二能切中要害，让人知道哪些不对，再晓之以理；三做好示范，身正为师，用简易可行的办法解决关键问题。

6.46　余家后辈子弟，全未见过艰苦模样，眼孔大，口气大，呼奴喝婢，习惯自然，骄傲之气入于膏肓。若以"傲"字诫之，恐亦全然不解。盖自出世以来，丰衣足食，只做过大，未做过小，吃过苦，故一切皆茫然也。

做大之易于堕落，难于挽救，竟至如斯，言之真可叹，思之真可惧。

【解析】出自咸丰十年（1860）十月初四夜家书《致沅弟季弟》，文字略有删改。此则论子弟不可有傲气，可与6.45则相互参阅。季弟曾国葆给曾纪泽的路费太多，曾国藩十分反对，认为这样容易把子弟惯出骄奢的坏毛病，不利于晚辈的健康成长，也害了自己。

6.47　过谦则近于伪，过让则近于矫。

【解析】出自同治二年（1863）四月初六日家书《致沅弟》。此则论为人不必过分谦让。三月曾国荃补授浙江巡抚，却觉得这是虚职，谦让而不领旨。曾国藩责备弟弟过于鲁莽，谦虚礼让应当适度，过度谦虚礼让会使人觉得虚伪矫情。大丈夫做事，要耐得住性子，压得下愤怒，有礼有节。

6.48　欲去"骄"字，总以不轻非笑人为第一义。

【解析】出自咸丰十一年（1861）正月初四日家书《致澄弟》。此则论为人不可耻笑他人，可与6.45则相互参阅。曾国藩劝勉四弟曾国潢戒除骄慢的习气，首先从不轻易讥笑别人做起。

6.49　自好之士，多讲气节。讲之不精，则流于傲而不自觉。风节守于己者也，傲则加于人者也。以傲加人者，若盖宽饶之于许伯①，孔融之于曹操②，此傲在言词者也。嵇康之于钟会③，谢灵运之于孟顗④，此傲在神理者也。殷仲文之于何无忌⑤，王僧达之于路琼之⑥，此傲在仪节者也。息夫躬历诋诸公⑦，暨艳弹射百寮⑧，此傲在笔墨者也。此数人者，皆不得令终⑨。盖一流于傲，则内恃其才，外溢其气，但知有己，不知有人，其心必不能固，不免倒行逆施，而祸由之起矣。如盖、孔、嵇、谢、殷、王等，仅以加诸一二人，犹且无怨不报，有毒必发。若息、暨之遍忤同列⑩，安有幸全之理哉？

【注释】

① 盖宽饶之于许伯：盖宽饶，参见6.41则注①。平恩侯许伯乔迁新居，盖宽饶许久才去道贺。许伯亲自为他斟酒，他却不领情，说自己容易借酒发狂。席间有人扮猴狗相斗来助兴，盖宽饶认为失礼，上疏弹劾而触怒皇上，后来许伯替他谢罪才罢休。

② 孔融之于曹操：孔融，参见4.9则注⑦。孔融多次反对曹操"挟天子以令诸侯"，讥讽曹操征讨乌桓、曹丕私娶袁熙之妻，后遭人诬陷，以"谤讪朝廷""不遵超仪"等罪名被曹操诛杀。

③ 嵇康之于钟会：嵇康，参见6.22则注③。钟会系曹魏名臣钟繇之子，出身名门却不顾节义廉耻，大搞政治投机，为嵇康所耻笑。嵇康对司马氏采取不合作态度，钟会借机罗织罪名，置他于死地。

④ 谢灵运之于孟顗（yǐ）：东晋名将谢玄之孙谢灵运，志气高远，狂放不羁，嘲笑会稽太守孟顗虔诚事佛。孟顗刁难谢灵运决湖造田。二人互相攻击，关系僵化。朝廷只好外放谢灵运江西临川做闲官。

⑤ 殷仲文之于何无忌：东晋吴兴太守殷康之子殷仲文，年少有才，容貌英俊。江州刺史何无忌敬慕殷仲文，请他顺路来访；殷仲文因官场失意，心绪不

佳，未能造访。何无忌误以为殷仲文鄙视自己，故心怀怨恨，后来向刘裕进谗，说殷仲文是心腹大患。

⑥ 王僧达之于路琼之：东晋丞相王导的玄孙、南朝宋扬州刺史王弘之子王僧达，聪慧有才，但十分自负。太后的兄长路庆之之孙路琼之，与他比邻而居，曾驾豪车、穿华服去王家，而王僧达已换服装，外出打猎。路琼之就座后，王僧达只问他："我从前门下的开道卒路庆之，是您的什么亲戚？"之后烧掉路坐过的床，故触怒太后。王僧达屡次违上犯罪，后入狱赐死。

⑦ 息夫躬历诋诸公：息夫躬，西汉哀帝时人，博学多才，仪表堂堂，后受皇上宠幸，谈论政事，逐一诋毁公卿大臣。因董贤等人检举揭发，被称为奸佞之臣，流放而死。

⑧ 暨艳弹射百寮：暨艳，三国吴人，官至尚书，为人耿直，刚正不阿。郎官鱼龙混杂，皇帝欲进行整顿，暨艳上书弹劾多名官员，贬高就下，激起群愤，被指控滥用私权、不据公理，被逼自杀。

⑨ 不得令终：不能保持善名或尽享天年而死。

⑩ 遍忤（wǔ）同列：触怒全部同僚。

【解析】出自杂著《笔记二十七则》的《气节·傲》篇，作于咸丰九年（1859），文字略有增改。此则论为人应有气节而不可有傲气。守理安分基础上的不同流俗，称得上气节；若自己的言行神态伤及别人，那就是傲。著名画家徐悲鸿撰座右铭曰："人不可有傲气，但不可无傲骨。"自古以来，只有与人为善而不恃才傲物的人方可立于不败之地。

6.50 君子之道，莫善于能下人，莫不善于自矜。

【解析】出处与 6.49 则相同，个别文字有增添。此则论为人应谦逊。曾国藩举例说，齐桓公虽为春秋霸主，稍有自高自大，就有许多诸侯叛离；关羽忠勇无双，恃才自负，结果被徐晃打败，被吕蒙追杀。谦虚谨慎，宽以待人，令人受益无穷。

6.51 语太激切，便涉客气①，不可不力除之也。

【注释】

① 客气：参见 2.10 则注④。

【解析】 出自同治三年（1864）批牍《批江西抚科候选县丞刘忠埙沥陈时事禀》。此则论为人不可偏激。

6.52　吾人用功，力除傲气，力戒自满，毋为人所冷笑，乃有进步也。

【解析】 出自道光二十四年（1844）十月二十一日家书《致澄弟温弟沅弟季弟》。此则论为人应力戒傲气和自满。曾家三房的十四叔读书虽勤，但骄傲自满，未有所成。曾国藩说，不要做自以为老子天下第一的井底之蛙，应知强中更有强中手！

6.53　君子大过人处，只在虚心。

【解析】 出自同治二年（1863）七月二十一日家书《致沅弟》。此则论为人应谦虚。此则与 5.80 则前后相连，可相互参阅。愈是紧急关头，愈要虚心谨慎，冷静理性。

6.54　常怀愧对之意，便是载福之道、入德之门。如觉父母之待我过慈，我愧对父母；兄弟之待我过爱，我愧对兄弟；朋友之待我过重，我愧对朋友，便觉处处皆有善气相逢。如自觉我已无愧无怍①，但觉他人待我太薄，则处处皆有戾气相逢②。德以满而损，福以骄而减矣。此念须刻刻凛之③。

【注释】

① 怍（zuò）：惭愧。
② 戾气：邪恶之气。
③ 凛：严肃，敬畏。

【解析】 出自同治七年（1868）二月十五日日记，个别文字有删改。

此则论为人应时刻怀有敬畏省过之心。人时时刻刻心怀敬畏，知足感恩，自然快乐幸福。

6.55　词气宜和婉，意思宜肫诚①，不可误认简傲为风骨②。风骨者，内足自立，外无所求之谓，非傲慢之谓也。

【注释】

① 肫（zhūn）诚：真挚诚恳。

② 简傲：高傲，傲慢。

【解析】出自同治元年（1862）三月三十日书信《复李鸿章》。此则论为人应谦逊而有风骨。李鸿章训练淮勇，曾国藩劝诫他行军打仗要以爱民为第一位，赴上海与洋人打交道，要注意礼节和分寸，莫把傲慢放肆当作风骨。

6.56　当于极盛之时，预为衰时设想；当于百事平顺之际，预为百事拂逆地步①。

【注释】

① 拂逆：参见 1.28 则注①。

【解析】出自同治三年（1864）四月二十四日家书《致澄弟》，个别文字有删改。此则论为人应居安思危。

6.57　勿谓家有人作官而遂敢于侮人，勿谓己有才而遂敢于傲人。常存此心，则是载福之道也。

【解析】出自道光二十五年（1845）五月初五日家书《致澄弟温弟沅弟季弟》，个别文字有删改。此则论为人不可恃才傲人。曾国藩五月初二日升任詹事府右春坊右庶子，希望诸弟在老家勿仗势欺人，同时也可来信匡正兄长过错。

6.58　此身一日未死，则一日难弛战兢之怀①。

【注释】

① 弛：松懈。战兢：畏惧戒慎的样子。

【解析】 出自同治六年（1867）八月二十日书信《加朱翼片》此则论为人应戒惕谨慎。曾国藩此时位极人臣，想到东南民不聊生，捻军纵横，打算鞠躬尽瘁，常怀谨慎敬畏之心。

6.59　家门太盛，常存日慎一日而恐其不终之念，或可自保。否则颠蹶之速①，有非意计所能及者②。

【注释】

① 颠蹶：跌倒，此指衰败。
② 意计：意料。

【解析】 出自同治二年（1863）八月初五日家书《致沅弟》。此则论为人应谨慎。生日在即，曾国藩叮嘱不可操办宴会，坚决不收礼。家门鼎盛，处世立身愈要小心谨慎。

6.60　整齐严肃，无时不惧。无事时，心在腔子里；应事时，专一不杂。清明在躬①，如日之升。

【注释】

① 清明在躬：形容人的心地光明正大，头脑清晰明辨。

【解析】 出自杂著中《课程十二条》第一条"敬"，作于道光二十二年（1842）十二月初七日。此则论为人应恭敬戒惧。"整齐严肃"至"专一不杂"，又见道光二十二年十二月二十日家书《致澄弟温弟沅弟季弟》所附"课程"第一条"主敬"。

6.61　余生平制行①，有似萧望之、盖宽饶一流人②，常恐终蹈祸机③，故教弟辈制行早蹈中和一路，勿效我之褊激也④。

【注释】

① 制行：德行。

② 萧望之（前114—前47）：西汉东海兰陵（今山东枣庄）人。宣帝时，因看不惯权臣霍光的倨傲而不得重用。以儒家经典教授太子（即汉元帝），备受尊重。元帝时，遭宦官诬陷，被迫自杀。盖宽饶：参见6.41则注①。

③ 祸机：亦作"祸几"，指隐伏待发之祸患。

④ 褊（biǎn）激：心胸狭窄，言行过激。

【解析】出自咸丰七年（1857）十二月初六日家书《致沅弟》。此则论为人不可偏激。在老家服丧的曾国藩劝导曾国荃，多与长沙官员通信来往，走中庸平和之路，切勿效仿兄长当年在长沙心胸狭窄、言行偏激的行为。曾国藩在咸丰七八年守孝期间，悔过自新，实现人生第三次蜕变。其中卓有成效的一点就是再也不能恃才傲物、固执偏激，去冒犯朝廷、得罪同僚，而将自己逼上绝路。

6.62 君子之存心也，不敢造次忘艰苦之境①，尤不敢狃于所习②，自谓无虞③。

【注释】

① 造次：须臾，片刻。

② 狃（niǔ）：因袭，拘泥。

③ 无虞：没有忧患。

【解析】出自文集中《金陵楚军水师昭忠祠碑记》，作于同治八年（1869）七月十九至二十二日。此则论君子心怀敬畏。曾国藩认为，现在东南安定已久，水师也日趋壮大，但君子不敢片刻忘记曾经遭遇的艰难困苦，不能拘泥于习俗旧规，自认为太平无事。《孟子·告子下》："生于忧患，死于安乐。"君子不忘本，居安思危，是为了下次的扬帆启航。

梦苼案："谦谨"二字，为先哲所尝言，至公而发挥光大，殆无余蕴。非知之极明，行之极笃，何能言之亲切若是哉？夫天下之事理，至无穷者也。吾辈所能知所能办者，无异太仓一粟，九牛一毛耳！人之境遇，至无定也。今日可以得志，明日可以失志；今日可处顺境，明日可处逆境。世人不察，乃办一二事而以功名自矜，知一二理而以才智自足，偶得志而处顺境，则目空一切，使气凌人。其识见之陋，度量之小，在有识者视之，诚所谓小人之尤，而不可语于君子之大道者矣！公生当咸同之际，举国之乱，已达极点，卒以文弱书生，排万难以成功名，其得力所在，不外"谦谨"两字。惟谦谨，故小心；惟小心，故不敢轻视万事，稍存怠忽；多思于己，多问于人，放之而准，无或失败之事。惟谦谨，故大度；惟大度，故不动客气，休休有容①，世无龃龉②，人乐为用，而收指臂相助之效。其功业之成，殆非偶然也。世有欲学公为伟大人物，思建树于时者乎？盍于"谦谨"二字上求之。

【注释】

① 休休有容：形容君子宽容有气量。

② 龃（jǔ）龉（yǔ）：比喻意见不相投合、抵触。

梦荪又案："谦谨"二字，不但对诸个人为不可缺之美德，即对诸团体，亦为一种不可缺之美德也。盖吾辈之对诸团体，有应服从者三：一曰服从公理，二曰服从公定之法律，三曰服从多数之议决。此三种服从性，皆以"谦谨"二字立之本；无此二字，则此三种服从性，断无由养成。我国人之夜郎自大，目空一切，不知团体为何物，不知服从公理、服从公定法律、服从多数议决为何事，亦由心无畏惮，于此二字未尝加之意而已。我国人于此二字未加之意，而扰乱如此，而全国受痛苦如此。若再不觉悟，则惟意所之，无恶不作，茫茫神洲，无一净土！今日虽号称人四万万，相噬相吞①，将来可死至无一人。履霜坚冰，由来者渐，诚不可不加以猛省也。

【注释】

① 噬（shì）：咬，吞。

梦莼又案：三弟孝坚昔十年四月从公梧州，虑其性好自大，抵书教之，中有数语云："你现在出外做事，最要是陶养品性。想要陶养品性，先要戒个'傲'字。一个人的性情，一到傲了，那就看不起人，只看得起自己。那个人又肯给我们看不起呢？所以骄傲的人，在社会上做事，往往有许多的阻力，甚至身败名裂，也是常有的。因为一骄傲必得罪人，人家就暗中打算，用种种方法来抵制我们了。以我一个人来受社会上的抵制，怎样不失败呢？我们要免去失败，达到成功的地位，就不能不先把骄傲铲除。铲除的方法又是怎样呢？第一，就是莫要炫耀自己的长处，指摘人家的短处；第二，就是无论遇着甚么人，都是恭恭敬敬，以礼相待。若果能照这两个样子去做起，那就成一个谦恭和蔼的君子了。这种人那一个不敬重呢？那一个不佩服呢？我们在世界上能够做到使人敬重佩服的地位，那么我们无论做甚么事，只是有得人家的帮助，决不致有人来反对的了，何患事情不能成功呢？"各友见之，皆许为知言，因念与公主张相通，附志之于此。品性本心理学名词，今借用作品行性情解。

梦莼又案："战战兢兢，如临深渊，如履薄冰"，曾子取此十二字自治其身，守之勿失，最得"慎"字之诀。近日有人谓此十二字最无裨于实用，只长畏缩苟全之心，以言进取，良多阻碍，殆亦解释之误耳。夫所谓"战战兢兢，如临深渊，如履薄冰"，一言蔽之，即惧之谓；换言之，即时恐堕落胆小于为恶之谓。今不解作胆小于为恶，而解作胆小于为善，无怪其谓无裨于实用，徒有碍于进取焉矣。大节不夺，士须弘毅，曾子他日固尝言之，足为主张奋勇进取之证，足为主张胆大为善之证。

节俭类第七

7.1 由既奢之后而返之于俭，若登天然。随处留心，牢记"有减无增"四字，便极好耳。

【解析】出自同治三年（1864）二月二十四日家书《致澄弟》。此则论为人应保持勤俭作风。晚唐大诗人李商隐《咏史》诗云："历览前贤国与家，成由勤俭败由奢。"艰苦奋斗，吃苦耐劳，是中华民族的优良传统。

7.2 由俭入奢，易于下水；由奢反俭，难于登天。

【解析】出自同治九年（1870）六月初四日家书《谕纪泽纪鸿》。此则论勤俭与奢侈之关系。此日曾国藩赴天津查办教案，此信即"天津遗嘱"，告诫子孙要勤俭节约，不可奢侈骄逸。

7.3 富莫如节用。

【解析】出自胡林翼咸丰十年（1860）九月《复曾国荃》所引曾国藩语。此则论节俭。"节用"是墨子的重要主张，备受曾国藩的推崇。咸丰十年（1860）四月，曾国藩在安徽宿松送别胡林翼，临行赠言："富莫如节用，强莫如裁兵。"希望通过节用来解决军饷匮乏之问题。古人曾说："治生莫若节用，养生莫若节欲。"勤俭朴素，方能有备无患，应对不时之需。

7.4　每用一钱，均须三思。

【解析】出自同治三年（1864）八月初四日家书《致澄弟》。此则论用钱应三思。此时曾国藩国荃兄弟位极人臣，劝诫老家的曾国潢，门第鼎盛，应教育子女恪守"勤俭谦"三字，切勿养成花钱大手大脚的坏毛病。

7.5　能俭约者不求人。

【解析】出自文集中《田昆圃先生六十寿序》，作于道光二十四年（1844）十月二十三日，代郭嵩焘而作。此则论为人应勤俭节约。田昆圃以课徒为业，桃李满园，教导儿子第一点就是不要轻易求人。曾国藩回想当年父亲曾麟书也常教导他："能够勤俭节约的人不求人"，与田氏观念相近。勤俭永不穷，坐吃山也空！

7.6　余服官二十年，不敢稍染官宦气习，饮食起居，尚守寒素家风，极俭也可，略丰也可，太丰则吾不敢也。

【解析】出自咸丰六年（1856）九月二十九夜家书《谕纪鸿》。此则论家风应俭朴。老家有人来军营，曾国藩听闻纪鸿举止大方，心中颇为宽慰。曾国藩只愿子孙多做读书明理的君子，勤俭朴素，安贫乐道。魏徵向唐太宗李世民进谏说："居安思危，戒奢以俭。"（《谏太宗十思疏》）

7.7　总须步步收紧，不可步步放松。

【解析】出自同治二年（1863）十一月二十四日家书《致澄弟》。此则论为人应保持节俭。曾国藩因寄给曾国潢夫妇上百两银子，故劝诫弟弟勤俭持家，不可奢侈浪费。

7.8　惟崇俭可以长久。

【解析】出自咸丰十一年（1861）八月二十四日家书《谕纪泽》。此则论俭朴。近来曾国藩开销较大，师友离世寄奠银几十两，女儿出嫁要上百两，故告诫长子纪泽，居家之道，唯有崇尚节俭才可长久。谚语说得好："一勤二俭三节约，全家老少幸福多。"

7.9 非俭无以养廉。

【解析】出自杂著中《劝诫浅语十六条·劝诫州县四条》，作于咸丰十一年（1861）八月至九月二十二日，个别文字有改动。此则为第四条"崇俭朴以养廉"。《元史·乌古孙泽传》："士非俭无以养廉，非廉无以养德。"曾国藩主张"俭朴以养廉"，而不是用高薪来养廉，值得深思。

7.10 "廉"字之要，宜先节用。出者简，则入者自易于斟酌矣。

【解析】出自同治七年（1868）二月十八日批牍《批全椒县郑令禀履任由》。此则论为人应节俭清廉。全椒知县年富力强，见识不凡，曾国藩劝诫他也应从"勤廉"二字着手。荀子早就说过："强本而节用，则天不能贫。"

7.11 凡多欲者不能俭，好动者不能俭。多欲如好衣、好声色、好书画古玩之类，皆可浪费破家。好动如今日思作某事，明日思访某客，亦所费日增而不觉。讲求俭约，首戒好动，不轻访客，不轻举事，次则屏除无益嗜好。否则私费大矣。今日不俭，异日必多欠债，既负累于亲友①，亦贻累于子孙②。

【注释】

① 负累：连累。

② 贻累：留下负担，牵累。

【解析】出自杂著中《箴言六则规澄侯·俭》，作于同治七年（1868）十月二十四、二十五日，此为第二则"俭"，文字略有删改。此则论好动的人不能节俭。曾国潢在老家操持家族事务，曾国藩劝诫他保持节俭朴素的家风，首先要戒好动，既无不良嗜好，也不沽名钓誉，这样才不会连累亲友，也不会祸害子孙。

梦荪案：先民有言曰："民生在勤，勤则不匮。"勤之能多生产而不易至匮乏，固也；然使不自量所入，消费无度，则十年辛苦所入，以一二年消费尽焉；一年辛苦所入，以一二月或一二日消费尽焉。则虽毕生矻矻①，从事生产，亦终付之流水，一贫如洗焉耳，安见有终不匮乏者乎？吾人既生于世，不能无消费也；消费之途，非止一端也。使非力加撙节②，积之于素，则随在皆仰鼻息于他人，身心交受其困。至负债亲友，贻累子孙，则受困者不止一时！受困者匪止一人已！夫亦安可不深长思也！昔贤以俭为德之共，侈为恶之大。夫浪费何以为恶之大？亦因其终之必至妄取负债，流于贪鄙妄为焉耳，节用何以为德之共？亦因其始终取给于己，不至妄取负债，以堕落其信用焉耳。浅见者流，不知节俭之美，关系之巨，图一时之快乐，忘终身之痛苦，日事浪费，罔知艰难，恣情嫖赌，嗜饮好吹。及一旦床头金尽，荡产倾家，噬脐无及矣③！真所谓大惑不解！大愚不灵者也！公所言节俭之理，寥寥无几，然随处牢记"有减无增"一语，已得节俭之要。吾辈用财，果能如其所言，随处牢记有减无增，则自知量入为出。能量入为出，则永不受困，永保信用。所谓德之共者，莫外乎是焉矣！可不勉乎？可不勉乎？

【注释】

① 矻（kū）矻：极为劳苦或勤勉不息的样子。

② 撙（zǔn）节：节约。

③ 噬（shì）脐（qí）：用嘴咬自己的肚脐，是不可能做到的，比喻后悔不及。

廉介类第八

8.1 要做好人，第一要在不妄取下手，能令鬼服神钦，则自然识日进，气日刚。否则，不觉坠入卑污一流，必有被人看不起之日，不可不慎。

【解析】出自道光三十年（1850）正月初九家书《致澄弟温弟沅弟季弟》，文字略有改动。此则论为人不可妄取。做人要有底线，吃人嘴软，拿人手短，总想占人便宜，终究被人鄙视，自己也会吃大亏。

8.2 凡事不可占人半点便益^①，不可轻取人财。

【注释】

① 便益：犹"便宜"，便利。

【解析】出自道光二十七年（1847）六月二十七日家书《致澄弟沅弟季弟》。此则论为人不可贪人钱财。亲友屡次来京投奔，扰得曾国藩心绪不安：不接待好，就会被亲友咒骂为忘恩负义，冷酷无情；热情款待的话，当前财力根本无法满足亲友的要求。故曾国藩采用比较妥当的方法：自己不轻易接受恩惠，情愿自己吃亏，也不去占人便宜。

8.3 总要银钱看得轻，然后志气振得起。

【解析】出自同治五年（1866）十二月初三日批牍《批老湘营刘镇松山禀恳仍准添设新四营以敷剿贼由》。此则论为人应看淡钱财。刘松山上次已获得拨款，但仍不知足，曾国藩对他严加训诫，为人不可贪图钱财，志气才能振奋起来。《菜根谭》曰："贪得者，身富而心贫；知足者，身贫而心富。"

8.4　不知足则必妄取，所谓廉介者不可得而见矣^①。欲学廉介，必先知足。观于各处难民，遍地饿莩^②，则吾辈之安居衣食，已属至幸，尚何奢望哉？

【注释】

① 廉介：清廉耿介。

② 饿莩（piǎo）：亦作"饿殍"，饿死的人。

【解析】出自杂著中《劝诫浅语十六条·劝诫委员四条》，作于咸丰十一年（1861）八月二十至九月二十二日，文字略有增改。此则为第二条"崇俭约以养廉"，论为人应知足。人优裕而不忘艰辛时光，身在福中能知福，如此才能持盈保泰，福运绵长。

8.5　资人之力而专其利，是刓己之廉也^①；廉刓无以立身。

述江忠源父语。

【注释】

① 刓（wán）：损坏。

【解析】出自文集中《新宁县增修城垣记》一文，作于道光二十九年（1849）春，文字略有删减。此则论为人应廉洁自律。江忠源将捕贼所获的奖金五百两为父亲做寿。江父说："借助他人之力来谋取一己私利，这是损害自己的廉洁。信用一旦丧失，就无法服众；廉洁一旦损坏，就无法立身。"江忠源听从父亲意见，将奖金归还官府。以廉立身，以俭持家，值得大力提倡。

梦苏案：吾辈之生斯世，必尽所能而后可取所需，必多尽所能而后可多取所需。不尽所能而徒取所需，少尽所能而多取所需，累社会之道也。吾尝见于得志之鄙夫矣。不知多尽所能，而徒知多取所需。巧立名目，横征暴敛，剥民脂膏，无所不至。吾尝见于失志之鄙夫矣。不知尽其所能，徒知取其所需，摇尾乞怜，化贷亲友，棍骗欺诈，无所不至。此二者其鄙虽有强弱不同，而其只知爱钱，不知自爱其人格，则一而已矣。夫人格也者，乃人生之命根，无上之宝也！ 金钱也者，不过维持肉体生活，用以交易之一种媒介，乃一极寻常之物，以视人格，无异粪土也。取粪土而弃无上之宝，计之得者如是乎？ 吾又尝见于妄取者之下场矣。今日货悖而入，明日亦悖而出；今年拥资亿万，明年贫无立锥。昔以势夺于人者，其自身其子孙后复以势被夺于人；昔以术骗于人者，其自身其子孙后复以术被骗于人。冤冤相报，百不一爽①；怨怒所钟，臭声彰闻。拥资亿万，不可一世，衣不过一暖，食不过一饱，眠不过八尺。能穿几何？ 能食几何？ 能住几何？ 而终身营扰如是！ 而作孽贻累社会如是！ 而自丧失其人格，自贻种种恶下场，贻子孙以种种恶下场如是！"要做好人，第一要在不妄取下手"，吾每读公言，不禁大有所感；"为谁辛苦为谁忙，死后黄泉带不得"，吾每读此诗，亦不禁大有所感。各同胞读公言读此诗者，不知其亦有感焉否也。不知多尽所能而徒知多取所需，谓其心欲求富不依正道，不肯多下力于所能，兼事别种业务，唯仗其权势以多取于民也。

【注释】

① 百不一爽：形容做事有充分把握，绝不会失误。

梦苃又案："知足"二字，发明于老子，所谓"知足不辱"者是也。余往者曾作白话文一篇，解释其义，今录其文于下：

"知足不辱"，这是一句极有价值的话，并不是一句无价值的话。我们中国人，有许多认为这句话为无价值，就是因为看错这句话了。我们一个人所说的话，照论理学分别起来，有些是肯定的，有些是否定的。肯定、否定的里头，又有全称、特称的分别。我们读古人书，遇着那些否的话，究竟是全称的呢？还是特称的呢？最要留心分别。遇着肯定的话亦须如此。若果不留心分别，那些照全称才讲得去的，照特称来解释，便讲不去了；那些照特称才讲得去的，照全称来解释，便讲不去了。"知足不辱"，这本是一句特称、否定的话。这句话的本义，是说一个人在世间上，尽所能得取所需就是满足。能够在肉体生活一方面，知道满足，就不至贪得无厌。不贪得无厌，就不至失败。指不自堕落其人格言。本来是理由很充分的，也本来是很有价值的。近来有许多人，他们不拿来这样解释。他们以为知足不辱是说一个人凡事莫要多做，多做就会多错，少做就可免于失败。指可免禁锢、驱逐、杀身等言。依他们这样来解释，这句话就变成一种放弃责任的话，这句话就变成一种阻碍进步的话。因为放弃责任、阻碍进步的缘故，这句话就变成一种极坏的话。他们也说这句话是一种毫无价值的话了。这句话本来是很有价值的，只是因为他们看错，所以变为无价值。我推原他们看错的缘故，并没有别种原因，只是因为不明论理学。因为不明论理学，所以甚么叫做全称，甚么叫做特称，总总是一个莫明其妙。古人所说的话，有时照特称才解得去的，他们也拿来当全称解了；有时照全称才解得去的，他们又拿来当特称解了。他们只是依私见来解书，不晓得依论理学的规则来解书，所以生出种种错误。古人的好话，他们总总说是坏话。"知足不辱"一语，他们认定为是坏话，就是因为误认特称为全称。若果他们晓得这是特称的话，并不是全称的话，他们就不敢讲是坏话了。

摄生类第九

9.1　养身之道，以"君逸臣劳"四字为要。省思虑，除烦恼，二者皆所以清心，"君逸"之谓也；行步常勤，筋骨常动，"臣劳"之谓也。

【解析】出自同治元年（1862）四月十七日书信《复李续宜》。此则论养身应心静体勤。曾国藩向李续宜传授养生之法：少思虑，去烦恼，清净心灵；常步行，强筋骨，锻炼身体。"君逸"即养心，精神愉悦是根本；"臣劳"即健体，日常锻炼是关键。

9.2　养内之道①，第一将此心放在太平地方，久久自有功效。

【注释】

① 内：身为外，内为心。

【解析】出自同治四年（1865）十月十八日书信《加李鸿裔片》。此则论养心应心态平和。得知幕僚李鸿裔耳朵重听，曾国藩宽慰他，一酌情服药，二多看李榕新刻的张英《聪训斋语》、漕督吴棠刊刻的《圣祖仁皇帝庭训格言》，安心静养。良好的心态和坚强的信念，是战胜病魔的灵丹妙药。

9.3　古人以惩忿窒欲为养生要诀。惩忿即所以少恼怒也，窒欲即所谓知节啬也。因好名好胜而用心太过，亦欲之类也。

【注释】

① 惩忿：克制恼怒，少生气。

② 节啬（sè）：节制。

【解析】 出自同治四年（1865）九月二十九日家书《谕纪泽纪鸿》。此则论养生贵在节欲少怒。曾国藩的两个儿子身体都不太好。曾国藩为之开示良方：克制愤怒，抑制欲望，同时推荐阅读康熙帝的《庭训格言》和张英的《聪训斋语》来调心养生。

9.4　吾于凡事皆守"尽其在我，听其在天"二语，即养生之道亦然。体强者，如富人因戒奢而益富；体弱者，如贫人因节啬而自全。节啬非独食色之性也，即读书用功，亦宜检约，不使太过。余"八本篇"中①，言"养生以少恼怒为本"。又常教尔胸中不宜太苦，须活泼泼地养得一段生机，亦去恼怒之道也。既戒恼怒，又知节啬，养生之道已尽其在我者矣。此外寿之长短，病之有无，一概听其在天，不必多生妄想再行计较。

【注释】

① 八本篇：指咸丰十年（1860）闰三月十八日，曾国藩将素日立身处世、治学做事归纳为"八本"——读书以训诂为本；诗文以声调为本；事亲以欢心为本；养生以少恼怒为本；立身以不妄语为本；居家以不晏起为本；居官以不要钱为本；行军以不扰民为本。将它作为家训，高悬于老家富厚堂的"八本堂"中。

【解析】 出自同治四年（1865）九月初一日家书《谕纪泽》，个别文字有改动。此则论养生应少发怒。养生之道，总原则是尽人事，听天命；具体做法是强身健体，少发脾气。遇事动辄生气发火，损肝伤身。

9.5　每日无论如何忙迫，总须略有抽闲之时。

【解析】 出自同治三年（1864）四月二十八日家书《致沅弟》。此则论为人须经常静心养神。因围攻天京城进展缓慢，曾国荃肝旺气虚，心烦易怒。曾国藩知道药物无能为力，故劝诫他每天抽空静坐，或散步，或打瞌睡，力求静心凝神。

9.6　养生之法，约有五端：一曰眠食有恒，二曰惩忿，三曰节欲，四曰每夜洗脚，五曰两饭后各行数千步。

【解析】出自同治五年（1866）六月初五日家书《致澄弟》，文字略有删改。此则论养生的五种办法。此时曾国藩在山东剿捻，日渐衰老，考虑到曾家兄弟大多体气不健，晚辈子侄也多虚弱，故提倡平日养生五法。此法简单易行，成为习惯就会受益无穷。著名教育学家乌申斯基也说："如果你养成好的习惯，一辈子都享不尽它给你带来的利息。"

9.7　体弱多病，只宜清静调养，不宜妄施攻治①。庄生云："闻在宥天下，不闻治天下也。"②东坡取此二语以为养生之法，亦以"在宥"二字，有顺其自然之意也；若服药而日更数方，无故而终年峻补③，疾轻而妄施攻伐④，强求发汗，则如商君治秦、荆公治宋⑤，全失自然之妙。名为爱之，其实害之！从眠食二端用功，看似粗浅，却得自然之妙；若更不轻服药，则自然日就壮健矣！

【注释】

① 攻治：医治。

② "庄生"句：语出《庄子·在宥》，指只听说任由天下自然发展，没有听说要对天下进行治理，体现庄子"无为而治"的思想。在：自在。宥（yòu）：宽容，饶恕。

③ 峻补：大补。

④ 攻伐：治疗。

⑤ 商君治秦：指商鞅治理秦国，以法家思想为指导，施行酷法，严于赏罚，措施强硬，不惧权贵，但对百姓恩薄惠少，后被告发，车裂身亡。荆公治宋：指王安石在宋神宗的支持下，以理财、整军为中心，于北宋熙宁二年（1069）开始变法，由于急功近利，用人不当，推行过程较为激进，部分举措也不合时宜，引

发残酷党争，遭到强烈反对，随着神宗去世而告终。

【解析】出自同治五年（1866）二月二十五日家书《谕纪泽纪鸿》，文字略有删改。曾纪泽体弱多病，曾国藩劝他静心调养，可仿效庄子、苏轼顺其自然的养生之法，而不可像商鞅治秦、荆公治宋那样贪功冒进，动辄下猛药、吃补品。

9.8　养生之法，莫大于惩忿、窒欲、少食、多动八字^①。

【注释】

① 惩忿：克制愤怒。窒欲：抑制欲望。

【解析】出自咸丰十一年（1861）正月十四日日记，个别文字有删减。此日是道光皇帝的忌辰，如今咸丰帝出逃热河，听说又要西迁，曾国藩心中悲痛，彻夜难眠，故念到平日养生"八字之法"，莫过于不发怒、节欲望、少吃饭、多运动。前二者主内，在于养心；后二者主外，在于健体。

9.9　养生之道，当于"眠""食"二字悉心体验。食即平日饭菜，但食之甘美，即胜于珍药也。眠亦不在多寝，但实得神凝梦甜，即片刻亦足摄生矣。

【解析】出自咸丰十一年（1861）十一月初六日日记，个别文字有改动。此则论养生应注重寝食。饮食不在于精贵，只要新鲜味美，普通饭菜也能胜过珍馐。睡眠不在于长久，只要心神凝定，片刻打盹也能胜过昏睡。

9.10　养生之道，莫大于眠食。眠不必甘寝鼾睡而后为佳，但能淡然无欲，旷然无累，闭目存神，虽不成寐，亦尚足以养生。

【解析】出自同治元年（1862）正月初一日日记，个别文字有改动。此则论养生贵在睡眠和饮食。曾国藩认为养生之道莫过于吃饭、睡眠两件大事，与现代养生观念不谋而合。当今科学也证明：睡眠比吃饭还重要。人几顿不吃，不一定饿死；几天不睡，很容易猝死。

9.11　凡沉疴在身①，而人力可以自为主持者，约有二端：一曰以志帅气，一曰以静制动。人之疲惫不振，由于气弱。而志之强者，气亦为之稍变。如贪早睡，则强起以兴之；无聊赖，则端坐以凝之。此以志帅气之说也。久病虚怯，则时时有一畏死之见憧扰于胸中②，即魂梦亦甚不安恬。须将生前之名，身后之事，与一切妄念，铲除净尽，自然有一种恬淡意味，而寂定之余③，真阳自生④。此以静制动之法也。

【注释】

① 沉疴（kē）：久治不愈的病。

② 憧（chōng）：通"冲"，直上。

③ 寂定：佛家谓心不驰散，保持安静不动的精神状态。

④ 真阳：中医学名词，又称"肾阳""元阳"等，指肾脏的阳气，与真阴相互依存，维持人体的生理功能和生命活动。

【解析】出自咸丰十年（1860）七月二十一日书信《复李宗羲》。得知安庆知府李宗羲久病未愈，曾国藩认为，越是久治不愈的慢性病，人更要意志坚强，养心定神。精神上要战胜病魔，当然也不忘服用药物。双管齐下，必有功效。

9.12　惟肝脾二家，全仗以心治之，非别人所能助谋，亦非良医所能为力，己之天君即神医也①。

【注释】

① 天君：旧指心为思维器官，称心为天君。

【解析】出自同治三年（1864）五月初六日家书《致沅弟》，文字略有改动。此则论肝脾疾病应先医心。自同治元年（1862）围攻天京以来，进展并不十分顺利，曾国荃心急上火，肝旺脾虚，病情一度较为严重。曾国藩三番五次叮嘱弟弟护肝养病，当以自养自医为主。

9.13　胸多抑郁，怨天尤人，不特不可以涉世，亦非所以养德；不特无以养德，亦非所以保身。中年以后，则肝肾交受其病。余今日之目疾及夜不成寐，其由来不外乎此。故于两弟时时以"平和"两字相勖①，幸勿视为老生常谈！

【注释】

① 勖（xù）：勉励。

【解析】出自咸丰八年（1858）三月三十日家书《致沅弟》，个别文字有改动。此则论平心静气来养肝护肾。曾国华心高气傲，曾国荃耿介急躁，既不利于为人处事，还伤身损德。心神调护是治本之方，实为经验之谈。

9.14　此心无刻不提起，故火上炎而血不养肝①。此断非药所能为力，必须放心静养，不可怀忿恚气②，不可提心吊胆，总以能睡觉安稳为主。

【注释】

① 血不养肝：中医指肝血不足。
② 怀忿恚气：心中怀有怨恨，生闷气。

【解析】出自同治三年（1864）三月二十七夜家书《致沅弟》。此则论静心养身来治肝火。天京城决战在即，曾国荃极想夺得天下第一功，身累心急。曾国藩认为此时宜放心静养，睡安稳觉，不可以怀恨生气，提心吊胆。

9.15　惟夜不成寐，却是要紧之症，须用养心和平之法医之。

【解析】出自同治三年（1864）九月二十四日家书《致澄弟》。此则论养心和平可治失眠。曾国荃患上湿毒，脾肾失调，皮肤痒痛难忍，寝食难安，曾国藩劝慰他用平心静气来治疗。

9.16 肝郁最易伤人，宜和易以调之也。

【解析】出自咸丰七年（1857）十月初四日家书《致沅弟》。此则论静心凝神可治肝火。十月十六日，曾国荃进攻江西吉安，采用"铁桶合围"之策，短时间内难见奇效，故曾国藩十分强调将帅务必静心定神，不可上火伤肝。

9.17 不如意之事机①，不入耳之言语，纷至迭乘②。余尚悒郁成疾③，况弟之劳苦过甚，百倍于阿兄；心血之亏，数倍于阿兄者乎？弟病非药饵所能为力，必须将万事看空，毋恼毋怒，乃可渐渐减轻。蝮蛇螫手④，则壮士断其手，所以全生也。吾兄弟欲全其生，亦当视恼怒如蝮蛇，去之不可不勇。

【注释】

① 事机：古代军事术语，指战争中用来损害敌方的计谋。

② 纷至迭乘：连续不断纷杂而来。

③ 悒（yùn）：怒，怨恨。郁：忧愁，愁闷。

④ 螫（shì）：毒虫、毒蛇等用毒刺刺或用毒牙咬。

【解析】出自同治三年（1864）四月十三日家书《致沅弟》，文字略有删改。此则论静心定神可治肝火。此时曾国荃肝病缠身。曾国藩劝他看空一切，不生气不发怒，不要因小（恼怒）而失大（性命）。生闷气，发怒火，既不理智还伤身。

9.18 养生与力学，二者兼营并进，则志强而身亦不弱。

【解析】出自同治十年（1871）十月二十三日家书《致澄弟沅弟》。此则论养生与治学应兼顾。曾国藩见曾家后辈身体虚弱，读书毫无长进，故将一生阅历和经验教训总结为养生六事和为学四则。养生是为学的内在动力，为学是养生的奋斗目标。

9.19　吾辈当自爱其身，而后精力足以报国。否则空怀报国之心，全无耐劳之实，则尤悔日多矣。

【解析】出自同治元年（1862）七月二十二日书信《复李续宜》，个别文字有改动。此则论强身方可报国。七月初六日李续宜因母亲去世，旧病又添新痛。曾国藩认为，特殊情况下孝要让位于忠，国家利益高于个人利益。相比国家生灵涂炭，个人悲痛实在不足挂齿。

9.20　养心养体之法，莫妙于静坐。

【解析】此则似据道光二十二年（1842）十一月十三日日记概括而成。此日老乡冯卓怀来访，传授焚香静坐、养心强体之法，曾国藩对此深以为然。

9.21　不可过于安逸偷惰。宜常常走路，不可坐轿骑马。又常常登山，亦可以练习筋骸。

【解析】出自咸丰五年（1855）八月二十七早家书《致澄弟温弟沅弟季弟》。此则论养生贵在多走路、常登山。

9.22　每日不拘何时，静坐四刻，体验来复之仁心^①。正位凝命^②，如鼎之镇。

【注释】

①来复：丘处机《丘祖秘传小周天歌诀》有"静极而动兮，一阳来复"之说，认为静时所复生者为真阳。仁心：儒家修身养性的终极追求。

②正位凝命：摆正位置，完成使命。参见1.63则注②。

【解析】出自杂著《课程十二条》第二条"静坐"，作于道光二十二年（1842）十二月初七日。此则论静坐之法。道光二十二年十二月二十日家书《致澄弟温弟沅弟季弟》所附"课程"第二条"静坐",与此则文字大同小异。通过静坐来沉思冥想,体悟天地公心,内审仁义道德,使思想上意念专一,生理上身心通畅,确实是个两全其美的好办法。

9.23 尔等身体皆弱,前所示养生五诀,已行之否?泽儿当添"不轻服药"一层,共六诀矣。

【解析】出自同治五年(1866)七月二十日家书《谕纪泽纪鸿》。二子身体羸弱,曾国藩授以养生五诀,即9.6则所指的眠食有恒、饭后散步、惩忿、节欲和洗脚。针对纪泽,特加一诀,即不轻易服药。

9.24 眠所以养阴也,食所以养阳也。养眠贵有一定时刻,而戒其多思;养食亦贵有一定时刻,而戒其过饱。

【解析】出自同治五年(1866)五月十二日书信《复陈远济》。此则论养生贵在寝食有定时。二女婿陈远济身体羸弱,曾国藩教导他专从睡觉、吃饭上用功。饮食起居虽说是日常小事,但从养生角度看,却是大事要事。

9.25 每日多吃饭粥,少吃杂物。无论正餐及点心,守定一个时辰,日日不差。

【解析】出自同治四年(1865)十二月初六日家书《致澄弟沅弟》。此则论饮食应定时定量。曾国藩得知曾家连添二丁,又谈起养生之法:多吃饭喝粥,少吃杂物零食,饮食要定时、有规律。一日三餐,看似平常,实则关系重大。暴饮暴食,进餐不规律,用餐不定时,日久定会伤身。三十岁前胃养人,三十岁后人养胃。

梦荪案:摄生之法,伊古迄今,主张纷如。或偏重精神上之涵养，或专重肉体上之锻炼，均属各趋一端，而未足以尽摄生之妙也。夫吾人之生命，本由精神、肉体相合而成。必两者兼重，斯能心广于内，体胖于外。养一弃一，自困而已！益何有焉！公于摄生之理，不单重肉体，亦不单重精神，君逸臣劳，体用兼赅^①。即以主张各节言之，或注重涵养，或注重运动，或注重清洁，或注重不妄施攻伐，或注重适当之休息，或注重眠食之制限，均于精神、肉体各有所助。生理卫生如今日之发明，犹不能不服其卓识独到！犹不能谓其陷于一偏，与真理相背而驰也！吾辈苟有志于卫生之学，理何必用多，知何必用杂，但依公言，日日行之，一身受用，将无穷尽。岂惟精神、肉体生气勃勃，可自免于烦恼；而精力有余，为学从公，亦可望其日进无已，胜任愉快。否则奄奄无气^②，虽生如死。在自身固常感不便之苦痛，即对社会亦空怀尽责之心，全无耐劳之实，而尤悔日多矣。

【注释】

① 兼赅：亦作"兼该"，兼备，多方面具备。

② 奄（yǎn）奄：气息微弱的样子。

治家类第十

10.1 凡家道所以可久者，不恃一时之官爵，而恃长远之家规；不恃一二人之骤发，而恃大众之维持。

有长远之家规，有大众之维持，一德一心，发达之日正未有艾。一时之官爵，一二人之骤发，眼前之花而已，乌可相提而并论。

【解析】出自同治五年（1866）六月初五日家书《致澄弟》。此则论维持家运靠家规家风。诚如信中所言，曾氏兄弟"同时封爵开府，门庭可谓极盛"，而曾国藩深受儒家思想影响，主张功成身退、求缺保泰，深知创业难守业更难，所以经常劝告在老家的曾国潢，若想家运长久，全家就得恪守家规家训。

10.2 居家之道，以黎明即起为第一要义。

【解析】出自同治二年（1863）六月十四日书信《喭王瑞臣》。此则论居家贵在早起。堂姐含辛茹苦三十多年，晚年家境稍稍宽裕，却患病不起，二月撒手西去。曾国藩劝慰外甥王瑞臣不必来军营，在家谨守居家之道，第一就是黎明起床，不睡懒觉。一日之计在于晨，珍惜时间就从不睡懒觉做起。良好的习惯，使人受益一生。

10.3 我家祖父以下，规矩极严，榜样极好，我辈踵而行之①，极易为力。别家无好榜样者，亦须自立规条；我家既有好榜样，岂可不遵行之而忍堕落之乎？

有好榜样而遵行，无好榜样而自立规条，为自立计当如是，为正风气计尤不可不如是。

【注释】

① 踵（zhǒng）：追随，继承。

【解析】 出自道光二十七年（1847）七月十八日家书《致澄弟沅弟季弟》，文字略有删改。此则论家规要严格遵守。六月曾国藩连升几级，授内阁学士兼礼部侍郎衔，却不忘家风，奉劝诸弟：一勤快，二早起，三看曾家五种遗规。现在老家一切由曾国潢作主，希望以祖先为榜样，以身作则。

10.4 家中要兴旺，全靠出贤子弟。子弟之贤否，并非本于天生，而实由于家教。

【解析】 出自同治五年（1866）十二月初六日家书《致澄弟》，文字略有删改。此则论家运兴旺靠家教。两江总督曾国藩寄给曾国潢千两白银，特别叮嘱他，家运兴旺全靠子弟贤良，而贤良六分是天生，四分靠家教。俗话说，靠父母，父母会老。子孙贤良，才是保持家运昌盛的内驱力。

10.5 凡兄弟有不是处，必须明言，万不可蓄恨在心。

【解析】 出自道光二十一年（1841）十月十九日家书《禀父母》，个别文字有改动。此则论兄弟应和睦。兄弟同心，其利断金。打虎亲兄弟，上阵父子兵。湘军成功的诀窍之一就是官兵之间依靠亲情乡谊，结成关系紧密而力量强大的整体。

10.6　兄弟之间，一言欺诈，终不可久。尽行揭破，虽目前嫌其太直，而日久终能相谅。

【解析】出自道光二十九年（1849）三月二十一日家书《致澄弟温弟沅弟季弟》。此则论兄弟间应坦诚相待。曾国华在长沙读书常来信，回老家后一封也不写，还谎称写过。曾国藩一气之下，严加责骂，导致兄弟不和。兄弟互相猜忌欺骗，就有可能导致大家庭分崩离析。

10.7　兄弟之间，惟有从宽善处，不可稍失和气。

【解析】出自同治二年（1863）十月二十四日批牍《批鲍提督超禀请派防各处以便大队进剿广德并请假回籍由》。此则论兄弟应和睦。兄弟失和，甚至反目成仇，手足相残，有违儒家伦理道德。

10.8　兄弟之际，吾亦惟爱之以德，不欲爱之以姑息。教之以勤俭，爱兄弟以德也；丰衣美食，俯仰如意，爱兄弟以姑息也。姑息之爱，使兄弟惰肢体，长骄气，丧德亏行，我不敢也。

爱之以德最得其爱之正。

【解析】出处与10.6则相同，文字略有删改。此则论兄弟应相互劝诫。曾国藩认为，用优良的德行来呵护兄弟情谊，才是最正当有爱的；无原则的溺爱，只会导致兄弟失和，家运衰败。

10.9　吾屡教家人崇俭习劳，盖艰苦则筋骨渐强，娇养则精力愈弱也。

【解析】出自同治三年（1864）二月十四日家书《致澄弟》。此则论勤俭家风。曾纪泽病愈后，仍然怕风。曾国藩认为勤劳简朴能强身健体。强壮的体魄都是汗水浇铸而成的，而温室里的花朵弱不禁风，不堪一击。

10.10 沅弟之才①，不特吾族所少，即当世亦实不多见。然为兄者，总宜奖其所长，而兼规其短。若明知其错，而一概不说，则非特沅一人之错，而一家之错也。

奖其所长则益发奋向上，规其所短则不自安堕落，有志转移世风者对家庭对社会皆当如是也。

【注释】

① 沅弟：曾国荃（1824—1890），字沅甫，曾国藩之弟，族中排行第九，故称沅弟、九弟。咸丰二年（1852）优贡生，咸丰六年（1856）招募兵勇，赴援江西吉安，故称吉字营。咸丰十一年（1861）九月攻克安庆，加升布政使衔。同治元年（1862）正月授浙江按察使，二月升江苏布政使。二年（1863）升浙江巡抚。三年（1864）七月攻克天京，赏太子少保衔，封一等威毅伯。四年（1865）十二月调任湖北巡抚，后因剿捻无功去职。光绪元年（1875）起用，历任陕西、山西巡抚，陕甘、两江总督。卒谥忠襄。

【解析】出自同治元年（1862）九月初四日家书《致澄弟》。此则论兄弟间应相互规诫。明知兄弟有错而不说，这是纵容，会成为全家的错误，最终恶果也由整个家庭来买单。溺爱是害，害人也害己。

10.11 予自三十岁以来，即以做官发财为可耻，故私心立誓：总不靠做官发财以遗后人，为儿子衣食之需。盖儿子若贤，则不靠宦囊①，亦能自觅衣食；儿子若不肖，则多积一钱，渠将多造一孽，后来淫佚作恶②，必且大玷家声。

如是为子孙计，可谓思深虑远。

【注释】

① 宦囊：因做官所得的财物。

② 淫佚（yì）：纵欲放荡。

【解析】出自道光二十九年（1849）三月二十一日家书《致澄弟温弟沅弟季弟》，个别文字有改动。此则论做官发财不可遗赠后人。曾国藩升授礼部侍郎仅一个来月，认为不靠做官发财来传给子孙。真正的传家宝不是钱财，而是后代贤良，自强自立，自食其力。

10.12　银钱愈少，则愈可免祸；用度愈省，则愈可余福。

【解析】出自咸丰十一年（1861）三月十三日家书《谕纪泽纪鸿》，个别文字有改动。此则论节俭的好处。此时湘军局势极其危急，曾国藩劝导儿子不可从军也不可做官，在家一心一意读书，身逢乱世，谨记钱财愈少愈免祸，吃穿用度愈节省愈有福气。

10.13　星冈公昔年待人①，无论贵贱老少，纯是一团和气，独对子孙诸侄，则严肃异常，遇佳时令节，尤凛凛不可犯②。盖亦具一种收啬之气③，不使家中欢乐过节，流于放肆也。

【注释】
① 星冈公：曾玉屏，号星冈，曾国藩祖父。参见 1.47 则注②。
② 凛凛：威严而使人敬畏的样子。
③ 收啬：收敛克制，严肃不放纵。

【解析】出自同治二年（1863）正月十八日家书《致沅弟》，个别文字有改动。此则论长辈对晚辈宜严肃。曾国藩自称犹如秋冬，阅历丰富，谨慎内敛；而曾国荃恰似春夏，意气风发，志在必得。作为过来人，曾国藩劝诫弟弟要学会惜福保泰，对待他人一团和气，对待子侄严肃稳重。

10.14　家事虽亦有运，然以尽人事为主，不可言运也。

【解析】出自同治十年（1871）九月初十日家书《致澄弟沅弟》。此则论家事主要靠人尽心尽力，而不可谈论运势。

10.15　治家贵严；不严，则子弟之习气日就佚惰，而流弊不可胜言矣。

所谓严者，即纳于轨物之谓，无谓之束缚，无谓之干涉，皆不可语于严。

【解析】出自咸丰元年（1851）七月二十二日日记。此则论治家应严格。曾国藩认为治家要严，严父常出孝子；不严的话，子弟就会沾染放纵懒惰的习气，危害无穷。

10.16　古之英雄，意量恢拓①，规模宏远②，而其训诫子弟，恒有恭谨敛退之象。盖藏之不密，则放之不准；苟不如是，则不足以致于远大也。

【注释】
① 意量：气度。
② 规模：格局，气场。

【解析】出自杂著中《笔记十二则·英雄诫子弟》，文字略有改动。此则论教育子弟应恭谨谦让。曾国藩认为英雄气度恢弘广拓，格局宏大深远，训诫子弟总是恭敬谨慎、收敛退让。家庭是孩子的第一所学校，父母是孩子的第一任老师。成功的家教造就成功的孩子，失败的家教造就失败的孩子。

10.17　凡少年之人，世态人情不宜遽令识透。早透则漓其本质而日趋于薄①，既薄而返之醇厚，千难万难！

世态人情本不可不识透，但当年少而遽令识透，则有激之使薄之虞，似仍以不令识透为妙。

【注释】
① 漓：薄。

【解析】出自咸丰十年（1860）闰三月二十四日书信《复李续宜》，个别文字有增添。此则论少年不可早识世态人情。罗忠祐父母双亡，曾国藩希望他专心读书，不染官场习气，尤其不要过早洞明世事。一般来说，年轻人较早洞察人事，谙于世故，都不利于道德品质的培养，要么老气横秋，缺乏朝气，了无情味；要么油腔滑调，甚至尖酸刻薄，让人避而远之。德国著名哲学家叔本华也有类似看法：少年老成是大坏事，并非好兆头，预示本性的粗鄙平庸。

10.18　教训子弟，总以勤苦为体，谦逊为用。

【解析】出自咸丰十年（1860）十月二十日家书《致沅弟季弟》，个别文字有删减。此则论应教育子弟勤苦谦逊。

10.19　虽大富大贵亦靠不住，惟"勤""俭"二字可以持久。

【解析】出自咸丰十一年（1861）九月二十四日家书《谕纪泽》。此则论持家宜勤俭。曾国藩寄白银给家里，二百两给长女曾纪静办嫁妆，五十两作礼金。希望家中不要另外筹钱，以免奢侈浪费。乱世之中，大富大贵也靠不住，唯有勤俭可以长久。

10.20　凡人多望子孙为大官，余不愿其为大官，但愿其为读书明理之君子。勤俭自持，习劳习苦，可以处乐①，可以处约②，此君子也。

　如是以望子弟最得其望之正。

【注释】
①处乐：指君子可以处于安乐。
②处约：指君子能够甘于贫困。

【解析】出自咸丰六年（1866）九月二十九夜家书《谕纪鸿》，个别文字有增改。此则论教育子孙读书明理，安贫乐道。

10.21　兴家之道，不外内外勤俭，兄弟和睦，子弟谦谨，败家则反是。

【解析】出自同治七年（1868）正月十七日日记，与 6.43 则相同，可以相互参看。此则论兴家之道贵在勤俭和睦。

10.22　居家四败，曰：妇女奢淫者败，子弟骄怠者败，兄弟不和者败，侮师慢客者败。

【解析】出自同治七年（1868）二月二十九日日记。此则论四种败家行为。曾国藩昔年曾将居官四败、居家四败写入日记，用来自箴。此日又恐怕时久遗忘，再抄录一遍，与之前稍有不同。

10.23　宗族乡党，无论与我家有隙无隙，只宜一概爱之敬之。古来无与宗族乡党为仇之圣贤。弟辈万不可专责他人也。

【解析】出自道光二十四年（1844）十二月十八日家书《致澄弟温弟沅弟季弟》，文字略有改动。此则论应与宗族乡亲和睦相处。一个家族之所以没落，大部分是祸起萧墙，家族成员不够团结、不敬睦乡党所致。

10.24　可珍之物固应爱惜，即寻常器件亦当类集品分，有条有理。竹头木屑①，皆为有用，则随处皆取携不穷也。

梦苏久有志乎此，日复一日，年复一年，未能实行，有愧读此条多矣。

【注释】

① 竹头木屑：比喻可利用的废物。

【解析】出自咸丰四年（1854）五月初九日家书《致澄弟温弟沅弟季弟》，个别文字有改动。此则论为人应爱护物品，分类管理。一屋不扫，何以扫天下？生活习惯好，工作有条理，成功也就指日可待。

10.25　静则生明，动则多咎，自然之理也。家长好动，子弟必纷纷扰扰。朝生一策，暮设一计，虽严禁之而不能止。欲求一家之安静，先求一身之清静。静有二道：一曰不入是非之场，二曰不入势利之场。乡里之词讼曲直①，于我何干？我若强为剖断，必惹怨恨；官场之得失升沉，于我何涉？我若稍为干预，必招物议②。不若一概不管，可以敛后辈之躁气，即以保此身之清福。

必如是以言静，方得乎静之正。

【注释】

① 词讼：诉讼。

② 物议：众人的议论，多指非议。

【解析】 出自杂著中《箴言六则规澄侯·静》，作于同治七年（1868）十月二十四日、二十五日，此为第六则"静"，文字略有删减。此则论家长宜平心静气。曾国藩劝诫曾国潢在老家凡事须静，收敛浮躁之气，不惹是生非，不争名夺利，人人静自然家庭静。

10.26　余在外无他虑，总怕子侄习于"骄""奢""逸"三字。家败离不得个"奢"字，人败离不得个"逸"字，讨人嫌离不得个"骄"字。

【解析】 出自咸丰十年（1860）十月二十四日家书《致澄弟》。此则论家教应力戒骄奢逸。曾国潢来信咨询给子侄聘请私塾老师一事。曾国藩说在外带兵，总是担心家中晚辈沾染骄奢淫逸的习气，此事可由曾国荃、曾国葆定夺。

10.27　待兄弟和而不流①。财产、衣服、饮食皆推多而让寡，独至礼节所在，则兄先弟后，秩然有序，不可紊乱。课农薙蔬②，一一亲自检点，不可宽纵。

【注释】

① 和而不流：为人和顺，善于与人相处而又不随波逐流。

② 课农莳（shì）蔬：干农活，种蔬菜。莳：移植，栽种。

【解析】 出自同治二年（1863）六月十四日书信《唁王瑞臣》，个别文字有删减。此则论兄弟间应和睦谦让，与10.6则出处相同，可参阅。堂姐二月离世，曾国藩劝慰外甥不必来军营，在家要谨守居家之道，力求兄弟和睦，长幼有序；亲自干家务，做农活。

10.28 　诸弟见我之立心制行^①，与我所言有不符处，望时时切实箴规^②。

【注释】

① 立心：树立准则。制行：规定道德与行为标准。

② 箴规：劝诫规谏。

【解析】 出自道光二十九年（1849）四月十六日家书《致澄弟沅弟温弟季弟》。此则论兄弟间应相互规劝。

10.29 　家和则福自生。若一家之中，兄有言，弟无不从；弟有请，兄无不应；和气蒸蒸而家不兴者，未之有也。反是而不败者，亦未之有也。

　　有正当之言而不从，有正当之请而不应，虽名为兄弟，无异路人，如此其家能兴者，未之闻也。

【解析】 出自道光二十三年（1843）正月十七日家书《禀父母》。此则论兄弟应和睦。曾国藩写信商谈四弟、六弟到省城求学之事，费用由自己寄付，希望父母不要拒绝弟弟们求学上进之心。一团和气，子弟孝顺，才会家族兴旺。

10.30 　兄以弟得坏名为忧，弟以兄得好名为快。兄不能使弟尽道得令名^①，是兄之罪；弟不能使兄尽道得令名，是弟之罪。若各各如此存心，则亿万年无纤芥之嫌矣^②！

【注释】

① 令：美好的。

② 纤芥之嫌：细小的嫌隙。

【解析】 出自道光二十三年（1843）正月十七日家书《致澄弟温弟沅弟季弟》。此则论兄弟之间应相互劝诫，共同进步。

10.31　兄弟和，虽穷氓小户必兴^①；兄弟不和，虽世家宦族必败。

【注释】

① 穷氓（méng）小户：普通的穷苦百姓。

【解析】 出自道光二十三年（1843）二月十九日家书《禀父母》。此则论兄弟是否和睦决定家庭的成败。

10.32　忆连年教弟之信，不下数万字，或明责，或婉劝，或博称^①，或约指^②，知无不言，总之尽心竭力而已。

【注释】

① 博称：多多赞扬。

② 约指：简要地指点。

【解析】 出自道光二十三年（1843）二月十九日家书《禀父母》。此则论兄长应尽心竭力教导弟弟。

10.33　予断不别存一物，以为宦囊；一丝一毫，不以自私。此我待兄弟之素志也。

【解析】 此则出处与10.11则相同，个别文字有删改。此则论兄弟间不可有私心。

10.34　骨肉之情愈挚，则望之愈殷；望之愈殷，则责之愈切。

【解析】出自道光二十四年（1844）三月初十日家书《致温弟沅弟》。此则论家人应相亲相爱。往往亲人之间，没有顾忌，感情上最易冲动，产生误解。亲人之间也需要相互尊重，不可放肆无礼。

10.35　家之兴衰，人之穷通，皆于勤惰卜之。泽儿习勤有恒，则诸弟七八人皆学样矣。

【解析】出自同治五年（1866）七月二十日家书《谕纪泽纪鸿》。此则论勤惰决定家庭的兴衰，与5.79则出处相同，可参阅。

10.36　为人子者，若使父母见得我好些，谓诸弟俱不及我，这便是不孝。若使族党称道我好些，谓诸兄弟俱不如我，这便是不弟①。何也？盖使父母心中有贤愚之分，使族党口中有贤愚之分，则必其平日有讨好的意思。暗用机计②，使自己得好名声，而使其兄弟得坏名声，必其后日之嫌隙由此而生也。

【注释】
① 弟：通"悌"，敬爱兄长，泛指敬重长辈。
② 机计：心计，机巧计谋。

【解析】出处与10.30则相同。此则论兄弟间应友爱和睦。

10.37　诸弟远隔数千里外，必须匡我之不逮，时时寄书规我之过，务使累世积德不自我一人而堕。诸弟能常进箴规，即吾之良师益友也。

【注释】
① 匡：纠正。逮：到，及。
② 堕（huī）：通"隳"，毁坏。

【解析】出自道光二十五年（1845）五月初五日家书《致澄弟温弟沅弟季弟》。此则论兄弟间应相互规劝。兄弟之间彼此熟悉，正好可以相互纠错，共同进步。

10.38　凡居家之不勤不俭者，验之于内眷而毕露。余在家深以妇女之奢逸为虑，尔二人立志撑持门户，亦宜自端内教始也。

【解析】出自同治四年（1865）闰五月初九日家书《谕纪泽纪鸿》，个别文字有改动。曾国藩规劝儿子必须勤劳节俭，待人接物必须谦逊谨慎；家中女眷也要勤俭持家，不可耽于逸乐。

10.39　吾家子侄半耕半读，以守先人之旧，慎无存半点官气。不许坐轿，不许唤人取水添茶等事。其拾柴收粪等事，须一一为之；插田莳禾等事①，亦时时学之。庶渐渐务本而不习于淫泆矣②。

【注释】

① 莳（shì）：移植，栽种。

② 庶：表示希望发生或出现某事。淫泆（yì）：亦作"淫佚"，恣纵逸乐。

【解析】出自咸丰四年（1854）四月十四日家书《致澄温沅季诸弟》。此则论勤俭家风。

10.40　未明而起，同习劳苦，不习骄佚①，则所以保家门而免劫数者，可以人力主之。

【注释】

① 骄佚：亦作"骄逸"，骄奢安逸。

【解析】出自咸丰四年（1854）四月十六夜家书《致澄弟温弟沅弟季弟》。曾国藩此时在长沙妙高峰办团练，劝勉诸位弟弟在家安心教导晚辈，半耕半读，每天早起，辛勤劳作，不滋生骄奢安逸的习气，使家门免遭劫难。

10.41　儿侄辈总须教之读书，凡事当有收拾。宜令勤慎，无作欠伸懒慢样子。

教导子侄，此等家庭第一大事，最宜在此等处认真。

【解析】出自咸丰四年（1854）六月初二日家书《致澄弟温弟沅弟季弟》。此则论应教育子弟读书处事。此时曾国藩虽忙于创建湘军，但仍不忘子侄辈的教育大事，劝诫诸位弟弟要教导下一代读书，凡事应会收拾处理，为人勤劳谨慎而不懒惰散漫。

10.42　澄弟向来本勤，但敬不足耳，阅历之后，当知此二字之不可须臾离也。

【解析】出自咸丰四年（1854）六月十八早家书《致澄弟温弟沅弟季弟》。此则论为人应勤劳恭敬。曾国藩嘱咐弟弟教导子侄，要懂得"勤""敬"才能使家族兴盛。

10.43　一家能勤能敬，虽乱世亦有兴旺气象；一身能勤能敬，虽愚人亦有贤智风味。

【解析】出自咸丰四年（1854）七月二十一夜家书《致澄弟温弟沅弟季弟》。此日湘军出师不利，损兵折将，曾国藩只好静守，用来稳定军心，心中仍念念不忘家中子弟们，劝导他们应以"勤""敬"二字为法。

10.44　余于"俭"字做到六七分，"勤"字则尚无五分工夫；弟与沅弟于"勤"字做到六七分，"俭"字则尚欠工夫。以后各勉其所长，各戒其所短。

【解析】出自同治三年（1864）八月初四日家书《致澄弟》。此则论为人应勤俭。曾国藩说自己侥幸得到大名高爵，是曾国荃拼命打仗送的，是祖先遗留的恩惠，以后应竭力教育家人勤俭为主。

10.45　世家子弟，最易犯一"奢"字、"傲"字。皮袍呢褂，俯拾即是，轿马仆从，习惯为常，此即日趋于奢矣。见乡人则嗤其朴陋①，见雇工则颐指气使②，此即日习于傲矣。子弟之坏，未有不由于"骄""奢"二字者。尔与诸弟其戒之。

【注释】

① 嗤（chī）：讥笑。

② 颐指气使：不说话而用面部来表情示意。形容有权势的人指挥别人的傲慢态度。

【解析】出自咸丰六年（1856）十一月初五日家书《谕纪泽》，文字略有删改。此则论子孙不可奢侈傲慢。曾国藩抓住生活中细小处来劝诫子弟戒骄戒奢，手段简易高明。

10.46　兄之郁郁不自得者，以生平行事有初鲜终①；此次又草草去职，致失物望，不无内疚。"长傲""多言"二弊，历观前世卿大夫及近日官场所以致祸之由，未尝不视为枢机②，愿与诸弟共相鉴诫。第能惩此二者，而不能勤奋以图自立，则仍无以兴家而立业。故又在乎振刷精神，力求有恒，以改我之旧辙而振家之丕基③。弟在外数月，声望颇隆，总须始终如一，毋怠毋荒，庶几于弟为旭日之升，而于兄亦代为桑榆之补④。

【注释】

① 有初鲜终：有开头却很少有结尾，指做事不能善始善终。

② 枢机：比喻事物的关键。

③ 丕基：巨大的基业。

④ 桑榆：日暮，比喻人的晚年。

【解析】 出自咸丰八年（1858）三月二十四日家书《致沅弟》，文字略有删改。此则论为人应力戒傲慢多言。咸丰帝准允曾国藩回家丁忧三个月，曾国藩由于一直未拿到实权，筹措军饷乏力，故使性子，说要在家久待，要求皇帝放权，结果被卸职在家守孝。曾国藩心中悔恨，责备自己太傲慢又多言，导致如此局面。

10.47　吾家门第鼎盛，居家规模未能认真讲求①。此后还乡居家，妇女纵不能精于烹调，必须常至厨房，必须讲求作醯醢小菜之类②。尔等必留心于莳蔬养鱼。此一家兴旺气象，断不可忽。纺绩虽不能多，亦不可间断。大房唱之，四房皆和之，家风自厚矣。

【注释】

① 规模：制度，程式。

② 醯（xī）醢（hǎi）：用鱼肉等制成的酱。

【解析】 出自同治五年（1866）六月二十六日家书《谕纪泽纪鸿》，文字略有删减。此则论女子应勤劳持家。曾国藩身为地方大员，也不忘居家小事。管理好家属，构塑好家风，是每一个官员的必修课。

10.48　夫人率儿妇辈在家，须事事立个一定章程。居官不过偶然之事，居家乃是长久之计。能从勤俭耕读上做出好规模，虽一旦罢官，尚不失为兴旺气象。若贪图衙门之热闹，不立家乡之基业，则罢官之后，便觉气象萧索。凡有盛必有衰，不可不预为之计。望夫人教训儿孙妇女，常常作家中无官之想，时时有谦恭省俭之意，则福泽悠久，余心大慰矣。

【解析】 出自同治六年（1867）五月初五日午刻家书《致欧阳夫人》。此则论家中妇女的重要职责。身为主政一方的朝廷大员，曾国藩在端午节仍不忘教育妻子做好榜样，事事有规划，保持勤俭简朴、耕读传家的风气，令人感佩。

10.49　家中遇祭酒菜，夫人率妇女亲自经手；祭祀之器皿，另作一箱收之，平日不可动用。内而纺绩做小菜，外而蔬菜养鱼、款待人客，夫人均须留心。吾夫妇居心行事，各房及子孙皆依以为榜样，不可不劳苦，不可不谨慎。

【解析】出自同治五年（1866）十二月初一日家书《致欧阳夫人》，文字略有改动。此则论女子应勤劳持家。八月之后，曾国藩屡次上疏请假开缺，卸任钦差大臣；回任两江总督后，又再三请辞，嘱托妻子做好表率，勤劳谨慎，早做打算。

10.50　家中兴衰，全系乎内政之整散。尔母率二妇诸女，于酒食、纺绩二事，断不可不常常勤习。

【解析】出自同治五年（1866）十一月初三日家书《谕纪泽》。此则论家内事务决定家庭的兴衰。曾国藩向长子纪泽传授治家之道：家庭兴衰，全看内政秩序是齐整还是散乱。

10.51　古今文人学士，莫不有家常琐事之劳其身，莫不有世态冷暖之撄其心①。尔现当家门鼎盛之时，炎凉之状不接于目，衣食之谋不萦于怀②，虽奔走烦劳，犹远胜于寒士困苦之境也。

【注释】
① 撄（yīng）：扰乱，纠缠。
② 萦（yíng）：缭绕，牵扰。

【解析】出自同治元年（1862）三月十四日家书《谕纪泽》，个别文字有改动。此则论为人应妥善处理好家务。曾国藩勉励儿子处理好家务事。诗情画意只能偶尔点缀日子，并不是生活的全部。融入了柴米油盐酱醋茶的，才叫生活。

10.52 吾生坐不善收拾，为咎甚巨，所得诸物随手散去，至今追悔不已！ 然趁此收拾，亦尚可及。弟收拾佳物，较善于诸昆，从此益当细心检点，凡有用之物不宜抛散也。

【解析】出自咸丰八年（1858）四月十七日家书《致沅弟》，个别文字有删改。此则论为人应懂收拾家务。勤俭持家，爱惜器物，是良好的生活理念；勤于收拾，善于整理，是必备的生活技能。

10.53 后辈子侄，总宜教之以礼。出门宜常走路，不可动用轿马，长其骄傲之气。一次姑息，二次三次姑息，以后骄惯则难改，不可不慎。

【解析】出自咸丰八年（1858）八月二十二日家书《致澄弟季弟》。此则论子孙应懂礼法。溺爱是害，长辈现在的姑息就是日后晚辈骄纵懒惰的祸根。

10.54 吾家后辈子女皆趋于逸欲奢华，享福太早，将来恐难到老。嗣后诸男在家勤洒扫，出门莫坐轿；诸女学洗衣，学煮菜烧茶。少劳而老逸犹可，少甘而老苦则难矣！ 至于家中用度，断不可不分。凡吃药、染布及在省在县托买货物，若不分开，则彼此以多为贵，以奢为尚，漫无节制。此败家之气象也。

【解析】出自咸丰八年（1858）十一月十二日家书《致澄弟沅弟季弟》。此则论子孙应勤俭。情愿少苦老甘，也不要先甜后苦。晚辈男女都要亲自劳动，熟习家务，勤俭持家，因为败家容易兴家难！

10.55 吾兄弟断不可不洗心涤虑①，以求力挽家运。第一，贵兄弟和睦。凡吾有过失，澄、沅、洪三弟各进箴规之言，余必力为惩改；三弟有过，亦当互相箴规而惩改之②。第二，贵体孝道。推祖父母之爱以爱叔父，推父母之爱以爱温弟之妻妾儿女及兰、蕙二家。第三，要实行"勤""俭"二字。内间妯娌不可多写铺帐。后辈诸儿须走路，不可坐轿骑马。诸女莫太懒，宜学烧茶煮茗。书、蔬、鱼、猪，一家之生气；少睡多做，一人之生气。勤者生动之气，俭者收敛之气。有此二字，家运断无不兴之理！余去年在家，未将此二字切实做工夫，至今愧憾，是以谆谆言之。

　　所谓兄弟和睦，所谓体孝道只一"谦"字尽之。

【注释】

① 洗心涤虑：涤除私心杂念，比喻彻底悔改。

② 箴规：劝诫规谏。

【解析】出自咸丰八年（1858）十一月二十三日家书《致澄弟沅弟季弟》，个别文字有改动。此则论兄弟间应同心维护家运。

10.56　诸弟不好收拾洁净，比我尤甚，此是败家气象。嗣后务宜细心收拾。即一纸一缕、竹头木屑，皆宜捡拾伶俐，以为侄儿榜样。一代疏懒，二代淫泆①，则必有昼睡夜坐、吸食鸦片之渐矣。四弟、九弟较勤，六弟、季弟较懒。以后勤者愈勤，懒者痛改，莫使子侄学得怠惰样子。子侄除读书外，教之扫屋、抹桌凳、收粪、锄草，是极好之事，切不可以为有损架子而不为也。

【注释】

① 淫泆（yì）：亦作"淫佚"，恣纵逸乐。

【解析】出自咸丰四年（1854）八月十一日家书《致澄弟温弟沅弟季弟》，个别文字有改动。此则论为人应细心收拾家务。

10.57　诸弟在家，总宜教子侄守勤敬。吾在外既有权势，则家中子侄最易流于骄，流于佚①，二字皆败家之道也。万望诸弟刻刻留心，勿使后辈近于此二字，至要！至要！

【注释】

① 佚（yì）：放荡。

【解析】 出自咸丰四年（1854）九月十三日家书《致澄弟温弟沅弟季弟》。此则论子孙应勤劳恭敬。即便升官晋爵，也时刻不忘家教，保持勤俭家风，是曾家数代兴旺的根本原因。

10.58　家中自父亲、叔父奉养宜隆外，凡诸弟及吾妻、吾子、吾侄、吾诸女、侄女辈，概须俭于自奉①。

【注释】

① 自奉：自身日常生活的供养。

【解析】 出自咸丰四年（1854）十一月二十三夜家书《致澄弟温弟沅弟季弟》，个别文字有改动。此则论为人应勤俭自立。赡养长辈应大方，孝心可嘉；自我开销须节俭，律己宜严。

10.59　吾与诸弟惟思以身垂范而教子侄，不在诲言之谆谆也。

以身垂范，此改良风气第一层工夫，效力最大，影响最捷。

【解析】 出自咸丰五年（1855）三月二十六日家书《致澄弟温弟沅弟季弟》。此则论长辈应注重身教。身教高于言教！教育晚辈，说不如做，因为多说无益惹人烦，反被当作喋喋不休的唠叨。

10.60　不蓄积银钱，使子弟自觉一无可恃，一日不勤则将有饥寒之患，则子弟渐渐勤劳，知谋所以自立矣。

不为子孙作马牛，亦是提倡勤劳之一妙法。

【解析】 出自咸丰五年（1855）八月二十七早家书《致澄弟温弟沅弟季弟》。此则论子孙应勤劳自立，与9.21则出处相同，前后成文，可参阅。

10.61　吾兄弟年富力强，尤宜时时内省，处处反躬自责，勤俭忠厚，以承先而启后，互相勉励可也。

【解析】出自咸丰五年（1855）九月三十日家书《致澄弟温弟沅弟季弟》。此则论兄弟间应相互勉励。家中妇女熟习家务，子侄读书勤奋，老家丰收，兵事平顺，曾国荃考中优贡。曾国藩颇感欣慰，劝告大家常常反省，处处自我批评，争做勤劳俭朴、忠厚谦恭的人。

10.62　古人云：劳则善心生，佚则淫心生①。孟子云："生于忧患，死于安乐。"吾虑尔之过于佚也。新妇初来，宜教之入厨作羹，勤于纺绩，不宜因其为富贵子女，不事操作。

【注释】

① "劳则"二句：语本《国语·鲁语》："夫民劳则思，思则善心生；逸则淫，淫则忘善，忘善则恶心生。"谓勤苦劳作的人会养成善良的思想，安逸懒惰的人会促长淫乐的心理。佚：通"逸"，安逸。

【解析】出自咸丰六年（1856）十月初二日家书《谕纪泽》，个别字有改动。此则论新媳妇应学会勤俭持家。三月二十一日曾纪泽娶贺长龄之女，参见5.47则。不论贫贱富贵，都应勤劳持家，不染骄奢。

10.63　予少时天分不甚低，厥后日与庸鄙者处①，全无所闻，窍被茅塞久矣。近年得一二良友，有所觉悟，慨然思尽涤前日之污，以为更生之人，以为父母之肖子，以为诸弟之先导。

【注释】
① 厥后：自那以后。

【解析】出自道光二十三年（1843）正月十七日家书《致澄弟温弟沅弟季弟》，文字略有删改。此则论结交良友的益处。

10.64　吾兄弟处此时世，居此重名，总以钱少产薄为妙。一则平日免于觊觎①，仓卒免于抢掠；二则子弟略见窘状，不至一味奢侈。

【注释】

① 觊（jì）觎（yú）：非分的希望或企图。

【解析】 出自同治五年（1866）七月初六日家书《致澄弟》。此则论乱世宜少蓄钱财。曾国藩考虑回籍的散勇人数太多，担心惹是生非，劝诫四弟曾国潢，曾家名声在外，总之应该以少银钱和薄田产为好。

10.65　吾家敬宗收族、承先启后诸大端①，皆发于沅弟之谋，而成于弟之手。沅弟费财，老弟费心，均可为祖父累代之功臣。余愧未能悉心经营，幸两弟有以补余之过也。

【注释】

① 敬宗收族：敬奉祖先，团结族人。

【解析】 出自同治二年（1863）十月初四日家书《致澄弟》。此则论家运仰仗兄弟们齐心协力。九月二十九日，欧阳夫人、曾纪鸿母子及全家安全抵达安徽安庆督署。家人向曾国藩历述曾国潢在家主持家务，心思细密，礼节周到。曾国藩的家书对弟弟责备过于苛刻，对儿子管教过于温和，此信则明显不同，其褒奖之情溢于言表。

10.66　弟之廉，人人料之；其不俭，则阿兄所不及料也。以后望弟于"俭"字加一番工夫，用一番苦心。不特家常用度宜俭，即修造公费，周济人情，亦须有一"俭"字意思。总之，爱惜物力，不失寒士家风而已。

【解析】 出自同治二年（1863）十一月十四日家书《致澄弟》。此则论应恪守俭朴家风。曾国潢修造曾氏祠堂，耗费巨大。曾国藩告诫他应该勤俭持家，不可铺张浪费，大兴土木出风头，有违俭朴家风。大肆搞政绩工程、门面项目，最终是劳民伤财，遗臭万年。

10.67　无论在官在家，彼此常以"俭"字相勖①，则可久矣。

【注释】

① 勖（xù）：勉励。

【解析】出自同治三年（1864）正月初四日家书《致澄弟》。此则论俭朴家风。曾国藩时在安庆衙署，家人众多，开销巨大，因此自责在"俭"字上做得不够好。

10.68　吾不欲多寄银物至家，总恐老辈失之奢，后辈失之骄。未有钱多而子弟不骄者也。吾兄弟欲为先人留遗泽，为后人惜余福，除却"勤""俭"二字，别无做法。弟与沅弟皆能勤而不能俭，余微俭而不甚勤。子侄看大眼、吃大口，后来恐难挽回，弟须时时留心。

【解析】出自同治三年（1864）正月十四日家书《致澄弟》。此则论勤俭家风。曾国藩虽是高官，但仍严于律己，希望兄弟们做好表率，绵延祖宗恩泽，恪守勤俭家风，谨防晚辈学坏而难以挽救。

10.69　凡郁怒最易伤人①。余有错处，弟尽可一一直说。人之忌我者，惟愿弟做错事，惟愿弟之不恭；人之忌弟者，惟愿兄做错事，惟愿兄之不友。弟看破此等物情，则知世路之艰险，而心愈抑畏②，气反愈平和矣。

【注释】

① 郁怒：愤怒郁结于心。

② 抑畏：谦抑敬畏。

【解析】出自同治三年（1864）五月二十三日家书《致沅弟》。此则论兄弟和睦。正值围攻天京城的关键时刻,而广东饷银至今未到,曾国荃内外交困。曾国藩劝导他不必郁闷伤心。紧要关头,兄弟和睦极其重要。

10.70　就现有之功,而加之以读书养气,小心大度,以求德日进、言日醇。譬如筑室,弟之立功已有绝大基址,绝好结构,以后但加装修工夫。何必汲汲皇皇①,茫若无主乎?

【注释】

① 汲汲皇皇:亦作"汲汲遑遑",出自扬雄《法言·学行》:"尧、舜、禹、汤、文、武汲汲,仲尼皇皇,其已久矣。"形容心情急切、举止匆忙的样子。

【解析】出自同治三年(1864)八月初五日家书《致沅弟》,个别文字有删减。此则论兄长教育弟弟小心大度。曾国荃已夺下金陵,百废待兴。曾国藩劝诫弟弟虽有非凡之功,但仍需多读书养气,谨慎小心,宽宏气量。人得意时,反而需要有人泼冷水,使头脑清醒。

10.71　末世好以不肖之心待人,欲媒孽老弟之短者①,必先说与阿兄不睦。吾之常常欲弟检点者,即所以杜小人之谗口也。

【注释】

① 媒孽(niè):原指酵母酒曲,比喻借端诬陷,酿成其罪。

【解析】出自同治二年(1863)九月二十二日家书《致沅弟》。此则论兄弟不可失和。兄弟失和,就会祸起萧墙,堡垒往往先从内部不攻自破。

10.72　余自壬子出京①,至今十二年,自问于公牍、书函、军事、吏事、应酬、书法,无事不长进。弟今年四十,较我壬子之时尚少三岁,而谓此后便无长进,欺人乎?自弃乎?弟文有不简之处，无不畅之处，不过用功一年二载，便可大进。昔温弟谏余曰："兄精神并非不足，便吝惜不肯用耳。"余今亦以此意谏弟也。

【注释】

① 壬子：咸丰二年（1862）。

【解析】 出自同治二年（1863）五月二十一日家书《致沅弟》，文字略有删减。此则论兄弟应相互规劝。曾国藩鼓励曾国荃练习写奏折，不宜妄自菲薄，也勿自暴自弃。人生艰难，不是轻而易举就能成功，但还没开始努力就放弃，这种人只是十足的懦夫，而不是真正的勇士。

梦荪案：家庭也者，社会之缩影也。无论其为大家庭，为小家庭，必人人心目中知有此家庭，必人人知对于此家庭负责，此家庭乃可望百废具举，此家庭乃可望蒸蒸日上。若只有一二人对此家庭负责，余皆袖手旁观，甚或并无一人对此家庭负责，而惟以意气相尚，日从事于倾轧①，则万事废弃，其腐败将有不堪言状者矣！公半生从公，居家日寡，无时不以维持家庭为心，无时不对于家庭负责。楷模在望，可师何言！然即其所言观之，其所以对此家庭尽责，与劝人对于此家庭共同尽责者，不过"勤""俭""谦"三字已也。何谓勤？人皆生利，大小事件，分配担任，各尽其责之谓勤。何谓俭？扫除浮费，力事撙节②，柴米油盐，皆依豫算之谓俭。何谓谦？互奖所长，互规所短，从宽善处，不伤和气之谓谦。"勤""俭""谦"三字，小用之则小效，大用之则大效，不用之则无效。所以治大家庭者在此！所以治小家庭者亦在此！欲再增一二字，而三者受用已足，固无庸其再增；欲减少一二字，而三者一贯，亦决不可以再减。有志于维持家庭者，诚不可不日日于此三字加之意也！

【注释】

① 倾轧（yà）：排挤打击。

② 撙（zǔn）节：节约。

交际类第十一

11.1　凡与人晋接周旋①，若无真意，则不足以感人，《礼》所称无本不立也②。然徒有真意，而无文饰以将之，则真意亦无所托之以出，《礼》所称无文不行也。余生平不讲文饰，到处行不动，近来大悟前非。弟在外办事，宜随时斟酌也。

吾在昔曾以天下人之交际分为四种：第一上流之交际，为内外皆有余，谓内有真意外讲文饰者是也；第二次流之交际，为内有余而外不足，谓内有真意外不讲文饰者是也；第三下流之交际，为内不足而外有余，谓内无真意只外讲文饰者是也；第四最下流之交际，为内外皆不足，谓内无真意外又不讲文饰是也。公先只有真意不讲文饰，犹不失为次流之交际。及因到处皆行不动，大悟前非，一变而以真意为体、文饰为用，则由次流入于上流矣。公生平觉悟，知非有过必改，往往如是，吾辈所宜引以为法也。

【注释】

① 晋接：接触。周旋：交际应酬。

② 无本不立：语出《礼记·礼器》，指不以忠信为根本，就无法立身。

【解析】出自咸丰八年（1858）正月十四日家书《致沅弟》，文字略有增改。此则论与人交际应真诚。曾国荃第一次带兵出征，曾国藩告诫他治军要踏实，待人要真诚。真诚守信又能说会道的人，自然招人喜爱！

11.2　古圣人之道，莫大乎与人为善。以言诲人，是以善教人也；以德薰人，是以善养人也，皆与人为善之事也。然徒与人，则我之善有限，故又贵取诸人以为善。人有善，则取以益我；我有善，则与以益人。连环相生，故善端无穷；彼此挹注①，故善源不竭。仲尼之学无常师，即取人为善也；无行不与，即与人为善也。为之不厌，即取人为善也；诲人不倦，即与人为善也。

取诸人者当在小处实处，与人者当在大处空处。能具此种思想以处友，彼此何往而不受益？

【注释】

① 挹（yì）注：挹彼注兹，引申为用有余来弥补不足。

【解析】出自同治二年（1863）正月二十一日日记。此则论与人为善。曾国藩此日出门拜客五家，坐轿时思考人际交往之道：与人为善，取长补短，自然彼此受益。

11.3　与人为善、取人为善之道，如大河水盛，足以浸灌小河；小河水盛，亦足以浸灌大河。无论为上、为下、为师、为弟、为长、为幼，彼此以善相浸灌，则日见其益而不自知矣。

【解析】出自咸丰十一年（1861）八月二十八日日记。此则论与人为善、取人为善。

11.4　与人为善，悬格不可太高①。

悬格太高，则欲为善者必因难灰心，最宜以此为戒。

【注释】

① 悬格：公布标准、规章。

【解析】出自杂著中《直隶清讼事宜十条》，作于同治八年（1869）

二月十九至三月初五日。此则为第三条"州县须躬亲六事，不得尽信幕友丁书"中语。此则论与人为善的标准不可过高。标准太高，因难以达到反而使人灰心丧气，于事无补。

11.5　爱敬之人，当代为蕴之蓄之，不必逢人颂扬，使其实常浮于名，则所以爱之者更大也。

【解析】出自咸丰六年（1856）八月十七日书信《与罗萱》，个别文字有删改。此则论对爱敬的人不可到处宣扬。曾国藩鉴于之前爱敬塔齐布、罗泽南二人，逢人称扬，可惜英年早逝而大功未成，故劝诫罗萱：对于爱敬之人，应当藏于内心。过度的溢美之词，实际上是一种伤害。"秀恩爱，死得快"，大概与此同理。

11.6　公事知而不言，坐视成败，自非所宜。凡正话实话多说几句，久之人自能亮其心。即直话亦不妨多说，但不可以讦为直①，尤不可背后攻人之短。除此二戒之外，概宜知无不言，言无不尽。

【注释】

① 讦（jié）：揭发别人的隐私或攻击别人的短处。

【解析】出自咸丰十年（1860）七月二十一日书信《复李瀚章》，文字略有删减。此则论不可背后攻击他人。李鸿章之兄李瀚章刚补授江西赣南的实缺，曾国藩劝勉他多说正话、实话和直话，但不可把揭发别人的隐私、背后攻击别人的短处当成正直。

11.7　蕙西面责予数事①：一曰慢，谓交友不能久而敬也；二曰自是，谓看诗文多执己见也；三曰伪，谓对人能作几副面孔也。直哉，吾友！吾日蹈大恶而不自知矣！

非蕙西不敢出此言，非公不能感蕙西之直。天下至大，何尝无益友，亦视己之能受其益否耳。

【注释】

① 蕙西：邵懿辰（1810—1861），字蕙西、位西，浙江仁和（今杭州）人。道光十一年（1831）举人，咸丰十一年（1861）太平军围攻杭州时，协助浙江巡抚王有龄守城而身亡。精于经学、目录学。与曾国藩、梅曾亮等人交善。

【解析】 出自道光二十三年（1843）二月十二日日记。此则论人应有畏友。邵懿辰敢于当面批评曾国藩。曾国藩称他是"直谅之友"，后来为其遗诗题序也说，在京期间与他交往最密，朋友中最看重他。

11.8　为璞玉之浑含①，不为水晶之光明，则有以自全而不失。

【注释】

① 浑含：参见 3.4 则。

【解析】 出自道光二十七年（1847）三月书信《致陈源兖》，个别文字有删减。此则论为人应内敛。同年进士陈源兖在江西做知府，询问京城同乡诸友近况，曾国藩劝勉他保持淳朴，学会藏拙。

11.9　君子于其所尊敬，不敢为溢量之语。

【解析】 出自文集中《何母廖夫人八十生日诗序》，作于道光二十七年（1847）六月。此则论不过分夸赞所尊敬的人。翰林院侍讲学士曾国藩认为，为同乡前辈何绍基的母亲作寿文，自属分内之事，但是君子对他尊敬的人，也不敢说过分赞美的话。

11.10　人之见信于朋友、见信于外人，皆丝毫不可勉强，犹四时之运，渐推渐移，而成岁功①，自是不可欲速，不可助长。

【注释】

① 岁功：一年的时序。

【解析】 出自咸丰元年（1851）十一月初九日日记，文字略有删减。

此则论人与人之间的信任，是顺其自然而不可强求的。

11.11　人无贤愚，皆宜以礼貌相待。凡简慢傲惰，人施于己而不能堪者，己施于人亦不能堪也。如倨侮之色、严厉之声，最可痛恨。接人总以和颜逊词为主，不可稍涉傲慢，致启凌辱之渐。

【解析】出自杂著中《谕巡捕门印签押三条》，作于咸丰十年（1860）五月，文字略有删改。此则论与人交往应谦逊。曾国藩整顿督抚衙门的巡捕、门印、签押三处属员，特意约法三章，此则为第一条，即"不许凌辱州县"。打造优质高效的服务窗口，是构建政府形象的重中之重。

11.12　小珊前与予有隙①，细思皆我之不是。苟我素以忠信待人，何至人不见信？苟我素能礼人以敬，何至人有慢言②？且即令人有不是，何至肆口慢骂，忿戾不顾！此事余有三大过：平日不信不敬，相恃太深，一过也；比时一语不合，忿恨无礼，二也；龃龉之后③，人反平易，我反悍然不近人情，三也。

与友有隙，细思能自知不是，则虽不是于现在，必能至是于将来。

【注释】
① 小珊：郑小珊，在京时期常与同乡曾国藩、陈源兖等人来往。
② 慢言：口出放肆之言。
③ 龃（jǔ）龉（yǔ）：不相投合。

【解析】出自道光二十二年（1842）十月初九日日记，个别文字有增改。此则论待人应礼貌真诚。之前与好友郑小珊因小事发生口角，不欢而散，此日曾国藩反省悔过，并登门认错。忠厚诚实是友谊的桥梁，礼貌尊重是友谊的保鲜剂。

11.13　作梅言①，见得天下皆是坏人，不如见得天下皆是好人，存一番薰陶玉成之心，使人乐于为善云云。盖风余近日好言人之短②，见得人多不是也。

天下无一成不变之坏人，以其为坏而徒背后指摘，不屑加以教诲，揆之君子转移习俗之心，不忍出此也。

【注释】

① 作梅：陈鼐，字作梅，江苏溧阳人，道光二十七年（1847）进士，曾官翰林院编修，后入曾国藩幕府。

② 风：通"讽"，讽喻，暗示。

【解析】 出自咸丰十年（1860）九月二十日日记，个别文字有改动。此则论与人为善。陈鼐婉言规劝曾国藩要心底存有善心，与人为善。英国哲学家培根说："最能保人心神健康的预防药，就是朋友的忠言规谏。"当面讽谏，诚恳批评，这才是真正的友情。

11.14　近日常见得人多不是，郁郁不平，毋乃明于责人而暗于责己乎？

【解析】 出自同治二年（1863）正月初四日日记。此则论为人应正视自己的错误。只看到别人缺点，却漠视自身短处，这不是君子改过自新之道。常言说，人生最难的是正确认识自己。若有自知之明，定能日新月异，令人刮目相看。

11.15　余生平于酬酢之际①，好察人情之顺逆厚薄。京师势利之薮②，处处皆有冷暖向背之分。余老矣，尚存于心而不化。甚矣，余之鄙也！

【注释】

① 酬酢（zuò）：应酬交往。

② 薮（sǒu）：人或物聚集的地方。

【解析】出自同治八年（1869）正月十三日日记。此则论京城人情冷薄。曾国藩整整一天在聚会，疲于应付。京城是名利场，到处都有人情冷暖、人心向背的现象。

11.16　送人银钱，随人用情之厚薄，一言之轻重，父不能代子谋，兄不能代弟谋，譬如饮水，冷暖自知而已。

【解析】出自咸丰十年（1860）十二月初一日日记。此则论送礼多寡应根据人情交往的厚薄而定。此夜曾国藩与好友冯卓怀说，送人钱财，由彼此交情的深浅以及对方的话语权来定夺。理想很丰满，现实很骨感。危急时刻，父子兄弟也有可能因利益而离心离德。

11.17　凡与人交际，当求其诚信之素孚①；求其协助，当亮其力量所能为。

【注释】

① 素孚：一直为人所信服。

【解析】出自同治元年（1862）三月初八日家书《致沅弟》。此则论与人交往应诚信。做人要诚实厚道，不可失信于人，也不可只顾自己而强人所难；要常怀感恩之心，人家不帮你是本分，帮你是情分。

11.18　缓急之求，无古今中外皆有之者也。求于人而甘言谢之，夫人而能也；德于人而责报，亦夫人而能也。至知道者有进焉：其受人赐，中心藏之，不以口舌云报也；其忠于谋人，过辄忘之。彼德我，吾安焉；彼不德我，吾安焉。徐以观其他，他行合义，友之如故；他行不义，而后绝之，终不相督责也。所谓道济万物而不自居，施及后世而不伐①，皆自于此。

【注释】

① 伐：自夸。

【解析】出自道光二十四年（1844）正月二十八日书信《致王拯》，个别文字有删改。此则论与人交往应讲道义。王拯责备陈源兖为人怠慢，其实是朋友之间的误会，曾国藩劝诚他待人宽宏大量，讲求道义。

11.19　古之知道者，不妄加毁誉于人，非特好直也。内之无以立诚，外之不足以信，后世君子耻焉。

【解析】出自文集中《书〈归震川文集〉后》，作于道光二十四年（1844）十二月。此则论为人应讲诚信。桐城派后期代表人物梅曾亮等人推崇明代归有光的古文，认为归氏可与桐城派鼻祖方苞相提并论。曾国藩不同意这个观点。无根、过度的褒贬，皆非君子所为。

11.20　礼节太周，则真意不能不少减。

巧言令色足恭，圣人引以为耻，亦因真意少之故耳。

【解析】出自同治二年（1863）十月三十日《加马新贻片》。此则论朋友间的礼数不应太客气。曾国藩捎信给安徽布政使马新贻，平时应该不必客套，写信可以畅所欲言。做人礼数太过周到客气，真意反而大打折扣。

11.21　只要语语从肺腑中流出，听之亦必有点头者。

【解析】出自同治四年（1865）批牍《批委办蒙城圩务张牧虎文禀奉札日期并陈管见请示由》。此则论为人应真诚。曾国藩劝诚张虎文治理蒙城圩务时，可请士绅、老年人来教化，只要是真心话，就会有听众认同。

11.22　与人交际之道，以"敬"字为主。

敬非空讲文饰，陈善闭邪，斯乃先务之急。

【解析】出自同治十年（1871）二月十五日批牍《批汉阳许镇禀抵署察看各汛情形》。此则论与人交往应相互尊敬。

11.23　与他人交际，亦须略省己之不是。弟向来不肯认错，望力改之。

【解析】出自同治五年（1866）十一月初七日家书《致沅弟》，个别文字有删减。此则论与人交往要敢于悔过认错。曾国荃耿直孤傲，得罪军机大臣，朝廷有旨意却不直接寄达给他，而由其他官员转告。曾国藩劝诫他反省。自我批评是一种高贵的品质，也是人际交往的润滑剂。

11.24　与兵勇及百姓交际，只要此心真实爱之，而外之仪文可以从简；与官员及绅士交际，则心虽有等差，而外之仪文不可不稍隆。

【解析】出自咸丰八年（1858）正月十九日家书《致沅弟》，文字略有增改。此则论与人交往应真心实意。

11.25　凡密保人员①，终身不宜提及一字，否则近于挟长②，近于市恩③。

【注释】

① 密保：秘密保荐。
② 挟长：倚仗年长或官大来强迫人。
③ 市恩：讨好。

【解析】出自同治二年（1863）七月二十三日家书《致沅弟》，个别文字有删减。此则论荐举他人应保密。曾国荃向朝廷保荐湖南巡抚恽世临，曾国藩劝诫他，保举他人应终生不提，否则就是讨好对方。

11.26　诚能言必忠信，不欺人，不妄语，积久人自知之。不赞，人亦不怪。苟有试而誉人，人且引以为重。若日日誉人，人必不重我言矣！欺人自欺，灭忠信，丧廉耻，皆在于此。切戒切戒！

【解析】出自道光二十二年（1842）十月十四日日记。此则论与人交往应忠诚守信。此日有客携八股文来请教，曾国藩言不由衷表扬对方，后写日记自省悔过。

11.27　利之所在，当与人共分之；名之所在，当与人共享之。

【解析】出自同治元年（1862）四月二十一日书信《致鲍超》。告诫鲍超在利益与名誉面前，应当与人共同分享，不可独享霸占。

11.28　吾乡数人，均有薄名，尚在中年，正可圣可狂之际。惟当兢兢业业，互相箴规，不特不宜自是，并不宜过于奖许，长朋友自是之心。彼此恒以过相贬，以善相养，千里同心，庶不终为小人之归。

【解析】出自咸丰八年（1858）书信《加李续宜片》。此则论朋友间应相互规劝，成为良友。曾国藩劝诫李续宜，咱们几个湖南人都小有名气，正是即将成为圣人、狂人的时候，应该兢兢业业，互相勉励规劝。

11.29　心中待人只有七分，外面不必假装十分。

【解析】出自同治五年（1866）三月初五日书信《复应宝时》，个别文字有改动。此则论与人交往不可虚伪。曾国藩告诫应宝时，自古以来善于与外国人打交道的，总不出一个"信"字，唯有真心实意才能互信互惠。

11.30　语太激切，便涉客气①，不可不力遏之也。

【注释】

① 客气：参见 2.10 则注④。

【解析】 出自同治三年（1864）批牍《批江西抚科候选县丞刘忠埙沥陈时事禀》。此则论为人应力戒言语偏激。曾国藩认为刘忠埙颇有血性，然而言语过激。努力去遏制这个弊病，将来定有成就。此则与 6.51 则仅"遏"一字之差，可参阅。

11.31　沅弟谓雪声色俱厉①。凡目能见千里而不能自见其睫，声音笑貌之拒人，每苦于不自见，苦于不自知。雪之厉，雪不自知；沅之声色，恐亦未始不厉，特不自知耳。

　声色俱厉，人所难免，苟严于治己，自不肯专责他人。

【注释】

① 雪：彭玉麟（1816—1890），字雪琴，湖南衡阳人。诸生，入曾国藩幕，分统湘军水师，官至兵部尚书。与曾国藩、左宗棠、胡林翼齐名。

【解析】 出自同治元年（1862）五月十五日家书《致沅弟季弟》，文字略有删改。此则论为人应严于律己，宽以待人。曾国荃与彭玉麟有积怨，曾国藩以自身经历劝诫弟弟，小心"灯下黑"，不严格要求自己，一味指责他人，关系自然不和洽。

11.32　交际之道，与其失之滥，不若失之隘。

【解析】 出自咸丰元年（1851）五月十四日家书《致澄弟温弟沅弟季弟》。此则论交友不可太滥。四弟曾国潢北上投奔曾国藩，一路上幸有贵人相助，赠送钱物。曾国藩认为交情笃厚的可以收受，交友在于少而精。

11.33　功名之际，自古难居。人之好名，谁不如我？我有美名，则人必有受不美之名者。相形之际①，盖难为情。惟当谨慎谦虚，时时省惕而已。

【注释】

① 相形：相互比较。

【解析】 出自咸丰四年（1854）九月十三日家书《致澄弟温弟沅弟季弟》，文字略有删改。此则论不应与人争夺功名。克复武昌，曾国藩署理湖北巡抚，赏戴花翎。自创建湘军以来，取得重大胜利，可谓功勋卓著，声名远播。曾国藩认为此时更应谦虚谨慎，使得名实相符，不辜负国家和百姓的厚望。

11.34　为人友而不相勖以君子者①，不忠也。

【注释】

① 勖（xù）：勉励。

【解析】 出自文集中《田昆圃先生六十寿序》，作于道光二十四年（1844）十月二十三日。此则论对朋友应忠诚。此文系代好友郭嵩焘所作，曾国藩认为作为朋友而不能以君子之道来互相勉励，这是对朋友的不忠诚。

11.35　仆素敬足下，见足下所行未善，不得不详明规劝；又察足下志气满溢，语言夸大，恐持之不固，发之不慎，将来或致偾事①，天下反以激烈男子为戒，尤不敢不忠告痛陈。伏冀足下细察详玩，以改适于慎重深稳之途，斯则爱足下者所祷祀求之者也。

忠告善道，神情如画，读此书而不感动者，非人也。

【注释】

① 偾（fèn）：败坏，破坏。

【解析】 出自咸丰三年（1853）十月初八日书信《与王鑫》，文字略有删减。此则论待人不可傲慢。王鑫，参见6.39则。王鑫志大才疏，心高气傲，对招募兵勇敷衍了事。曾国藩劝诫他，为人须谨慎，行事须沉稳，切勿口出狂言、败坏大事。

11.36　近日在敝处攻足下之短者甚多，其来尊处言仆之轻信逸谤、弃君如遗者，亦必不少。要之两心炯炯，各有深信之处，为非毁所不能入、金石所不能穿者，别自有在。今欲多言，则反以晦真至之情，古人所谓窗棂愈多^①，则愈蔽明者也。

【注释】

① 窗棂（líng）：窗格。

【解析】出自咸丰三年（1853）十一月初六日书信《与王鑫》。此则论与人交往应坦诚。谁人背后不说人，谁人背后无人说。人与人相交，在于坦诚相待。

11.37　甄甫先生来咨^①，命璞山率勇前往^②。璞山血性过人，忠勇奋发，料应气吞云梦^③，慷慨长征^④。惟其近来言行，未尽妥善，弟恐其稍涉满溢，或致偾事，昨已为书规之。更望阁下面与深论，奖其忠劳而匡其未逮。

【注释】

① 甄甫：吴文镕（1792—1854），字甄甫，嘉庆二十四年（1819）进士，官至湖广总督。咸丰四年（1854）太平军攻打黄州，投水自杀，谥文节。

② 璞山：王鑫，详参 6.39 则"解析"。

③ 气吞云梦：口气大得像能吞掉云梦泽一样。

④ 慷慨长征：情绪激昂，长篇大论。

【解析】出自咸丰三年（1853）十月初九日书信《与夏廷樾》。王鑫为人有血性，忠勇两全，但近来言行失常，曾国藩昨日已写信规劝，怕贻误大事，又致信时任湖南省道台的夏廷樾，希望他当面与王鑫交流，既奖赏其忠心劳苦，也匡正其不当之处。

11.38　仆寡昧之资，不自振厉^①，恒资辅车以自强^②。虽偏长薄善，苟其有裨于吾，未尝不博取焉以自资益。其有以谠言诤论陈于前者^③，即不必有当于吾，未尝不深感其意，以为彼之所以爱我者，异于众人泛然相遇之情也。

【注释】

① 振厉：亦作"振励"，奋勉，振作。

② 辅车：车夹木与车舆，比喻事物互为依存的利害关系。

③ 谠（dǎng）言：正直之言。诤论：直言规劝的言论。

【解析】出自道光二十七年（1847）书信《答欧阳勋》，当作于道光二十七年曾国藩典礼部试之前，个别文字有删改。此则论真正的朋友应相互劝诫。同乡前辈欧阳晓岑之子欧阳勋来信请教，曾国藩自谦，希望互相勉励，奋发向上。诤友畏友才是真正的朋友！

11.39　迪公近日声望鼎隆^①，阁下名誉亦日增赫弈，舍九弟比亦薄有声望^②。鄙人在外，毁誉互见，然究系毁者少而誉者多。清夜自思，尚觉名浮于实十倍百倍也。吾辈互相砥砺，要当以声闻过情为切戒^③。

吾在昔曾以天下之名分为三种：第一为名符其实，第二为名浮于实，第三为有名无实。名浮于实已当引为深耻，有名无实不更当引为深耻乎？

【注释】

① 迪公：李续宾，参见5.77则注①。

② 舍（shè）：谦称自己的家或年纪、辈分小的亲属。比（bì）：近来。

③ 声闻过情：名声超过实际。

【解析】出自咸丰八年（1858）十月十七日书信《加李续宜片》，个别文字有改动。此则论朋友同辈间应相互劝勉。名实不副，是令人羞愧的，不值得沾沾自喜。

11.40　如阁下所见以为是者，望无惜时时开示①。如鄙人所见以为是者，亦当疏记奉告②。或先见为是，后见为非，亦可随时互闻。

【注释】
① 开示：指示，写出来使知道。
② 疏记：分条记载。

【解析】 出自咸丰八年（1858）十一月十三日书信《加沈葆桢片》。此则论朋友同僚间应相互规诫。曾国藩复出，向江西广饶九南道道台沈葆桢写信，希望随时互通有无，多交流讨论，选拔甄别人才，皆是国之大事。

11.41　次青擅长过人之处极多①，而短处则在无知人之明，将来位望愈高，终不免为其所累。阁下知人之明，远胜侪辈②。务求台驾迅出，且先在信州小驻③，将次青所用文武各员，一一经法眼甄别，位置得宜，优劣得所。次青去此一短，则众长毕露，幸甚！

　　为次青计当如是，即为国家计亦当如是。

【注释】
① 次青：李元度（1821—1887），字次青，湖南平江人。举人，后入曾国藩幕，官至贵州布政使。
② 侪辈：同辈，朋辈。
③ 信州：清代江西广信府（今上饶市）治所。

【解析】 出自咸丰十年（1860）七月初八日书信《加沈葆桢片》，文字略有删减。此则论官员之间应互帮互助。李元度弃文从武，选了一条艰难之路。曾国藩出于爱护之心，恭请善于选拔人才的江西道台沈葆桢协助，来弥补李元度不善用人的短处。

11.42 次青此役，大失民心。吾负私情而申公义，昨奉优诏褒嘉，将来转圜尚易①。然决不再令带勇，与其负之于后，不若慎之于始也。

慎之于始以免负之于后，处友不易之诀。

【注释】

① 转圜（huán）：挽回。

【解析】 出自咸丰十年（1860）十月初八日书信《复李瀚章》。此则论对朋友不可徇私枉法。李元度对曾国藩曾有救命之恩，后转为武官，这一年驻防徽州（今安徽黄山市），被太平军侍王李世贤打败，却趁乱逃生，令湘军祁门大营危机四伏。曾国藩自责治军无方，决定维护正义，弹劾李元度，不再让他带兵。

11.43 润公聪明①，本可移入霸术一路，近来一味讲求平实朴实，从日行俗事中看出至理来，开口便是正大的话，举笔便是正大的文，不意朋辈中进德之猛有如此者！ 其于朋友纯用奖借，而箴规即寓乎其中。一旦以忧去位②，不特公事棘手，而吾辈亦少切磋警惕之益。

纯用奖借，而箴规即寓乎其中。此种诱人向上之法，求之今世，吾见亦罕也。

【注释】

① 润公：胡林翼，号润芝，故称润公，参见 4.20 则注①。

② 忧：指父母的丧事。古代礼制，官员遇到父母亲去世，须离职回家服丧三年，叫做"丁忧"。

【解析】 出自咸丰八年（1858）七月十五日书信《致李续宾李续宜》，个别文字有改动。此则论朋友同辈间应相互规诫。此时胡林翼因母去世而不肯轻言夺情，而朝野均希望他不离职丁忧，详参 11.28 则。胡林翼善于规劝朋友，颇受曾国藩赞赏，也让李氏兄弟倾倒，参阅3.6则。

11.44　阁下长处在舍己从人，固不啻舍短而从长，有时并人之短者而亦从之也。

并人之短而亦从之，危险不可言喻。以胡文忠之明，犹不免有此病。甚矣，听言之难也！

【解析】出自咸丰九年（1859）十二月初四夜书信《复胡林翼》。此则论学习他人应明辨其优劣。曾国藩认为胡林翼的优点是舍弃自己而顺从他人，但有时连别人的短处也一并学习，就不足为法。

11.45　承嘱代催江西饷银，尊处艰窘之状，弟所深知，且历年以来，同心相印，同病相怜，断无漠视之理！

【解析】出自咸丰十年（1860）十一月二十三日书信《加袁甲三片》。此则论朋友间应相互援助。漕运总督袁甲三督办安徽军务，但无实权。曾国藩深知其苦衷，说不会不理不睬的。烈火炼真金，患难见真情！真正的朋友会雪中送炭，而非锦上添花。

11.46　来函称谓更降，虽不敢议为君子之不诚，而颇疑贤者之不恕。自处于谦而长人之傲，其谁服之？ 以后如有善政，彼此互相师友；如有过失，互相规诫。去称谓之浮文，求切磋之实益。何如！ 何如！

【解析】出自咸丰十一年（1861）六月二十九日书信《复刘长佑》，文字略有改动。此则论朋友间应相互规劝，不应过分客气。广西巡抚刘长佑来信屡次自降身份，谦逊有礼。曾国藩认为，谦虚是美德，但过度谦虚就显得不真诚。

11.47　与人交际，首先贵一"信"字。信者，不伪不夸之谓也。

【解析】出自同治七年（1868）闰四月二十一日书信《复郭嵩焘》，个别文字有删减。此则论与人交往首在诚信。

11.48　自去秋以来，波澜迭起，疑谤不摇，宠辱不惊，卒能艰难百折，了此一段奇功，固自可喜，德力尤为可敬。从此益宏伟度，浑涵圭角①，有忍有容，退藏于密。古人所称"勋绩盖世而人不忌"，庶近之矣！

【注释】

① 浑涵：此作藏匿、收敛讲。圭角：圭的角尖而锐，比喻锋芒。

【解析】出自同治七年（1868）八月初二日书信《复李鸿章》。此则论为人应正确面对宠辱谤誉。湖广总督李鸿章升任协揆，曾国藩调任直隶总督。曾国藩勉励他再接再厉，内修德行，外练才力，提升气度，深藏功名。

11.49　受人恩情，当为将来报答之地，不可多求人也。

【解析】出自咸丰二年（1852）七月二十五夜家书《谕纪泽》。此则论为人应知恩图报。此日曾国藩行抵安徽太湖县小池驿，获知母亲去世的消息，告知纪泽在京请人帮忙料理后事，事后记得答谢。正所谓做事留一线，日后好相见；交友留余地，回旋有空间。真正的友谊好比在银行的存款，能保本升值，但危难之际切勿全部支取。

11.50　霞仙近来读朱子书①，大有所见，不知其言语容止、规模气象何如？若果言动有礼，威仪可则②，则直以为师可也，岂特友之哉！然与之同居，亦须直能取益乃佳，无徒浮慕虚名。人苟能自立志，则圣贤豪杰何事不可为？何必借助于人？若自己不立志，则虽日与尧、舜、禹、汤同住，亦彼自彼，我自我矣，何与于我哉！

【注释】

① 霞仙：刘蓉（1816—1873），号霞仙，湖南湘乡人。诸生。少与曾国藩、罗泽南一同求学。咸丰四年（1854）入曾国藩幕，十一年（1861）入骆秉章幕。官至陕西巡抚。其女嫁与曾国藩长子纪泽。朱子：朱熹，参见"修养类"案语注②。

② 则：效法。

【解析】出自道光二十四年（1844）九月十九日家书《致澄弟温弟沅弟季弟》。此则论应结交真正的师友。曾国荃写信说，打算与刘蓉结伴读书。曾国藩认为此意甚好。结伴读书，目的是修德求知，而非追慕虚名。

11.51　与官场交接，吾兄弟患在略识世态，而又怀一肚皮不合时宜，既不能硬，又不能软，所以到处寡合。迪庵妙在全不识世态①，其腹中虽也怀些不合时宜，却一味浑含②，永不发露。我兄弟则时时发露，终非载福之道。弟当以我为戒，一味浑厚，绝不发露，将来养得纯熟，身体也健旺，子孙也受用。

【注释】

① 迪庵：李续宾，参见5.77则注①。
② 浑含：同"浑涵"，见11.48则注①。

【解析】出自咸丰七年（1857）十二月初六日家书《致沅弟》。此则论为官应隐忍内敛。在老家守孝的曾国藩写信给九弟曾国荃，将曾氏兄弟与李续宾进行比较，主张为官之道应多隐忍、少发火。可与3.12则相互参阅。

11.52　我若有福，罢官回家，当与弟竭力维持。老亲旧眷、贫贱族党，不可怠慢，待贫者亦与富者一般。

【解析】出自同治五年（1866）六月初五日家书《致澄弟》。此则论若为官退休后应善待亲友族党。此时曾国藩在山东围剿捻军，劝诫曾国潢竭力维持家运，不可怠慢亲友乡党。可与10.1则相互参阅。

11.53　武昌有张廉卿裕钊①，学为古文，笔力少弱，而志意高远，好学不倦。若邂逅相见，幸有以奖进之。

【注释】

① 裕钊：张裕钊（1823—1894），字廉卿，湖北武昌（今鄂州市）人。道光二十六年（1846）举人，为曾国藩门下"四大弟子"之一，工古文。

【解析】出自咸丰八年（1858）十月十七日书信《加孙鼎臣片》。此则论为人应多提携后进。曾国藩写信给在京的好友孙鼎臣，希望能不吝指点张裕钊。一个优秀的老师，绝不会故步自封，而是气量宏大，鼓励学生转益多师，博采众长。

11.54　足下归处穷乡，孤学无助，其不浪费心力而能油然以上达者，盖可必不可必之数。是以每忆足下，忽不知其相爱而相恤也。今者刘君将以明春南归①，再四渎告②，属与足下同居而共学，刘君亦既许之矣，足下可即负笈而从之游。昔石徂徕师事孙泰山③，汤文正师事孙夏峰④，皆以宏名硕学⑤，宦成之后，退然自居于弟子之列，贤者之意量，度越寻常万万也。仆之鄙意，匪惟厚有望于足下，亦将俾刘君收教学相长之益。区区之忱，惟同志者深鉴之。

如是以待朋友，望朋友最得其待之正、望之正。

【注释】

① 刘君：刘传莹（1818—1848），字椒云，湖北汉阳（今属武汉）人。道光

十九年（1839）举人，官至国子监学正。工诗文，精于音韵文字、舆地之学。

②浼（měi）：恳托。

③石祖徕：石介（1005—1045），字守道，兖州奉符（今山东泰安）人。宋仁宗天圣八年（1030）进士。尝讲学徂徕山下，学者称徂徕先生。孙泰山：孙复（992—1057），字明复，晋州平阳（今山西临汾）人。因长期居泰山讲学，人称泰山先生。安贫乐道，讲求儒术，门下多出贤良之士。

④汤文正：汤斌（1627—1687），字孔伯，河南睢州（今河南睢县）人。顺治九年（1652）进士，师从清初大儒孙奇逢，笃守程朱而不薄王守仁。卒谥文正。

⑤宏名硕学：大名人大学者。

【解析】出自道光二十七年（1847）十月初书信《与洪汝奎》。此则论应善待朋友。幕僚洪汝奎（1824—1886），号琴西，湖北汉阳人，道光二十四年（1844）举人。好友刘传莹学术精湛，修养深厚，因病辞官，将于明年二月归居汉阳，可参阅5.50则。曾国藩劝导他向刘传莹请教。人生幸遇良师是造化，幸遇良友是福分。

梦荪案：人之立身于世，无不各有其应办之事，亦无不各有其相接之人。其办事也，有办事之法；其接人也，有接人之法。人无众寡，事无大小，皆不敢慢。兼论办事接人之法者，谦谨类已详于前篇者也。以鉴别之识为主，以自信之力为辅；事无大小，归结明强。单发明办事之法，以明强为不慢者，后此更有专篇论列者也。人无众寡，皆不敢慢。认定接人之法，非以真意为体，文饬为用，则不能谓之不慢者，本类所有事也。吾观于世之处友者多矣，不慢者十不得一，而慢者百之九十九焉。吁！慢者何其多，而不慢者何其少也！夫人之生于世，莫不各有其人格也，亦莫不当互相尊重其人格也。自尊重其人格，又进而尊重他人之人格，则自重重人，不慢莫大于此！蔑视他人之人格，至自丧其人格，则自侮侮人，而慢莫大于此！ 彼无识之人，不知慢人之害，以慢人为得意，以慢人为威风。呜呼！ 其亦不思甚矣！ 夫社会也者，因互助而进化者也，因互助而免争者也。推诚相与，谦恭和辑；人有善则取以益我，我有善则与以益人，如切如磋，如琢如磨，连环相生，善端将无穷；彼此挹注①，善源可不竭。以言进化，莫大于兹！ 以言免争，亦莫大于兹！ 彼无识之徒，乃计不出此，专以凌人为能。其最甚者，内无真意，外无文饬②，有我无人，无所不至！ 其次甚者，毫无真意，只讲文饬，自欺欺人，无所不至！ 其稍甚者，虽有真意，不讲文饬，声色拒人，无所不至！ 其为凌虽不同，而不知自重其人格，而不知尊重他人之人格，则一而已矣！ 公于交际之理，得力甚深，其所论交际之理，亦忠爱慈祥，随处流露。大率以真意为体，所谓无本不立也；以文饬为用，所谓无文不行也。"无本不立""无文不行"，看是八字，交际之理，体用兼赅，足以包括中外礼书，可以建诸天地而不悖！ 可以百世俟圣而不惑！ 可以质诸鬼神而无疑！ 吾辈接人，苟能认定此八字，则礼貌良心，两者兼全；四海内外，人皆兄弟，意见何有焉！ 争端何有焉！ 若不能认定此八字，则礼貌良心，有其一而丧其一；礼貌良心，或两俱无。意见之起，乌有所底？ 争端之兴，将安有极？ 人己安能和？ 秩序安可保也？

【注释】

① 挹（yì）注：将液体由一容器注入另一容器，比喻取有余以补不足。参见 11.2 注①。

② 文饬（chì）：掩饰，遮盖。

厚俗类第十二

12.1　凡人之生，皆得天地之理以成性，得天地之气以成形。我与民物，其大本乃同出一源。至于尊官厚禄，高居人上，则有拯民溺、救民饥之责。读书学古，粗知大义，即有觉后知、觉后觉之责。若但知自了，而不知教拯庶类①，是于天之所以厚我者，辜负甚矣！

寥寥数语最能说明互助精义，古今来不多见之名文也。

【注释】

① 庶类：万物，万类。

【解析】出自同治九年（1870）十一月初二日家书《谕纪泽纪鸿》，个别文字有改动。此则论与人讲究仁爱。此日曾国藩撰写四条日课作为家训。此则为第三条"求仁则人悦"，讲求仁爱能使人心悦诚服。孔子说过，教育子弟没有比讲究仁爱更大的。

12.2　自正其心，以维风俗。所谓正心者有二，一曰厚，二曰实。"己欲立而立人，己欲达而达人"，"己所不欲，勿施于人"，皆所谓厚也。存心既厚，可以少正天下浇薄之风。不说大话，不悦虚名，不行驾空之事，不谈过高之理，皆所谓实也。存心既实，可以少正天下浮伪之习。

移易恶俗，此对社会第一责任，不可不知，不可不勉。

【解析】出自咸丰十年（1860）九月二十四日日记，文字略有删改。此则论正心化俗。曾国藩与幕僚陈鼐畅谈挽救人心、端正风俗，认为改变歪风邪气，是拯救乱世的首要任务。

12.3　风俗之厚薄奚自乎？自乎一二人之心之所向而已！民之生，庸弱者，戢戢皆是也①。有一二贤且智者，则众人受命焉；尤贤智者，受命尤众焉。此一二人者之心向义，则众人与之赴义；此一二人之心向利，则众人与之赴利。众之所趋，势之所归，虽有大力，莫之敢逆。故曰："挠万物者，莫疾乎风。"②风俗之于人心，始乎微而终乎不可御者也。先王之治天下，使贤者皆当路在势，其风民也皆以义③，故道一而俗同。世教既衰，所谓一二人者，不尽在位，彼其心之所向，势不能不腾为口说，而播为声气。而众人者，势不能不听命而蒸为习尚。于是乎徒党蔚起，而一时之人才出焉。有以仁义倡者，其徒党亦死仁义而不顾；有以功利倡者，其徒党亦死功利而不返。"水流湿，火就燥"④，无感不雠⑤，所从来久矣。今之君子之在势者，动曰"天下无才"。彼自尸于高明之地，不克以己之所向，转移习俗，而陶铸一世之人，而翻谢曰无才⑥。谓之不诬可乎？否也。十室之邑，有好义之士，其智足以移十人者，必能拔十人中之尤者而材之；其智足以移百人者，必能拔百人中之尤者而材之。然则转移习俗而陶铸一世之人，非特处高明之地者然也，虽匹夫亦与有责焉者也。世之君子，得吾说而存之，则将惴惴乎谨其心之所向；恐一不当，以坏风俗，而贼人才。循是为之，数十年之后，万有一收其效者乎，非所逆睹已。

案："势不能不"四字极有意味。昔梁任公于《新民说·国风》⑦一篇曾发挥其说，梦苏读之深致佩服，附录于此，以供参考。

梁任公曰："夫众人之往往听命于一二人，盖有之矣。而文正独谓其势不能不听者，何也？夫君子道长，则小人必不见容而无以自存，虽欲不勉为君子焉而不可得也；小人道长，则君子亦必不见容而无以自存，虽欲不比诸小人而不可得也。此如冠带之国，有不衣裈而处者⑧，人必望而却走；被羲冕以入裸国，其相惊以异物，亦犹是也。是乃所谓势也。而势之消长，其机则在乎此一二人者心力之强弱。此一二人者如在高位，则其势最顺而其效最捷；此一二人而不在高位，则其收效虽艰，而其势亦未始不可以成。"

【注释】

① 戢（jí）戢：密集的样子。

② "挠万物"句：语出《周易·说卦》，谓摇撼天下万物的，没有比风来得迅速强劲了。

③ 风民：像和风一样教化民众。

④ 水流湿，火就燥：语出《周易·乾卦》，谓水向低洼湿润之处流动，火跟随干燥之物燃烧，比喻事物发展的必然规律。

⑤ 雠（chóu）：响应，应验。

⑥ 翻：通"反"，反而。谢：推辞。

⑦ 《新民说·国风》：《说国风（下）》，后收录于《新民说》。《说国风》有三篇，上篇发表于 1910 年 2 月 20 日《国风报》第 1 期，下篇发表时间不详。

⑧ 裈（kūn）：裤子。

【解析】出自文集中《原才》，作于道光二十六年（1846），文字略有删改。此则论人才的社会担当。社会风尚的淳厚与浮薄，是追求仁义还是奔竞利益，有时取决于一两位贤人的引领。星星之火，可以燎原。贤人君子就是点燃民众希望的星火。

12.4　君子之道，莫大乎以忠诚为天下倡。世之乱也，上下纵于亡等之欲①，奸伪相吞，变诈相角，自图其安而予人以至危；畏难避害，曾不肯捐丝粟之力以拯天下。得忠诚者起而矫之，克己而爱人，去伪而崇拙，躬履诸艰而不责人以同患；浩然捐生②，如远游之还乡而无所顾悸③。由是众人效其所为，亦皆以苟活为羞，以避事为耻。呜呼！吾乡数君子所以鼓舞群伦，历九载而戡大乱④，非拙且诚者之效欤？今海宇粗安，而邑中壮士效命疆场者尚不乏人。能常葆此拙且诚者，出而济世，入而表里，群材之兴也，不可量矣！

拙诚之效，彰彰如是。有志戡大乱者，诚不可舍拙诚而尚奸诈也。

【注释】
① 亡等：无视礼法、等级制度。
② 捐生：舍弃生命。
③ 顾悸：顾虑害怕。
④ 戡（kān）：用武力平定叛乱。

【解析】出自文集中《湘乡昭忠祠记》，初撰于同治八年（1869）九月初四至初六日，十二月十二三日改定，文字略有删减。此则论君子应以忠诚号召天下，拯救社稷苍生。

12.5 人固视乎所习。朝有婨阿之老①，则群下相习于诡随；家有骨鲠之长②，则子弟相习于矩矱③。倡而为风，效而成俗，匪一身之为利害也。

吾辈一言一动，皆与风俗大有关系。以社会改造自任者，幸反躬力行，勿徒责社会之不可救药可也。

【注释】
① 婨（ān）阿（ā）：参见 4.21 则注②。

② 骨鲠（gěng）：比喻刚直。
③ 矩矱（yuē）：规矩法度。

【解析】出自文集《陈仲鸾同年之父母七十寿序》，作于道光二十九年（1849）。此则论社会风气如何形成。进士同年陈鸿翊（号仲鸾），为人慷慨刚直，崇尚气节道义，这缘于家庭环境的浸染。人的品行与生长环境息息相关。社会风气影响人，人也可以端正自身来改造世风。

12.6　天之生斯人也，上智者不常，下愚者亦不常，扰扰万众，大率皆中材耳。中材者，导之东而东，导之西而西；习于善而善，习于恶而恶。其始瞳焉无所知识①，未几而骋嗜欲，逐众好，渐长渐贯而成自然。由一二人以达于通都，渐流渐广而成风俗。风之为物，控之若无有，镝之若易靡②。及其既成，发大木，拔大屋，一动而万里应，穷天人之力而莫之能御。

【注释】
① 瞳（tóng）：懵懵懂懂的样子。
② 镝：通"遒"，逼迫。靡：分散。

【解析】出自文集中《箴言书院记》，作于咸丰十一年（1861）六月二十六七日。此则论如何教化民众。胡达源编《弟子箴言》一书，选录前贤嘉言，裁以己意，其辞浅而旨深，惠及后学。其子就是当时鼎鼎大名的湖北巡抚胡林翼。曾国藩也研读过此书，受益良多。良好的家风、世风，可以改变习俗、教化民众。

12.7　风气无常，随人事而变迁。有一二人好学，则数辈皆思力追先哲；有一二人好仁，则数辈皆思康济施民。倡者启其绪，和者衍其波；倡者可传诸同志，和者又可禅诸无穷①；倡者如有本之泉放乎川渎②，和者如支河沟浍交汇旁流③。

【注释】

① 襢（tǎn）：通"袒"，裸露。

② 川渎（dú）：指河流。

③ 沟浍（kuài）：田间水道。

【解析】 出自杂著《劝学篇示直隶士子》，作于同治八年（1869）七月初四至初六日，个别文字有改动。此则论士风与世风之关系。

12.8　傲惰之所起者微，而积久遂成风俗。一人自是，将举国予圣自雄矣；一人晏起，将举国俾昼作夜矣。多做实事，少说大话，有劳不避，有功不矜。人人如此存心，则勋业自此出，风俗自此正，人材亦自此盛矣。

自是晏起，乍观之觉过甚小，深思之有害社会风气，其罪甚大。有之不可不改，无之不可不防。

【解析】 出自杂著中《劝诫浅语十六条·劝诫委员四条》，作于咸丰十一年（1861）八月二十至九月二十二日。此则为劝诫委员的第四条"戒傲惰以正俗"，即戒除傲慢、懒惰来端正习俗。从官员、胥吏入手，上行下效，良好风气容易形成。

12.9　君子大节，当为世所取法，未可苟焉而已也。

【解析】 出自咸丰元年（1851）书信《致江忠源》。此则论君子的志向节操被世人所效法。大学士赛尚阿赴广西镇压太平军，在家守孝的江忠源（曾国藩好友）被征调。这虽不合礼法，但事出紧急，情有可原。曾国藩认为，君子的志向节操会被社会所效法，不可马虎了事。关乎忠孝的大节一旦损坏，便不能成为完人。咸丰三年（1853）十二月庐州（今安徽合肥）城破，安徽巡抚江忠源投水而死，谥号忠烈。

12.10　凡人才皆随风气为转移，虽贤者亦难自拔于风尚之外。余老无能有所树立，但不欲开坏风气，导天下以恶习耳。

居今之世，开坏风气，导天下以恶习者，十居八九；为坏风气转移末由自拔者，亦十居八九；其卓然自立不为坏风气转移者，十中不过一二；至不满意现在，思转移坏风气之人，更万不得一人。心之死竟至如是！世安得不乱！国安得不亡！

【解析】出自咸丰十一年（1861）十二月初四日日记，文字略有删减。此则论人才随世风的转移而改变。当天夜晚，曾国藩向幕僚洪汝奎论培育正风良俗极其重要。歪风邪气破坏力大，不可不防备。

12.11　天下事，总贵有贤者倡立好样子也。

【解析】出处同治五年（1866）十月十四日批牍《批提督马德昭禀挑筑壕墙大概情形》。此则论榜样的作用。马德昭负责修筑河南郑州京水镇一带的堤墙。曾国藩劝诫他做好示范，务使之坚实牢固，能抵御流动的捻军。

12.12　居崇高之地，总以维持风气为先务。

【解析】出自咸丰十一年（1861）十一月十七日书信《致官文》。此则论为官应以维持风气为首要任务。两江总督曾国藩十月兼办浙江军务、节制四省，愿与湖广总督官文同心协力，维持风气，杜绝官员滋生争胜心、嫉妒心。

12.13　天下滔滔，祸乱未已；吏治人心，毫无更改；军政战事，日崇虚伪。非得二三君子，倡之以朴诚，导之以廉耻，则江河日下，不知所届。

【解析】出自咸丰十年（1860）八月十九日书信《复陈士杰》。此则论应以朴诚廉耻之道来改变世风。

12.14　欲厚风俗，不得不培养人才。

【解析】 出自杂著中《直隶清讼事宜十条》，作于同治八年（1869）二月十九至三月初五日。此则论培养人才来改变风俗。此为《直隶清讼事宜十条》中的第十条"奖借人才，变易风俗"。曾国藩认为，清理直隶诉讼案件的一个办法就是严惩讼棍，摒除歪风邪气，而风俗的美恶由县官来主持，由当地士绅来转移。天下之治在于人才，人才是第一资源。

12.15　沅弟在家，所以润泽族戚朋友者，皆得其当。若能于其中读书者，更加一番奖劝，暗暗转移风气，人人讲究品学则我家之子弟随在观感，不期进而自进。

【解析】 出自咸丰九年（1859）三月二十三夜家书《致澄弟沅弟季弟》，个别文字有删改。此则论培养读书人来转移风气。去年十月曾国华阵亡，此年正月方寻获遗骸，二月运回湖南老家。曾国藩感叹家族后继有人，向朝廷亲笔举荐国华之子纪寿，特意叮嘱曾国荃在家尽心培养子弟，端正风气。

12.16　今日百废莫举，千疮并溃，无可收拾，独赖此精忠耿耿之寸衷①，与斯民相对于骨岳血渊之中，冀其塞绝横流之人欲，以挽回厌乱之天心②，庶几万有一补。不然，但就局势而论之，则滔滔者，吾不知其所底也。

【注释】

① 寸衷：内心。

② 天心：本性，本心。

【解析】 出自咸丰三年（1853）二月十八日书信《与江忠源左宗

棠》。此则论以精忠报国之心来挽救世风。曾国藩写信给江、左二人，对当前局势发表看法，认为大家应该众志成城，精忠报国。

12. 17　有宋程子、朱子出①，绍孔氏之绝学②，门徒之繁，拟于邹鲁③；反之躬行实践，以究群经要旨，博求万物之理，以尊闻而行知，数百千人，粲乎彬彬。元明及我朝之初，流风未坠。每一先生出，则有徒党景附④，虽不必束脩自上⑤，亦循循隅坐，应唯敬对。若金、许、薛、胡、陆稼书、张念芝之俦⑥，论乎其德，则暗然；讽乎其言，则犁然而当理⑦；考乎其从游之徒，则践规蹈矩，仪型乡国。盖先王之教泽得以仅仅不斩，顽夫有所忌而发其廉耻者，未始非诸先生讲学与群从附和之力也。

【注释】

① 程子：对北宋理学家程颢、程颐的尊称。程颢（1032—1085），字伯淳，号明道先生，洛阳人。其弟程颐（1033—1107），字正叔，号伊川先生。二人师从周敦颐，为北宋理学奠基人，合称"二程"。有《二程全书》。朱子：朱熹，参见"修养类"案语注②。

② 绍：继承。孔氏：孔子。

③ 邹鲁：邹，孟子的故乡；鲁，孔子的故乡。借指孔、孟。

④ 景附：如影附身，比喻依附密切。

⑤ 束脩：学生送给老师的报酬。

⑥ 金：金履祥（1232—1303），号仁山，兰溪（今属浙江）人，专治朱熹之学，晚年讲学于丽泽书院，一代名儒，人称仁山先生。许：许谦（1269—1337），字益之，婺州金华（今属浙江）人，从金履祥学，得其真传，人称白云先生。薛：薛瑄（1392—1464），号敬轩，学本程、朱，人呼薛夫子。胡：胡居仁（1434—1484），号敬斋，其学以主忠信为先，以求放心为要，明代程朱学派代表人物之一，曾主讲白鹿书院。陆稼书：陆陇其（1630—1692），字稼书，浙江平湖（今属嘉兴）人，学宗朱熹，以居敬穷理为主，被誉为清代"理学儒臣第一"。张念芝：张履祥（1611—1674），号念芝、杨园，刘宗周弟子，晚年专宗程朱，践履笃实，反对空言，不废耕读，学者称杨园先生。上接程、朱之绪，下开

陆陇其之传，史称"朱熹后一人"。

⑦ 犁然：犹释然，自得的样子。

【解析】出自文集《送唐先生南归序》，作于道光二十六年（1846）二月，文字略有删减。此则论精英人才的群体效应。曾国藩在京常向湘籍大儒唐鉴修德问业，道光年间唐鉴在士大夫中发挥了榜样的示范引领作用。

12.18 志趣、学术果有以异于人者，则修之于身，式之于家，必将有流风余韵，传之子孙，化行乡里，所谓"君子之泽"也。

【解析】出自杂著中《笔记二十七则·世泽》，作于咸丰九年（1859）。此则论君子之风可以造福家庭和社会。士大夫立身处世，应当提高自我修养，熏陶子女，影响家乡，从而改变环境，改造社会。

12.19 侍郎自开府湖北以来①，即以移风易俗为己任。自部曲之长②、郡县之吏暨百执事③，片善微长，不敢自襮④，而褒许随之，曰："尔之发见者微，而善端宏大，不可量也。"或有过差，方图盖覆，谴亦及之，曰："此犹小眚⑤。过是，诛罚重矣。"与其新，不苟其旧；表其独，不遗其同。

侍郎即胡文忠公。

【注释】

① 侍郎：兵部侍郎胡林翼，参见 4.20 注①。开府：原指成立府署，自选僚属。清代称出仕外省督抚为开府。

② 部曲：此指军队。

③ 百执事：百官。

④ 襮（bó）：暴露。

⑤ 眚（shěng）：过错。

【解析】出处与 12.6 则出处相同，可参阅。此则论为官应以移风易俗为己任。胡林翼有如此成就，与平日深受其父胡达源《弟子箴言》的巨大影响密切相关。

12.20　世多疑明代诛锄缙绅，而怪后来气节之盛，以为养士实厚使然。余谓气节者，亦一二贤良倡之，渐乃成为风会，不尽关国家养士之厚薄也。

【解析】出自文集中《书周忠介公手札后》，作于咸丰元年（1851）十月初四日。此则论贤人转移风气的重要性。晚明周顺昌清正廉洁，名闻天下，后被魏忠贤阉党迫害致死。曾国藩观览周顺昌狱中手札后，认为晚明崇尚气节，乃由一两贤人提倡，引领成风，并非都与国家重视培养士大夫有关。另参阅12.11则。

12.21　自惭学业百无一成，不足以引导多士，思欲得一德成而学富者为多士之楷模，与士类旦夕切磋。士气果振，薄俗或借以渐变。虽明知收效迂远，然不敢竟置之不讲也。

【解析】出自同治八年（1869）八月初五日书信《加倭仁片》，文字略有删减。此则论端正士风可以转变风俗。精英在风气上、教育上的先锋带头作用，是无法估量的。

12.22　闻表弟在乡勤俭谨慎①，不改寒素风味，至以为慰。我邑文武缙绅在籍者多，惟得三数有识者清俭谨慎以为之倡，则众人仿效，渐成风气。望弟以此义为先导也。

【注释】
①表弟：指彭毓橘（1824—1867），字杏南，湖南湘乡人，湘军将领，同治六年（1867）剿捻战死，谥忠壮。

【解析】出自同治四年（1865）十月二十五日书信《加彭毓橘片》，文字略有删减。此则论精英人才可以转移风俗。移风易俗，由有识之士提倡，可从家乡做起，不失为一条光明正确的途径。

梦荪案：风气也者，无常者也。至薄之风气，以人力转移之，可以日趋于厚；至厚之风气，以人力转移之，亦可以日趋于薄。其由薄以变厚，由厚以趋薄，皆视乎人而已矣。方其风气之厚也，相尚以义，有劳不避，有功不矜；及其薄也，相竞以利，奸伪相吞，变诈相角。吾中国之百务废弛，治少乱多，亦以风气厚时居其少数，薄时居其多数耳。公生当有清咸同之际，目睹风气之坏，时思以转移之。发一言，制一行，皆本诸良心，皆示人以模范。真所谓能以实行为天下倡者也！故方其在时，人才如云，咸思自效于世，苟活则引以为羞，避事则相戒为耻。"文武兴则民好善"，古人诚不我欺矣！公生平于移易习俗，视为性命根本之事，其所言移易之理，亦博洽深切，洞中肯要。如所提倡"厚实"两字，尤为转移恶俗不易之法。真所谓天良之发见，血性之发见！"放之四海而皆准，俟诸百世而不惑"者也！吾辈而自暴自弃则亦已矣，若稍有良心，稍有血性，稍有志自效于世，则处兹浇薄浮伪相竞成风之时，可不于"厚实"二字加之意哉！不为坏风气转移，此独善其身之事；改良坏风气，此兼善天下之事。今社会学昌明，知人无论穷达，其行为皆于社会发生影响，能独善其身即能兼善天下，已破"达则兼善天下"之迷梦。吾辈既有兼善天下之资格，既有兼善天下之责任，兼善之事一无所闻，则数十寒暑等诸虚生，何以自对良心？何以对诸社会？

处事类第十三

13.1　担当大事，全在"明""强"二字。

鉴别之识、自信之力，处一切事，皆无一可少，岂惟大事。

【解析】出自同治二年（1863）四月二十七日家书《致沅弟》。此则论明理刚强才能担当重任。曾国藩认为，不管是修身齐家，还是当下曾国荃的围攻天京、剿灭太平天国，都应以明强为本。"明"即明晓事理，参阅 5.29 则。"强"即刚强坚毅，参阅 4.7 则。

13.2　莅事以"明"为第一要义。"明"有二：曰高明，曰精明。同一境而登山者独见其远，乘城者独觉其旷，此"高明"之说也。同一物而臆度者不如权衡之审，目巧者不如尺度之确，此"精明"之说也。凡高明者，欲降心抑志，以遽趋于平实，颇不易易。若能事事求精，轻重长短一丝不差，则渐实矣。能实，则渐平矣。

本类所谓事者，专指义务而言，若其事与民生、民德、民智无关，则不属义务，非本类所谓事也。

【解析】出自咸丰八年（1858）十二月十五日书信《加吴国佐片》。此则论处事应做到高明精明。曾国藩认为，处理事务既要明晓事理，高瞻远瞩，也要脚踏实地，精益求精。战略层面的总体把控与执行层面的具体实践，是处事的一体两面。

13.3　凡发一谋，举一事，必有风波磨折，必有浮议摇撼。果能坚忍不懈，总可有志竟成。若甫受磨折，或闻浮言，即意沮而思变计，则掘井不及泉而止者，改掘数井亦不见泉矣。

坚忍不懈，不意沮而思变计，自信力之强，莫之与京矣①。

【注释】

① 莫之与京：没有什么比它更大，形容极大。

【解析】出自同治五年（1866）六月二十五日批牍《批铭字营刘军门铭传禀防河事宜俟抵周口与潘张二军通力合作等情》，文字略有删减。此则论处事应坚持不懈。淮军名将刘铭传上报防守沙河之策，曾国藩准予执行，但遭到非议。曾国藩劝诫他为人处事要坚忍刚毅。面对困厄，要矢志不渝，迎难而上，方有可能成功。

13.4　凡办一事，必有许多艰难波折。吾辈总宜以诚心求之，虚心处之。心诚则志专而气足，千磨百折而不改其常度，终有顺理成章之一日；心虚则不动客气，不挟私见，终可为人共亮。

反覆说来，总不外一"强"字。

【解析】出自同治二年（1863）十一月十五日书信《加程桓生片》，文字略有删减。此则论办事应知难而进。鉴于江西建昌（今永修县）厘务人员被人殴打致死，曾国藩劝勉幕僚程桓生办事必有艰难波折，应真诚虚心，坚韧不拔，终究能赢得人心。

13.5　事机不顺之际，要当宽以居之，静以待之，不可过于焦急。

有千百次之阻力，长千百次之智慧，智慧源泉，阻力是在，以有阻力为受痛苦，愚哉！愚哉！

【解析】出自同治六年（1867）八月初七日书信《加李鸿章片》。此则论处事应随机应变。此时淮军剿捻面对的难题也不少，曾国藩劝勉李鸿章不可操之过急，要协调好军饷、兵力、人才三件大事。

13.6 日慎一日，以求其事之济。一怀焦愤之念，则恐无成耳。千万忍耐！忍耐千万！"久而敬之"四字，不特处朋友为然，即凡事亦莫不然也。

【解析】出自咸丰八年（1858）七月十四日家书《致沅弟》。此则论处事不可过急。在江西湖口水师军营的曾国藩，劝慰正带兵攻打江西吉安的曾国荃，用铁桶阵围攻，千万不可焦急，只能稳步推进。

13.7 一经焦躁，则心绪少佳，办事不能妥善；总宜平心静气，稳稳办去。

【解析】出自咸丰八年（1858）五月初六日家书《致沅弟》。此则论办事应心平气和。曾国荃听闻湘军攻取江西抚州，而吉安却久攻不下，内心焦躁。曾国藩劝勉他为人应稳重，平心静气才能处理好事务。

13.8 坚其志，苦其心，勤其力，事无大小，必有所成。

【解析】出自同治五年（1866）三月十七日书信《与李昭庆》。此则论处事应心志坚定。曾国藩称赏李鸿章幼弟李昭庆（号幼荃）胆识均优，堪膺大任，劝诫他带兵剿捻时，以守为攻，多向名将学习；要坚忍不拔，吃苦耐劳，如此必能取得成功。

13.9 凡作一事，无论艰险平易，但须埋头做去，掘井不已，终有及泉之日。

天下之事，既有因则无不有果。由掘井及泉观之，得一确凿不易之证。

【解析】出自同治二年（1863）十二月十五日批牍《批暂理依仁等营

事务吴守廷华禀请将依仁营另行委员接带并归张道统辖等情》。此则论办事应有始有终。吴廷华率部驻守战略地位格外重要的安徽祁门。曾国藩劝诫他须加强防务，再接再厉，切忌半途而废，努力成为一名将才。

13.10　成功稍迟，初非耻辱之事，丈夫可屈可伸，何必过于焦愤！

所志愈大，则成就愈迟，因无速效而焦愤，则志在求名，非诚心为公，有志者如是乎？

【解析】出自同治三年（1864）五月二十七日书信《复彭毓橘》。曾国藩请表弟彭毓去劝导曾国荃，对于天京城久攻不下，不必忧郁焦急。面临大事，愈要沉住气，方能夺取最后的胜利。

13.11　办事掣肘之处，拂逆之端，世世有之，人人不免。恶其拂逆，而必欲顺从，设法以诛锄异己者，权奸之行径也；听其拂逆，而动心忍性，委曲求全，且以无敌国外患而亡为虑者，圣贤之用心也。借人之拂逆，以磨厉我之德性①，其庶几乎！

【注释】

① 磨厉：也作"磨砺"，磨炼。

【解析】出自同治元年（1862）九月二十五日日记，文字略有删改。此则论办大事应坚忍不拔，正确处理各种意见。此时曾国荃围攻天京，而江西巡抚故意从中作梗，令曾国藩非常恼怒，故在日记中反思。

13.12　凡人作一事，便须全副精神注在此一事，首尾不懈，不可见异思迁，做这样，想那样，坐这山，望那山。人而无恒，终身一无所成。

【解析】出自咸丰七年（1857）十二月十四夜家书《致沅弟》。此则论处事应专心致志。

13.13　凡作一事，无论大小、难易，皆宜有始有终。

【解析】出自咸丰八年（1858）八月二十日家书《谕纪泽》。此则论做事应善始善终。没有恒心毅力，即使天才也难以成功。

13.14　办事之法，以五到为要。五到者：身到，心到，眼到，手到，口到也。身到者，如作吏则亲验命盗案，亲巡乡里；治军则亲巡营垒，亲赴战地是也。心到者，凡事苦心剖晰，大条理、小条理、始条理、终条理，先要擘得开①，理其绪而分之；后要括得拢，又比其类而合之也。眼到者，著意看人，认真看公牍也。手到者，于人之长短，事之关键，随笔写记，以备遗忘也。口到者，于使人之事，警众之词，既有公文，又苦口叮嘱也。

求学之法亦未尝不以"五到"为要，不费心力之学问，世间有此学问乎？

【注释】

① 擘（bò）：分开；剖裂。

【解析】出自杂著中《格言四幅书赠李芋仙》，作于咸丰十一年（1861）七月初八日，文字略有增改。此则论办事须讲求"五到"。李士棻，字芋仙，参见6.30则。

13.15　办大事者，在内贵有志气，在外贵得人心。

【解析】出自同治元年（1862）二月初八日批牍《批朱守声隆禀报接管湘前右营日期由》。此则论办大事应有志气，得人心。曾国藩劝诫营官朱声隆要勤劳吃苦。能办大事的人，贵在自己要有志气，在外又能得人心。内外兼修，终成大业。

13. 16　是非既审之于己，则利钝可听之于天矣①。

【注释】

① 利钝：胜败，吉凶。

【解析】 出自咸丰九年（1859）二月十九日批牍《批管带义字营吴主簿国佐禀奉谕令留数百人随作护卫遵照办理俟妥帖成军交帮办县丞刘璈率总哨章荣先带赴行营听候使令等情》。此则论做事应尽人力听天命。

13. 17　凡献策之人，立言最易动听。看似因公，其实无非为私。情形未熟，固宜博采以广见闻，亦勿轻信以致丛脞①。

于世道人心可谓了亮之极，于民生国计可谓郑重之极。

【注释】

① 丛脞（cuǒ）：琐碎，杂乱。

【解析】 出自批牍《江督署盐政科·批两淮李运司元华禀到任情形》，写作时间不详。此则论处事不可轻信他人。同治六年（1867）七月二十九日，李元华升任两淮盐运使，曾国藩劝诫他，对献计扫除盐务陋习的人要谨慎，不可轻易信从。

13. 18　处大事，决大疑，但当熟思是非，不必泥于往事之成败，以迁就一时之利害也。

迁就，即趋避之意。

【解析】 出自杂著中《笔记二十七则·成败无定》，作于咸丰九年（1859）。此则论做大事应深谋远虑，不拘成规。西汉晁错，明代齐泰、黄子澄，清初米思翰等人，都建议削藩，但结局不同。曾国藩认为，当人处理大事作出决断时，应深思熟虑，千万不可拘泥于以往事情的成败。借古鉴今是不错，但不能犯经验主义，不可泥古不化。

13.19　古人绝大事业，恒以精心敬慎出之。

【解析】出自《鸣原堂论文·诸葛亮出师表》批语。此则论做大事应专心谨慎。曾国藩认为，面对艰危的时势，光有宏大的志愿，是根本行不通的，还要有精心的谋划、坚定的恒心、谨慎的践行。

13.20　大抵事败而归咎于谋主者，庸人之恒情也。

【解析】出自杂著中《笔记二十七则·成败无定》，作于咸丰九年（1859）。此则论做错事应敢于担当。曾国藩认为庸人常把事情失败归咎于主要谋事的人。

13.21　凡事总以得人为主。

得其人，则指臂相助，而事无不举；不得其人，则逢处作恶，成事不足，败事有余。

【解析】同治六年（1867）五月初七日批牍《批易守佩绅禀湖南援剿贵东各情形拟筹变通办理由》，个别文字有改动。此则论办事应选择合适人才。事情交给适合的人去做，无往不利；否则，只会成事不足，败事有余。

13.22　每日应办之事，当于日内了之；无本日不了者，庶几积压较少。

【解析】出自同治元年（1862）闰八月初二日日记，文字有删减。此则论做事应及时。勤快高效，今日事今日毕，是非常可贵的工作素质。

13.23　一念之惰，遂废本日之常课，又愆办事之定期^①，乃知天下百病生于懒也。

【注释】

① 愆（qiān）：耽误。

【解析】 出自同治二年（1863）六月二十六日日记。此则论事情应及时办理。此日曾国藩会客多次，又下了好几局围棋，由于懒散而荒废了今日的课程，耽误了办理事情的期限。

　13.24　凡事非气不举，非刚不济。

【解析】 出处与13.1则相同，可参阅。此则论处事应有倔强之气。

　13.25　习劳苦为办事之本。引用一班能耐劳苦之正人，日久自有大效。

【解析】 出自咸丰十年（1860）七月初八日家书《致沅弟季弟》。此则论勤劳是办事的根本。曾国藩致书二位弟弟，求其将有操守而无官气、有条理而少大话、能吃苦耐劳的人才推荐过来。

　13.26　以小心虑事，古来才人，有成有不成，所争每在"疏密"二字。

【解析】 出自同治六年（1867）九月初二日批牍《批铭字营刘军门铭传禀追剿捻逆获胜情形由》。此则论办大事关键在考虑周密。刘铭传率领铭字营剿捻，军威大振。曾国藩劝诫刘铭传剿贼的锐气可嘉，但是考虑事情务必小心谨慎，不可轻狂蔑视对手，自以为事事易如反掌。

　13.27　时事愈艰，则挽回之道自须先之以戒惧惕厉①。霞弟傲兀郁积之气②，足以肩任艰巨，然视事太易，亦是一弊。

【注释】

① 惕厉：亦作"惕励"，警惕谨慎。

② 霞弟：指刘蓉，号霞仙，小曾国藩几岁，故称霞弟。参见11.50则注①。

【解析】 出自咸丰五年（1855）九月初二日书信《与罗泽南刘蓉》。

此则论为人不可视事太易。此时武昌尚未收复。刘蓉志向远大，能担当大任，却把事情看得太容易，故曾国藩劝诫他应怀有谨慎敬畏之心。成就大事，除了主事者英明能干之外，还需要考虑团队、环境、机遇等因素。

13.28　古之成大事者，规模远大与综理密微，二者阙一不可。但讲阔大者，最易混入散漫一路。遇事颟顸①，毫无条理，虽大亦奚足贵？ 等差不紊，行之可久。斯则器局宏大，无有流弊者耳。

【注释】

① 颟（mán）顸（hān）：糊涂马虎。

【解析】 出自咸丰七年（1857）十月初四日家书《致沅弟》，文字略有删减。此则论办大事应有远大的格局与密微的思虑。曾国荃率吉字营前往江西吉安，曾国藩询问吉字营是否容易整顿，劝他多在"规模远大"上下功夫。成就大业的人，不仅目光远大，也考虑细微。

13.29　天下事当于大处著眼，小处下手。陆氏但称先立乎其大者①，若不辅以朱子铢积寸累工夫②，则下梢全无把握③。

【注释】

① 陆氏：指陆九渊（1139—1193），字子静，南宋抚州金溪（今属江西）人，宋明心学的开山之祖，强调"尊德性"，主张"心即理""吾心便是宇宙"，主讲象山书院，人称象山先生。

② 朱子：指朱熹，参见"修养类"案语注②。铢积寸累：犹言一点一滴地积累，常形容事务完成之不易。

③ 下梢：结果。

【解析】 出自咸丰九年（1859）十月二十一日书信《致吴廷栋》。此则论办事应大处着眼，小处下手。曾国藩向好友吴廷栋说，现在摒弃一切高深神奇的学说，专从细微熟悉之处下手努力，方法看似笨拙，日久必有功效。

13.30　非分内而又万难做到之事，不必多管。成大事者，多在铢积寸累上用功。

铢积寸累，此是办事之要诀，亦是求学立身之命脉。

【解析】出自同治五年（1866）四月二十六日批牍《批候选训导计棠禀呈豫中采访记略折》。此则论办大事应铢积寸累。勤奋坚持，谨小慎微，既是为人处事的秘诀，也是治学修身的命脉。

13.31　办事固不可执己见，亦不可轻徇人言①，必确见利害所在，而后舍己从之。

知善之为贵，可谓明之至；舍不善而从人之善，可谓强之至。

【注释】

① 徇（xùn）：顺从；依从。

【解析】出自同治四年（1865）十二月初二日书信《复丁日昌》。此则论办事不可固执己见。此年十月丁日昌升任两淮盐运使，来信谈淮盐利弊，曾国藩一一回复，认为自己办事不固执己见，也不轻信人言，须先明白其中利害再做决断。既能审时度势，又能从善如流，无疑是英明的领导。

13.32　如有两事宜行，一急一缓，则当择其急者，弃其缓者；若两事并急，则当择其尤急者，弃其次急者。如有两人宜用，一优一劣，则当择其优者，弃其劣者；若两人并优，则当择其尤优者，弃其次优者。推之行文之命意，用兵之争斗，有所择，不能不有所弃。

不惟办事、用人、行文、用兵，当具此种抉择精神，即推之研求学问，对于各派学说，亦应细为比较，含有此种抉择精神也。

【解析】出自咸丰十一年（1861）六月初十日批牍《批姚太守体备禀陈施政举措由》。此则论办事应讲究轻重缓急。姚体备上一年入幕，署理徽池太广道员，襄办营务。曾国藩认为他有仁心远识，缺点是不善于取舍。俗话说，有舍才有得，否则一事难成。

13. 33　只此"不耐烦"之一念，遂至事无成效，若遇棘手之际，须从"耐烦"二字痛下工夫。

【解析】出自同治六年（1867）五月二十八日书信《加李鸿章片》，文字略有删改。此则论处理麻烦事应有耐心。

13. 34　每事推寻源委，辨其所由始，而究其所终极，理会数件，则触处可以旁通，其洞悉反有过于素号精明者矣。

推寻源委，为求明不易之诀。事之所以治在此，学问之所以进亦在此。

【解析】出自批牍《江督署江西科·批抚州府禀到任现办事宜并地方情形》，个别文字有改动。此则论办事应推究源委。举一反三，以类推演，是处事、治学的一大诀窍。

13. 35　求助于人，宜坦然以至诚相与，虚心相待，不宜少存猜疑，尤不可稍怀自矜自炫之私。孟子所谓"有挟则不答"①，老子所谓"去汝之躬矜与容智"②，皆言戒矜炫之谓也。

【注释】

①　有挟则不答：语出《孟子·尽心上》，意思是倚仗权势、贤能、年长、功劳、交情来发问，都是我所不回答的。

②　去汝之躬矜与容智：语出《庄子杂篇·外物》，意思是除去你矜持的神态

和巧智的容貌。

【解析】出自咸丰十一年（1861）十二月十六日书信《复周腾虎》，文字略有增删。此则论求人办事时应坦诚。曾国藩劝诫幕僚周腾虎，请求洋人发兵支援，应该坦诚相处、虚心相待，不可猜疑，更不可自负自夸。

13.36　办事人必有一种勇锐之气，真诚之忱，庶足感众心而动天鉴。

【解析】出自同治八年九年间（1869—1870）批牍《批永定河徐道禀漫口不克抢堵》。此则论办事应有锐气。

13.37　办一日事，尽一日心。

尽心为办事之根本，不尽心而徒办以塞责，不如不办之为愈。

【解析】出自咸丰五年（1855）六月十六日家书《致澄弟温弟沅弟季弟》。此则论办事应尽心。态度决定一切，尽心尽力办事，才会问心无愧；敷衍了事，还不如不做。

13.38　君子之作事，既征诸古籍，诹诸人言①，而又必慎思而明辨之，庶不至冒昧从事耳。

如此作事与一味冥行者自别。

【注释】

① 诹（zōu）：在一起商量事情，询问。

【解析】出自杂著中《笔记十二篇·史书》，作于同治十年（1871）二三月间。此则论办事应慎思明辨，不可迷信古人。曾国藩认为《史记》所载韩信大破魏豹，用木罂渡河，用沙囊堵水，断不可信。即使属实，也可能隐藏韩信用兵细节。迷信古书，盲从古人，只是迂腐不化的老学究，岂能成就大业！

13.39 大凡办一事，其中常有曲折交互之处，一处不通，则处处皆窒矣。

不明以办事则处处皆碍，益信办事之不可不明也。

【解析】出自同治二年（1863）八月二十三日家书《致沅弟》。此则论办事应有大局观念。

13.40 于毁誉祸福置之度外，此是根本第一层工夫。此处有定力，到处皆坦途矣。

【解析】出自同治四年（1865）十二月二十五日家书《致澄弟沅弟》。此则论办事应信念坚定，不计名利。此时捻军势大，曾国藩劝导曾国荃假满后立即出山，鞠躬尽瘁，报效国家。

13.41 我辈办事，成败听之于天，毁誉听之于人。惟在己之规模气象，则我有可以自主者，亦曰不随众人之喜惧为喜惧耳。

亦只是发明一"强"字。

【解析】出自咸丰六年（1856）五月初九日书信《与李元度》。此则论尽人事听天命。

13.42 办事无声无臭，既要精到，又要简捷。

【解析】出自咸丰八年（1858）正月初四夜家书《致沅弟》。此则论办事应精到简捷。曾国荃带兵攻打江西吉安，守城的是太平天国翼王石达开的悍将傅忠信，双方陷入拉锯战。曾国藩送一副对联给曾国荃："打仗不慌不忙，先求稳当，次求变化；办事无声无臭，既要精到，又要简捷。"下联说的是，做事要踏实低调，不张扬；既干练老道，又干净利落。

13.43 凡人为一事，以专而精，以纷而散。荀子称"耳不两听而聪，目不两视而明"①；庄子称"用志不纷，乃凝于神"②，皆至言也。

【注释】

①"耳不"两句：语出《荀子·劝学》，指眼睛不能同时看清楚两样东西，耳朵不能同时听清楚两种声音，形容做事应专注，不应贪多。

②"用志"两句：语出《庄子·达生》，指用心专一，精神集中，就能达到神妙的境界。

【解析】 出自咸丰八年（1858）正月十一日家书《致沅弟》。此则论办事应专心致志。有友送曾国荃"二十二史"，曾国藩劝诫弟弟切不可因贪爱看书而荒废军务，做事应专心致志，聚精会神。

13.44 作事贵于有恒，精力难于持久，必须日新又新，慎而加慎，庶几常保令名，益崇德业。

【解析】 出自咸丰八年（1858）正月十九日家书《致沅弟》。此则论办事贵在有始有终。曾国荃第一次亲自带兵攻打江西吉安，即能处事有方，颇得民心。在老家守孝的曾国藩闻此颇感欣慰，认为做事贵在有恒心有毅力。

13.45 凡治大事，以员少为妙。少则薪资较省，有专责而无推诿；少则必择才足了事者，而劣员不得滥竽其间；少则各项头绪悉在二三人心中手中，不至丛杂遗忘，多则反是。总之，为事择人，则心公而事举；为人谋事，则心私而事废。大小事件，须各有专责，一一吹竽，则渐有起色矣。

【解析】 出自同治四年（1865）三月十六日批牍《批江宁万藩司启琛等禀缕陈善后局前后报销由》。此则论办事应选择精干人员。江宁布政使万启琛禀告善后局诸事宜，曾国藩为了提高行政效率、节省财务开支，主张凡是处理大事，均以人员少为好。人多，就会人浮于事，或互相推诿，反而耽误大事。俗话说，三个和尚没水喝。

13.46　约旨卑思，脚踏实地，但求精而不求阔。

【解析】出自咸丰八年（1858）六月初四日家书《致沅弟》。此则论办事应踏实认真。曾国藩守孝期满，再次出山，勉励自己多从卑微处、细节上思考，脚踏实地，但求精深而不流于疏阔。

13.47　"约旨卑思"四字，实近来方寸隐微之弊①，亦阅历太多，见得天下事由命不由人也。

【注释】
① 方寸：心绪，心思。

【解析】出自咸丰十一年（1861）九月初十日家书《致沅弟》。此则论办事有时须听从天命。鉴于近期胡林翼去世，诸事不顺，曾国藩心烦意乱，故向弟弟说天下许多事由命不由人。

13.48　余阅历多年，见事之成功与否，人之得名与否，盖有命焉，不尽关乎人事也。

【解析】出自咸丰十一年（1861）正月初一日家书《致沅弟》。此则论功名有时不尽关乎人事。

13.49　凡大事之成，半由人力，半由天事。吾辈但当尽人力之所能为，而天事则听之彼苍而无所容心①。

事半功倍、事倍功半，收效之不同，皆时机为之造化。为之愈容，心则愈以自苦，淡而忘之，何等自在。

【注释】
① 彼苍：天的代称。无所容心：不在意。

【解析】出自咸丰十一年（1861）四月初三日家书《致沅弟》，文字略有删改。此则论成就大事一半靠人力，一半靠天命。湘军正在攻打濠深墙坚的安庆，曾国藩劝慰曾国荃，成功与否，人的努力与天意的安排各占一半。尽人事，随时努力，锐意进取；听天命，随遇而安，恬淡自在。尽心尽力去做，享受过程；至于结果，问心无愧就好，因为上天无法掌控，而自己尚可把握。

13.50　苍苍者究竟未知何若，吾辈竭力为之，成败不复计耳。

【解析】出自咸丰四年（1854）正月十三日书信《复朱孙贻》。此则论办事应尽心竭力。

13.51　天下事焉能尽如人意？古来成大事者，半是天缘凑泊，半是勉强迁就。

【解析】出自同治二年（1863）九月十七日家书《致沅弟》。此则论成就大事一半靠天意，一半赖人力。

13.52　古来大战争大事业，人谋仅占十分之三，天意恒居十分之七。往往积劳之人，非即成名之人；成名之人，非即享福之人。吾辈但在"积劳"二字上着力，"成名"二字，则不必问及，"享福"二字，则更不必问及矣。

只知在"积劳"二字上着力，不问及成名，亦不计及享福，非心地纯洁、富于自动精神者不能如是也。

【解析】出自同治二年（1863）十一月十二日家书《致沅弟》，文字略有删改。此则论成就大事，七分天意，三分人谋。李鸿章已攻克苏州，而要攻下金陵遥遥无期。曾国藩劝诫曾国荃不必焦急。

13.53　吾辈不恃天人之征应，而恃吾心有"临事而惧，好谋而成"之实①。

【注释】

①"临事"二句：语出《论语·述而》，遇到事情谨慎小心，善于谋划就能成功。

【解析】出自同治二年（1863）十二月初十日家书《致沅弟》。此则论办事应果敢专心。曾国荃来信说金陵城上有墨气灰气，暗示太平军要灭绝。曾国藩认为，不能只靠天人的征兆感应，而应依靠心中的信念，遇事要小心谨慎，一心一意去谋划实行。

13.54　天下事诚有非意料所及见者，何敢自诩先见之明也！

【解析】出自咸丰八年（1858）九月二十八日家书《致澄弟季弟》，个别文字有改动。此则论有些事情是难以预见的。本年六七月间太平军情势低迷，而八月太平军连克数城，形势急遽反转。

13.55　天下之事理人才，为吾辈所不深知、不及料者多矣，切勿存一自是之见。

【解析】出自同治五年（1866）三月二十六日家书《致澄弟沅弟》，个别文字有改动。此则论处事选才不可自以为是。同治四年（1865）十二月曾国荃调任湖北巡抚，其中招兵、筹饷是两大难事。曾国藩认为他博爱心软，用人轻率冗滥，而事理、人才非一时所能预料，故切忌自以为是。

13.56　世事变化反复，往往出于意想之外。所谓"道高一尺，魔高一丈"，不饱历事故，乌知局中之艰难哉！

【解析】出自同治元年（1862）十月二十七日家书《致沅弟》，个别文字有改动。此则论世事变化无常。苗沛霖反复无常，屡叛屡降。曾国藩认为，蒙古亲王僧格林沁已被苗沛霖蒙蔽，袒护苗氏而疏远排斥湘军。果然不出所料，苗沛霖次年第三次反清，十二月被僧格林沁困死在安徽蒙城。

13.57　凡办大事，可守者法也，可通者情也。

【解析】出自同治五年（1866）正月十三日书信《复陈方坦》。此则论成就大事的人能守法纪、通人情。陈方坦学识卓著，同治二年（1863）入曾国藩幕，后来专办两淮盐务。曾国藩认为，食盐须国家专营，由专门的商人负责运销，政府暗中保护，以情相联，这样才能灵活持久。办大事，既要遵守法律，也要通晓人情。

13.58　媢嫉倾轧①，从古以来共事者皆所不免，吾辈当躬自厚而薄责于人耳。

【注释】

① 媢（mào）嫉（jí）：嫉妒。

【解析】出自同治元年（1862）四月初四日家书《致沅弟》。此则论同事之间不可互相嫉妒，不可排挤打击对方。曾国藩向弟弟曾国荃传授与同僚相处的诀窍：严于律己，宽以待人。待人要宽，律己须严，这是处理同事关系的良方。

13.59　办大事者，以多选替手为第一义。满意之选不可得，姑节取其次，以待徐徐教育可也。

【解析】出自同治元年（1862）四月十二日家书《致沅弟》。此则论成就大事应讲究人才梯队。曾国荃率领水师攻打金柱关，曾国藩建议他尽早多提拔得力助手。一流统帅能用得好帅才，二流统帅能用得好将才，三流统帅只能用好人才。作为统帅，最重要的是统筹全局，培育调配人才，而不是事无巨细，亲力亲为。

13.60　凡办大事，以识为主，以才为辅；凡成大事，人谋居半，天意居半。

【解析】出自同治二年（1863）七月二十一日家书《致沅弟》。此则论成就大事，天意与人力各占一半。曾国荃率军围攻天京，急于破城，拟在雨花台铸炮。曾国藩认为"谋事在人，成事在天"，大事主要看识见与才能，成大事要看人谋与天意。

13.61　众口悠悠，初不知其所自起，亦不知其所由止。有才者忿疑谤之无因，而悍然不顾①，则谤且日腾；有德者畏疑谤之无因，而抑然自修②，则谤亦日熄。吾辈须学有德者之抑然，不可如有才者之悍然也。

【注释】
① 悍然：蛮横的样子。
② 抑然：抑制自己的样子。

【解析】出自同治元年（1862）六月二十日家书《致沅弟》，文字略有改动。此则论面对毁谤应省思悔过。曾氏兄弟声望渐隆，招来嫉妒指摘。曾国藩向弟弟剖明心迹，传授应对之法。

13.62　古来成大功大名者，除千载一郭汾阳外①，恒有多少风波，多少灾难，谈何容易！ 总须兢兢业业，日怀临深履薄之惧，庶几免于大戾耳！

【注释】
① 郭汾阳：指郭子仪（697—781），唐代名将，华州郑县（今陕西华县）人。屡次打败安禄山、史思明叛军，收复长安、洛阳，论功赐封汾阳郡王，世称郭汾阳。

【解析】出自同治元年（1862）七月二十八日家书《致沅弟季弟》，文字略有删改。此则论成就功业应谨慎戒惧。围攻金陵的士兵多病，各地庄稼歉收，重要官员卸职，曾国藩念此内心忧虑，同时劝慰曾国荃要坚韧刚毅、谨慎小心。

13.63　吾兄弟既誓拚命报国，无论如何劳苦，如何有功，约定始终不提一字，不夸一句。知不知，一听之人；顺不顺，一听之天而已。

【解析】出自同治元年（1862）九月二十四日家书《致沅弟》，个别文字有改动。此则论报效国家应不计酬劳。太平军忠王李秀成、侍王李世贤凶悍有谋，其部人数众多，而曾国荃久病未愈，所统领的吉字营居然能坚守无恙。曾国藩劝勉他再接再厉，以守为攻。做人，既要有"功成不必在我"的精神境界，也要有"功成必定有我"的历史担当。

13.64　吾兄弟既誓拚命报国，须常存避名之念，积劳而使人不知其劳，则善矣。

【解析】出自同治元年（1862）十月初三日家书《致沅弟》，个别文字有改动。此则论报效国家应勤劳而不计名利。金陵久围不下，曾国荃备受非议。曾国藩劝慰他灵活机动，先攻下溧阳、宜兴，再回头围攻金陵；既然发誓拚命报答国家，便要深藏功与名。

13.65　大抵事机之转，其始赖一二人者默运于渊深微莫之中，而其后人亦为之和，天亦为之应。

【解析】出自咸丰元年（1851）八月书信《复陆建瀛》。此则论事情的转机掌握在少数关键人的手中。道光二十九年（1849），曾国藩的老师陆建瀛担任两江总督，同乡前辈唐鉴向曾国藩称颂陆氏有长者风范，三年以来东南元气大大恢复。英明的领袖，是扭转世风士气的核心力量。

13.66　小心安命，埋头任事。

【解析】出自同治三年（1864）四月初九日家书《致沅弟》。此则论为人做事应勤劳知命。苏杭业已克复，众人盼望曾国荃尽快攻破金陵。曾国藩初六日写信给曾国荃，担心他贪图速效而焦灼生病，也担心挖地道而损失精锐，还怕分身乏术难挡太平军的援兵。此日暴雨如注，气象阴森，曾氏兄弟内心焦虑，只好互相勉励：大事面前，更须安于天命；小心谨慎，专心做事而任劳任怨。

13.67　粗浅之事，必躬亲之；精微之事，必苦思之。

【解析】出自咸丰十年（1860）六月二十七日家书《致季弟》，文字略有删减。此则论事情应分类处理。曾国藩劝诫曾国葆，让其与曾国荃在军营中，点名看操等粗略浅显之事须亲力亲为，练胆料敌等精深微妙之事须勤苦思索。处理事情，一是态度要认真积极，二要分类定级，灵活应对。

13.68　人力虽尽到十分，而成功纯是天意，不可丝毫代天主张。

能具此种思想以处事，虽不能及见成功渊源所自，人亦不能不推为首功也。

【解析】出自同治二年（1863）十二月二十六日《致沅弟》。此则论成就大事有时也需要天意。

13.69　凡事后而悔己之隙，与事后而议人之隙，皆阅历浅耳。

临事时百思而不得者，事后不假思索，而无意中自得之。无人我，皆常如是。当局者迷，此言真有味也！

【解析】出自咸丰十一年（1861）四月十二日《致沅弟》。此则论做事应考虑周密。去年商议用兵打仗，曾国荃未多请炮船，曾国藩认为后悔也无用，说不定其他地方还有机会。百密仍有一疏，谋事不可能圆满，何况事情都在不断变化之中。

13.70　精细耐劳，苦心经营，天下有何不可办之事？

【解析】出自咸丰十一年（1861）九月初五日书信《复李鸿章》，文字有删改。此则论办事应用心吃苦。曾国藩认为冯焌光颇有才干，吃苦耐劳，能专心办大事；希望李鸿章及其兄长李瀚章对冯多多提携。后来冯入曾国藩幕，主持江南机器制造局，成就卓著。

13.71　趁劳乏艰难之时，咬定牙根，向前做去，熬过几次，众人自不敢轻量不耐艰苦矣。

【解析】出自同治五年（1866）九月二十三日批牍《批襄办军务刘臬司秉璋函报探听捻逆窜扰情形二件》，文字略有删改。此则论事情难办时，应坚强，肯吃苦。江苏按察使刘秉璋报告捻军流窜至河南汝州，有袭扰河洛的迹象。曾国藩称赞刘秉璋志趣坚卓，愈是紧要关头，愈要志向坚定，忍苦耐劳，不言放弃！

13.72　凡办公事，须视如己事。

公家有利，己无不从之受其福。为公谋尽心，即所以为私谋尽心。

【解析】出自道光二十三年（1843）正月十八日日记。此则论公家事当成自家事来办。此日是道光十八年（1838）戊戌科进士同年团拜会，由曾国藩负责操办，结果发现铺张浪费相当严重。公家之事须当作自家事去做，如此才会心疼钱财，节省开支。

13.73　集思广益，本非易事。要当内持定见，而六辔在手；外广延纳，而万流赴壑，乃为尽善。

【解析】出自咸丰三年（1853）二月书信《复欧阳兆熊》，文字略有删减。此则论办事应集思广益，又要有主见。曾国藩与好友欧阳兆熊商讨八件大事，其一就是集思广益。主事者应有主见，既要顾及众意，又不能盲从无归。

13.74　处人处事之所以不当者，以其知之不明也。若巨细周知，表里洞彻，则处之自有方术矣。吾之所以不能周知者，以不好问不善问耳。

【解析】出自同治二年（1863）二月初一日日记，个别文字有改动。此则论为人处事应多虚心请教。曾国藩此夜深思为人处事处理不当，是由于自己不喜欢问也不善于问。世事洞明皆学问，人情练达即文章。为人处事，要谦虚好学，不懂就问。

13.75　宫保德性之坚定①，远胜于往年，而主意不甚坚定，犹不免往年移游之见②。左季翁谓其"多谋少断"③，良为不诬。阁下当力持初议，以"坚定"二字辅宫保之不逮④，国藩亦当从容讽劝，勿为人言所动。

宫保即胡文忠公。

【注释】
① 宫保：胡林翼，参见 4.20 则注①。咸丰八年（1858）胡林翼因功赏太子少保衔，十一年（1861）八月攻克安庆，曾国藩推胡氏为首功，加太子太保衔。故称宫保。
② 移游：亦作"游移"，迟疑不决。

③ 左季翁: 左宗棠 (1812—1885),字季高,故称左季翁,湖南湘阴人。道光十二年 (1832) 举人。咸丰初,入张亮基、骆秉章幕。咸丰十年 (1860),由曾国藩推荐,以四品京堂襄办军务。光绪朝前期,平定新疆叛乱。后官至两江总督。卒谥文襄。

④ 不逮: 不足之处。

【解析】 出自咸丰十年 (1860) 九月二十三日书信《复李续宜》,文字略有删改。此则论办事应有主见。曾国藩认为胡林翼品性坚定,但临事游移不决,缺乏主见。左宗棠也说胡氏多谋少断。希望李续宜精心辅佐胡林翼,扬长补短。做大事的人,应有主见,优柔寡断只会错失良机,败坏大事。

13.76　成败论人,古今同慨。迪公用兵①,并无错处。今日之变,设有议前此之失者,只可付之不论。阁下仍宜照旧章办理,不必更改也。

【注释】

① 迪公: 指李续宾,参见 5.77 则注①。

【解析】 出自咸丰八年 (1858) 十一月十九日书信《加李续宜片》。此则论办事应讲究原则。李续宜的兄长李续宾孤军深入,冒险挺进,在安徽三河镇被太平军陈玉成等部歼灭。曾国藩安慰李续宜,莫以成败论英雄,古今一样,仍应遵照原有规章制度去办事。

13.77　凯章办事皆从浅处实处著力①;阁下与之共事,望亦从浅处实处下手。

【注释】

① 凯章: 张运兰 (1823—1864),字凯章,湖南湘乡人。湘军将领,官至福建按察使,同治三年 (1864) 因寡不敌众被害,谥忠毅。

【解析】 出自咸丰十年 (1860) 九月三十日夜书信《复宋梦兰》,文字略有删减。此则论办事应从浅处实处下手。曾国藩坐镇安徽祁门大营，张运兰偕鲍超攻破黟、歙二县，大获全胜，曾氏劝导正在督办皖南团练的宋梦兰，带兵方面多向张运兰学习，办事多从浅处、实处着力。

13.78　凡事关本原之大者，经之营之，有废必举，有初必终。

【解析】出自文集《朱玉声先生七十三寿序》，作于道光二十一年（1841）七月二十至八月十一日。此则论办事应抓住关键。曾国藩赞扬朱玉声勤勉持家，编族谱，建祠堂，修祖坟，置祭产，对最重要的事情都能尽心尽力，有始有终。可与5.62则相互参阅。

13.79　公家之利，可言即言，可行即行。

【解析】出自咸丰十一年（1861）十二月初九日书信《复乔松年》。此则论办理公事应发挥人的积极主动性。两淮盐运使乔松年总持盐务，整顿陋习，遇事能虚心请教，听取意见，由于道路阻隔，未能前来汇报工作。两江总督曾国藩劝勉他对于国家有利的，能说便说，能做便做，不必过于拘泥客套的礼节。

13.80　凡事不可待明日，愈积愈难清。

【解析】出自杂著中《课程十二条》，作于道光二十二年（1842）十二月初七日。此则为第十一条"作字"，道光二十二年十二月二十日家书《致澄弟温弟沅弟季弟》所附"课程"中"作字"条已删去此十二字。此则论办事不可拖延。今日事今日毕。做事拖延，只会导致恶性循环，终成痼疾而难以清除。

13.81　吾辈办事，须作百年之想。

【解析】出自同治三年（1864）八月初五日家书《致沅弟》，个别文字有改动。此则论办事应长远谋划。曾国藩主持修建金陵的江南贡院，认为规模不可狭小，工程不可草率，须有长远的打算。为国理政，眼光要长远，才能造福后代，而不是朝令夕改，劳民伤财。

13.82　足下大义炳然，不审规画全局，当从何处下手？ 若犹枝枝节节，头痛顾头，足痛顾足，则屡失屡误，将来伊于胡底^①！

办事不知先其所急从根本入手，只枝枝节节而办之，虽费尽心力，吾敢决其无成也。

【注释】

① 伊：文言助词。胡底：谓到什么地步。

【解析】 出自咸丰三年（1853）三月二十四日书信《与江忠源》。此则论办事应抓大放小。此时太平军占据金陵，致使盐务漕运中断。曾国藩劝诫江忠源，应当审慎周密去规划全局，从最紧急最根本的地方入手。

13.83　阁下精思锐入^①，每多独得之奥，而求之太深，处处视同荆棘，亦未免舍康庄而由鼠穴，厌刍豢而思螺蛤^②。

【注释】

① 阁下：指丁日昌（1823—1882），字持静，小名雨生，别名禹生，广东潮州府丰顺（今属梅州）人。同治四年（1865）十月，升任两淮盐运使，后官至福建巡抚。锐入：尖锐深刻。

② 刍（chú）豢（huàn）：牛羊犬豕之类的家畜，泛指肉类食品。蛤（gé）：一种软体动物，肉可食。

【解析】 出自同治四年（1865）十二月初二日书信《复丁日昌》。此则论办事不可偏执，不宜求之太深。两江总督曾国藩向两淮盐运使丁日昌谈盐务治理策略，精思可探究问题的深奥之处，但钻之过深，也易走向歧路，导致事倍功半。

梦荪案：孙中山有言曰："当今科学昌明之世，凡造作事物，必先求知而后乃敢从事于行。盖欲免错误而防费时失事，以冀收事半功倍之效也。是故能从知识而构成意像；从意像而生出条理；本条理而筹备计划；按计划而用工夫，则无论其事物如何精妙，工程如何浩大，无不指日可以乐成。"此言乎处事以明为体，则成效彰彰，事半而可功倍，决无失败之理也。梁任公有言曰："真有毅力者，惟怀久远之希望，不计目前之成败。"又曰："天下事往往败于今而成于后，败于我而成于人。有既造之因，必有终结之果。天下惟不办事者立于全败之地，而真办事者必立于不败之地。"此言乎处事以强为用，成之迟速，不必容心；而人力既至，终有收效之日。及身见效，固可谓成；即未及身见效，亦未尝不可谓之成也。至公所言处事之法，辞气之间，虽万变而不相同；然精义所在，亦不外归结于"明强"二字。所谓明者，即有定识之谓也；所谓强者，即有定力之谓也。本体莹明，一尘不染；是非之界，了若观火；眼光所注，以言其大，则大及九天；以言其深，则深入九渊；只知为永久计，而不知为一时计；只知为人类全体计，而不屑单为个人计；进行之次第，先所急而后所缓；筹备之方法，不凭臆度而求合环境：非有定识者不能。志决奋斗，为无所惑；竭尽心力，至死不懈；毁誉成败，无足以撄其心[①]；千磨百折，不以稍馁其气；鼓余勇以继之，献生命以殉之：非有定力者不能。有定识则一切事理人情，烛照数计，而人莫之能欺；有定力则至诚所感，金石为开，精神一到，无事不成。古今名人，其种种事业，所以能发挥真理，改良环境，驾御自然，利济生民，撼天地而泣鬼神者，无不由"明强"二字而来也。夫以孙、梁两人之言观之，于明强各发挥一义，而深切如彼；以公生平前后所言观之，兼发挥明强二义，而透切如此。明强之关系重大，已灼然其无可疑！然则吾辈之处事，可不于"明强"二字加之意哉！

【注释】

① 撄（yīng）：扰乱，纠缠。

梦荪又案："明强"二字，既发明如上所述。兹复有数言附赘于此者，则"明强"二字，看似分离，实则一致，精神上决不可以分也。夫所贵乎明者，为其既有特识，又知矢以毅力也①；使徒有特识，而不知矢以毅力，则见理不清，又何得谓之明？所贵乎强者，为其既有毅力，又能本诸特识也；使徒有毅力，而并非本诸特识，则倒行逆施，又何得谓之强？明之与强，一而二，二而一。既可谓强，决无有不明；既可谓明，亦决无有不强。吾故曰"明强"二字，看似分离，实则一致，精神上决不可以分也。前案求合环境，谓求适合当时周围情形；改良环境，谓整顿周围事物，使皆焕然一新。

【注释】

① 矢：施行。

人才类第十四

14.1 大抵人才约有两种：高明者好顾体面，耻居人后。奖之以忠，则勉而为忠；许之以廉，则勉而为廉。卑琐者本无远志，但计锱铢①。驭之以严则生惮②，防之稍宽则日肆。

【注释】

① 锱铢：比喻微小的数量。

② 惮（dàn）：怕，畏惧。

【解析】出自咸丰十年（1860）八月二十一日书信《加李桓李瀚章片》，文字略有删减。曾国藩向李桓、李瀚章传授区分高明、卑琐两类人的办法。

14.2 凡人才高下，视其志趣。卑者安流俗庸陋之规，而日趋污下；高者慕往哲盛隆之轨，而日即高明。贤否智愚，所由区矣。志趣乃为人之根本，观人不在根本上注意，何足言知人之明？

【解析】出自道光二十七年（1847）书信《答欧阳勋》。此则论人才的高下由志趣来判定区分。欧阳兆熊之子欧阳勋来信请教学问，曾国藩认为他年纪尚轻而识见过人，区分贤愚主要看其志向趣味。

14.3 人才约有两种：一种官气较多，一种乡气较多。官气多者，好讲资格，好问样子，办事无惊世骇俗之象，语言无此妨彼碍之弊。其失也，奄奄无气；凡遇一事，但凭人口说出，凭文书写出，不能身到、心到、口到、眼到，尤不能苦下心段去事上体察一番。乡气多者，好逞才能，好出新样；行事则知己不知人，语言则顾前不顾后。其失也，一事未成，物议先腾。两者之失，厥咎维均①。人非大贤，亦断难出此两失之外。吾欲以"劳苦忍辱"四字教人，故且戒官气而姑用乡气之人，必取遇事体察、身到、心到、眼到、口到者。赵广汉好用新进少年②，刘晏好用士人理财③，窃愿师之④。

【注释】

① 厥咎维均：他们的错误差不多相等。

② 赵广汉：西汉涿郡（今河北博野县）人，汉宣帝时官任京兆尹，执法不避权贵，后因杀害无辜，被人弹劾而死。

③ 刘晏：唐曹州南华（今山东菏泽）人，唐肃宗、代宗时为国理财二十年，整顿盐法，推行常平法，后被人诬陷而死。

④ 窃：谦辞，指自己。

【解析】出自咸丰十年（1860）七月十七日书信《致李桓李瀚章》，文字略有改动。此则论官气多与乡气多两种人才，应选用后者。二李来信请教求人之法，曾国藩认为人才须有操守而无官气，有条理而少大话；在人才选用上，多向西汉赵广汉、唐代刘晏学习。

14.4　观人之道，以朴实廉介为质。有其质而更傅以他长①，斯为可贵；无其质则长处亦不足恃。"甘受和，白受采"②，古人所谓"无本不立"③，义或在此。

无其质则但知自私自利，何可恃之有？

【注释】

① 傅：教导。

② 甘受和，白受采：语出《礼记·礼器》，指甘美的东西易调和众味，洁白的东西易染上色彩，比喻人的资质底色好了，才能进于道。

③ 无本不立：没有本源就无法自立。语出《礼记·礼器》："先王之立礼也，有本有文。忠信，礼之本也；义理，礼之文也。无本不立，无文不行。"

【解析】出自咸丰十年（1860）七月初二日书信《复方翊元》。此则论应以朴实廉介为选才标准。幕僚方翊元之前推荐人才来军营，曾国藩希望他多多汲引，但也要注意鉴别人才，以免滥收，反成累赘。观察人的方法，要以朴实可靠、清廉耿介为本，再在此基础之上，培育他其他特长，这样的人才才可贵。本质不朴实不清廉耿介的，即使有长处也不可选用。甄选人才，当以本质为先，其次看特长。本质不良而有特长的是危险品，本质好而无特长的只是次品。

14.5　读书人之通病，约有二端：一曰尚文而不尚实，二曰责人而不责己。尚文之弊，连篇累牍，言之成理，及躬任其事，则忙乱废弛，毫无条理。责人之弊，则无论何等人，概以高深难几之道相苛①，韩公所谓"以众人待其身，而以圣人望于人"者②，往往而是。

【注释】
① 难几：难以测量精微。
② 韩公：指韩愈（768—824），字退之，河南河阳（今孟州）人，祖籍昌黎。贞元八年（792）进士，官至吏部侍郎。谥文，世称"韩文公"。崇尚儒学，排斥佛教。工诗善古文，与柳宗元同为古文运动领袖，为"唐宋八大家"之一。"以众"句：语出韩愈《原毁》，指用一般人的标准来要求自己，却用圣人的标准要求别人。

【解析】出自咸丰十年（1860）九月十五日批牍《批受业吴希颜禀就便回籍缘由》，个别文字有删改。此则论读书人的两个通病。弟子吴希颜在军营做文职，与同僚不和，没有与人为善之心，恳请回籍。曾国藩严厉劝诫他，要克服读书人华而不实、怨天尤人这两种通病。

14.6　尊论人才惟好利、没干两种不可用。鄙意好利中尚有偏裨之才，惟没干者决当屏斥。

【解析】出自同治元年（1862）五月二十二日书信《复左宗棠》。此则论两种人不可选录。左宗棠来信说不可选用贪图财利、无才无用两种人才。曾国藩认为贪财的人才中尚有一些可用的将才，而无才无用的人应当坚决摒弃。当然，对贪钱财却能办事之人，也不可降低德行要求。

14.7　好义者，救人之危难，急人之不平，即古所谓任侠之徒是也。秉刚气者，一往直前，不顾其他，水火可赴，白刃可蹈之类是也。斯固属难得之质，有用之才；然不善造就，则或好义而不明理，或有刚气而无远虑，皆足以偾事而致乱①。

【注释】

① 偾（fèn）：败坏，破坏。

【解析】出自杂著中《谕天津士民》，作于同治九年（1870）六月初八、初九日。此则论应适当教导好讲义气之人。天津民众讲究义气，心怀刚气。曾国藩认为，对侠义之士应予以适当的引导教育，使之成为对社会有用的人才。

14.8　豪侠之质，可与入圣人之道者，约有数端。侠者薄视财利，弃万金而不眄①；而圣贤则富贵不处，贫贱不去②，痛恶夫墦间之食、垄断之登③。虽精粗不同，而轻财好义之迹则略近矣。侠者忘己济物，不惜苦志脱人于厄；而圣贤以博济为怀，邹鲁之汲汲皇皇④，与夫禹之犹己溺⑤，稷之犹己饥⑥，伊尹之犹己推之沟中⑦，曾无少异⑧。彼其能力救穷交者，即其可以进援天下者也。侠者轻死重气，圣贤罕言及此，然孔曰成仁，孟曰取义，坚确不移之操，亦未尝不与之同类。昔人讥太史公好称任侠⑨，以余观此数者，乃不悖于圣贤之道。然则豪侠之徒，固未可深贬也！

【注释】

① 眄（miǎn）：斜着眼看。

② 富贵不处，贫贱不去：语出《论语·里仁》，君子不接受用不仁道的方法来升官发财、摆脱贫贱。

③ 墦（fán）间之食：事载《孟子·离娄下》，向扫墓祭祀的人乞求所余的酒肉。垄断之登：语出《孟子·公孙丑下》，卑鄙之人登上高地，左右张望，恨不得占尽一切好处。龙，通"垄"，高起的空地。

④ 汲汲皇皇：急切匆忙的样子。此指尽心追求，积极用世。

⑤ 禹之犹己溺：大禹治水，看到百姓被水溺死好像自己被水溺死一样。

⑥ 稷之犹己饥：后稷种植五谷，看到百姓饿死好像自己被饿死一样。

⑦ "伊尹"句：语载《孟子·万章上》，伊尹理政，看到一个百姓没有沾润到尧舜之道的惠泽，好像是自己把百姓推进沟壑一样。

⑧ 曾无少异：简直没有一点点差异。

⑨ 太史公：指司马迁（前145—前90），字子长，夏阳（今陕西韩城）人，司马谈之子，继承父业，担任太史令，撰成史上第一部纪传体通史《太史公书》（即《史记》）。

【解析】出自杂著中《劝学篇示直隶士子》，作于同治八年（1869）七月初四至初六日，个别文字有增改。此则论应适当引导豪侠之士。曾国藩认为豪侠与圣贤有很多相同之处，直隶士子好义任侠，可适当加以引导。甄别人才，要先赏识其长处，再适当合理引导，而不是用习见、偏见来对待他们。

14.9 人才太少，不可不广其途以罗之。

【解析】出自同治元年（1862）四月二十六日书信《致李续宜》。此则论应广泛搜罗人才。曾国藩认为安徽州县的人才太少，应拓宽渠道来招纳人才。

14.10 上等贤哲，当以天缘遇之；中等人才，可以人力求之。眼界过高，恐全无中彀之人①，必须悬格稍低②，然后取士乃渐广。

【注释】

① 中彀（gòu）：弓箭的射程范围，比喻圈套、牢笼。

② 悬格：标准。

【解析】 出自同治元年（1862）五月十二日《复李续宜》，文字略有增删。此则论选取人才的标准不可过高。曾国藩劝诫安徽巡抚李续宜，选拔人才可适当降低规格。

14.11 收之欲其广，用之欲其慎。大约有操守而无官气，多条理而少大言，本此四者以衡人，则于用人之道，思过半矣。

【解析】 出自咸丰十年（1860）七月初一日书信《致李桓李瀚章》，个别文字有改动。此则论选人宜广，用人宜慎。曾国藩嘱咐李桓、李瀚章，悉心搜罗江西的贤明士绅来襄办厘务，鼓励楚材晋用，不必拘泥于地域之别。

14.12 搜求人才，须于广为延揽之中，略存崇实黜华之意。若不分真伪，博收杂进，则深识之士不愿牛骥同皂①，阳鱎得意而贤者反掉头去矣②！

【注释】

① 牛骥同皂：亦作"牛骥同槽"，指牛与千里马同槽而食，比喻贤愚不分。

② 阳鱎：亦作"阳乔""阳桥"，不钓而来的鱼，比喻不召而自至的人。

【解析】 出自同治五年（1866）八月二十六日书信《复方宗诚》，文字略有删改。此则论搜罗人才应注意甄别。方宗诚名闻海内，同治元年（1862）入河南巡抚严树森幕。此时曾国藩总揽剿捻重任，急需人才，写信给方宗诚，请求举荐朴实可靠的人才。

14. 13　天之生材，或相千万，要于成器以适世用。材之小者，视尤小者则优矣；苟尤小者，琢之成器，而小者不利于用，则君子取其尤小者焉。才之大者，视尤大者则细矣；苟尤大者不利于用，而大者琢之成器，则君子取其大者焉。天赋大始，人作成物。不极扩充追琢之能，虽有上等之资，亦终弃而已矣！

【解析】出自文集中《送郭筠仙南归序》，作于道光二十五年（1845）四月，文字略有删改。此则论人才贵在合理使用。郭嵩焘入京应试，落第归湘。曾国藩与他谈人才要成为大器，须适应社会需要。

14. 14　大抵任事之人，断不能有誉而无毁，有恩而无怨。自修者但求大闲不逾①，不可因讥议而馁沉毅之气；衡人者但求一长可取，不可因微瑕而弃有用之才。苟于峣峣者过事苛求②，则庸庸者反得幸全。

【注释】

① 大闲不逾：不逾越基本的行为准则。

② 峣（yáo）峣：形容性格刚直。

【解析】出自同治三年（1864）正月初一日《加恽世临片》。此则论选用人才应看其长处而不可吹毛求疵。恽世临（1817—1871），道光二十五年（1845）进士，同治二年（1863）升任湖南巡抚，此时为湘军筹措军饷和物资。曾国藩劝诫他选人不可过苛。

14. 15　求人之道，须如白圭之治生①，如鹰隼之击物，不得不休；又如蚨之有母②，雉之有媒③，以类相求，以气相引，庶几得一而可及其余。

【注释】

① 白圭：名丹，字圭，战国时洛阳人，师从鬼谷子，善于经商理财，《汉

书》称他为"天下言治生者祖"。治生：谋生计。

②蚨（fú）之有母：简作"蚨母"，即青蚨，一种虫，母子的血能互相吸引。传说用母青蚨或子青蚨的血涂钱，钱用出去还会回来。

③雉之有媒：简作"雉媒"，猎人驯养雉来诱捕野雉。

【解析】出自咸丰十年（1860）七月十七日书信《致李桓李瀚章》，此则论选才的办法，与14.3则出处相同，可参阅。二李来信请教选拔人才之法，曾国藩认为寻求人才要营造好的平台，达到一呼百应的效果。人才是成群结队而来的。曾国藩幕府堪称天下第一幕，人才济济一堂，原因大概出于此。

14.16　无兵不足深忧，无饷不足痛哭。独举目斯世，求一攘利不先、赴义恐后、忠愤耿耿者，不可亟得。此其可为浩叹者也。

【解析】出自咸丰三年（1864）正月书信《复彭申甫》，文字有改动。此则论乱世急需忠心爱国的英雄。彭申甫，彭永思之子，道光朝名臣陶澍之婿。太平天国运动爆发，时局动荡，彭申甫感叹人心涣散，毫无廉耻。曾国藩认为确实如此，乱世呼唤英雄！

14.17　虽有良药，苟不当于病，不逮下品①；虽有贤才，苟不适于用，不逮庸流②。梁丽可以冲城，而不可以窒穴③；犛牛不可以捕鼠④；骐骥不可以守闾⑤。千金之剑，以之析薪⑥，则不如斧；三代之鼎，以之垦田，则不如耜⑦。当其时，当其事，则凡材亦奏神奇之效；否则锄铻而终无所成⑧。故世不患无才，患用才者不能器使而适宜也。

【注释】

① 不逮：比不上。

② 庸流：平庸之辈。

③ "梁丽"句：语出《庄子·秋水》，意谓栋梁大木可以用来撞击城门，但

不能用来堵老鼠窝，指不同的器具有不同的用途。按，"冲（衝）"，底本误作"衡"，据《曾国藩全集》本改。

④ 犛（máo）：通"牦"。

⑤ 骐（qí）骥（jì）：千里马。守闾（lǘ）：守护里巷大门。

⑥ 析薪：劈柴。

⑦ 耜（sì）：古代一种翻土的农具，形状像铁锹。

⑧ 锄（chú）铻（wú）：也作"锄吾"，互相抵触，格格不入。

【解析】出自杂著中《笔记十二篇·才用》，作于同治十年（1871）二月、三月间。此则论讲人才要使用适当，各得其所。

14.18　太冷淡则人不乐从，当稍变暖热，使人易亲耳。

【解析】出自同治元年（1862）四月十七日书信《复李续宜》，个别文字有改动。此则论选拔人才应热心。当前人才紧缺，应广泛收罗。曾国藩劝诫李续宜，做人不可太过高冷、缺乏热情，可参见14.9则。

14.19　才根于器。

【解析】出自咸丰七年（1857）十月初四日家书《致沅弟》。此则论器度决定才华的高下。胡林翼写信称赞曾国荃才大器大。曾国藩颇感欣慰，认为人的气局宏大，遇事有条不紊，就不会出大毛病，人的才华能力根植于气度器量。

14.20　人才以奖借而出，大器以历练而成。

【解析】出自咸丰十一年（1861）十一月二十五日奏稿《保奏周腾虎等片》，文字略有改动。此则论培育人才应多奖励。曾国藩认为治国的才干是锻炼出来的，人才是奖励培育出来的。曾国藩此次保举的人才就有周腾虎、刘翰清、赵烈文、方骏谟、华蘅芳。

14.21　以君子之道待人，或人才日兴。

【解析】出自同治元年（1862）五月初五日书信《复沈葆桢》，个别文字有删减。此则论应善待人才。左宗棠撤销李元度部，每人遣散费不满六两白银，而沈葆桢借银一万两，调度处置十分妥帖。曾国藩对此十分赞赏，认为撤营遣勇不是小事，切忌视将领如草寇，视士兵如草芥，以君子之道待人，人才可以日渐兴盛。

14.22　用法不如用人，用人当先得其心，而后得其力。

述左宗棠语。

【解析】出自同治元年（1862）六月十二日书信《复左宗棠》。此则论用人应先得人心。广东、安徽的商人改定皖南茶业新章程，并非出自安徽官员之意。左宗棠对此评论：成就大事，用法令还不如用人才；用人应先使其尽心，之后再使其尽力。

14.23　且所号为贤者，谓其绝拘挛之见①，旷观于广大之区②，而不以尺寸绳人者也。

【注释】

① 拘挛（luán）之见：狭隘固执的见识。

② 旷观：纵观。

【解析】出自文集中《送郭筠仙南归序》，作于道光二十五年（1845）四月。此则论贤才的胸怀宽广。曾国藩认为结交天下贤士，胸怀应该宽广，不可用条条框框来衡量人才。

14.24　怀材负奇①，恒冀人以异眼相看。若一概以平等视之，非所愿也。

【注释】

① 负奇：胸怀奇志。

【解析】出自杂著中《笔记二十七则》的《气节·傲》篇，作于咸丰九年（1859）。此则论特殊人才应特殊对待。南朝时裴子野说，卓逸不群的人才须有胸襟阔大的明君来招纳。曾国藩也认为对待奇才不可一刀切，要因人而异。

14.25　衡才不拘一格，论事不求苛细，无因寸朽而弃连抱①，无施数罟以失巨鳞②。

【注释】

① 连抱：连臂合抱，指树木粗大。

② 数（cù）罟（gǔ）：细密的渔网。

【解析】出自咸丰九年七月二十一日书信《复庄受祺》。庄受祺来信询问选拔将领之法，曾国藩认为衡量人才应该不拘一格。人无完人，选用人才要抓大放小。

14.26　大厦非一木所支，宏业以众智而成。苟其群贤毕集，肝胆共明，虽金石而可穿，夫何艰之不济？

【解析】出自咸丰三年（1853）九月二十四日书信《招某绅耆书》。此则论办大事应集聚群贤之力。曾国藩创办团练，需要延纳大量贤才，移驻湖南衡阳后，打算招募兵勇数千人。人才是第一生产力！

14.27　求才之效，不可必得；求才之道，仍须自尽①。

述李希庵语。

【注释】

① 自尽：尽自己的才力。

【解析】出自咸丰九年（1859）五月十二日书信《复李续宜》。此则论搜求人才应尽心尽力，不可贪图速效。李续宜来信说寻求人才的成效，不可以强求；寻求人才的方法，仍需要倾尽才力。曾国藩深以为然。比如《三国演义》中，曹操施计骗来徐庶，徐庶身在曹营心在汉，不为曹操谋一策；此为得才而不能为所用。

14.28　得一人，则一己可免一分之咎；得十人百人，则地方渐受十分百分之福。

【解析】出自咸丰十年（1860）五月二十三日书信《加冯卓怀》，个别文字有改动。此则论招纳人才的益处。好友冯卓怀任四川万县知县，政绩斐然。曾国藩说自担当剿灭太平军的重任以来，广求名将以杀敌寇，广求循吏以纾民困，故邀请他前来共襄大业。

14.29　方今大难未平，虽专任地方，亦不能不主持军事，须留意人才，以备折冲御侮之选①。三年之艾②，不以未病而不蓄；九畹之兰③，不以无人而不芳。

【注释】

①折冲御侮：抗击敌人。

②三年之艾：病久了才去寻找治病的干艾叶，比喻凡事要平时准备，事到临头再想办法就来不及了。

③畹（wǎn）：十二亩地，一说三十亩地。

【解析】出自咸丰十年（1860）六月初四日书信《复毛鸿宾》，文字略有删改。此则论地方主政者应留意人才。因左宗棠、胡林翼都推荐德才兼备的毛鸿宾，曾国藩遂盛情相邀。

14.30　吾辈所当慎之又慎者，只在"用人"二字上，此外竟无可著力之处。古人云："若从流俗毁誉上讨消息，必至站脚不牢。"吾平日短处，亦只是在毁誉上讨消息，近则思在用人当否上讨消息耳。

【解析】出自咸丰九年（1859）十一月十六日书信《复胡林翼》，个别文字有改动。此则论用人宜慎。取利多而招致民众怨恨、弹劾多而招致官员诽谤，曾国藩认为用人须谨慎，平时也只是在毁誉上寻找征兆，最近才思考用人是否妥当。

14.31　树人之道有二：一曰知人善任，一曰陶铸造就。

【解析】 出自咸丰九年（1859）九月初六日日记，个别文字有改动。此则论培养人才的两个办法。曾国藩此夜与弟子李榕讨论如何处理营务，一是树人，二是立法。

14.32　求人自辅，时时不可忘此意。

【解析】 出自咸丰八年（1858）四月初九日家书《致沅弟》。此则论自立与求人应当并重。此时曾国荃在吉安，名声极好，备受军民赞誉，急于求才却不善于择录。曾国藩劝诫他求助他人的同时，也要自力更生。

14.33　居高位以知人、晓事二者为职。知人诚不易易①，晓事则可以阅历黾勉得之。晓事则无论同己异己，均可徐徐开悟，以冀和衷。不晓事则挟私固谬，秉公亦谬；小人固谬，君子亦谬；乡原②固谬，狂狷亦谬。重以不知人，则终古相背而驰，决无和协之理。恒言皆以分别君子小人为要，而鄙论则谓天下无一成不变之君子，亦无一成不变之小人。今日能知人，能晓事，则为君子；明日不知人，不晓事，即为小人。寅刻公正光明③，则为君子；卯刻偏私晻暧④，即为小人。故群誉群毁之所在，下走常穆然深念⑤，不敢附和。

【注释】

① 易易：容易。

② 乡原：指乡里中伪善欺世的人。原，通"愿"，谨厚。

③ 寅刻：凌晨三至五时。

④ 卯刻：上午五至七时，古代官署开始办公、点名报到的时间，故称点

卯。晻（ǎn）暧（ài）：昏暗的样子。

⑤下走：自称的谦词。

【解析】出自同治三年（1864）六月初三日书信《复郭嵩焘》，文字略有删改。高官应以知人明事为职责。广东巡抚郭嵩焘来信称，广东军务积弊太深，郭又与同僚关系不和，请曾国藩辨别是非。曾国藩认为大是大非易辨别，而似是之非则难以辨清。高官以品鉴人物、明达事理为职责，但均非易事。

14.34　人才以陶冶而成，不可眼孔太高，动谓无人可用。

【解析】出自咸丰九年（1859）九月二十四日日记。此日曾国藩与幕僚李榕说，人才是培养出来的，不可以眼界太高，视而不见。

14.35　错枉无益①，举直而能使枉者变化，则益矣；去邪无益，用贤而能使邪者惩改，则益矣。

无益谓无大益。

【注释】

① 错枉：提拔邪曲的人。

【解析】出自同治二年（1863）十一月初七日书信《复吴廷栋》。此则论为政者应选贤任能。此时吴廷栋在京为官，与其他君子一道汲汲举才以力挽气运。其实到处都是人才不济，如何发现人才、使用人才是个大问题。曾国藩认为，提拔正直的人方有益处。人才建设的关键在"立"而不在"破"，选贤任能远胜于错枉去邪。

14.36　不轻进人，即异日不轻退人之本①；不妄亲人，即异日不妄疏人之本。

【注释】

① 异日：来日，以后。

【解析】出自咸丰十年（1860）七月十五日家书《致沅弟》。此则论选用或废弃人才都应慎重。曾国荃认定湖北官场以官文、胡林翼为上司，诸事禀命执行，此外一概疏落，所以众人嫌他冷淡。曾国藩劝诫九弟曾国荃，不轻易引进一个人，这就是他日不轻易辞退一个人的根本；不随意亲近一个人，这就是他日不随意疏远一个人的根本。人才的引进或辞退，是极为慎重的大事，关系到人才队伍的稳定与发展。

14.37　近世保人，亦有多少为难之处。有保之而傍人不以为然，反累斯人者；有保之而本人不以为德，反成仇隙者。余阅世已深，即荐贤亦多顾忌，非昔厚而今薄也。

【解析】出自同治二年（1863）八月初二日家书《致沅弟》。此则论推荐人才宜慎重。此时曾国荃向朝廷保举人才，唯金安清未能获准，由于曾国藩之前两次参劾他，朝廷担心兄弟俩意见不合。曾国藩认为可以再等其他机会，推荐人才须谨慎。

14.38　阅历世变，觉除得人以外，无一事可恃。

【解析】出自咸丰十一年（1861）正月二十三日书信《加复方翊元》。此则论选取人才是项极为重要的工作。幕僚方翊元力主清廷迁都西安，曾国藩并不赞成：国家的中兴与否不在地而在人。迁都不是扶危救亡的唯一之策，应该把选取人才放在第一位。

14.39　即手下之有才者，亦宜使之独当一面，俾得各显手段，各建功业，庶无久居人下之怨。

【解析】出自同治元年（1862）四月二十一日书信《致鲍超》。此则论应培养独当一面的人才。湘军大将鲍超统辖的部队太多。曾国藩建议他放权，避免属下生怨；手下的将才应使之独当一面。

14.40　意城内耿介而外圆和^①，论事观人俱有识，却是吾乡一把好手。

为人之道，内外俱圆，则不免近于乡原；内外俱方，则不免流为妄人；惟内方外圆，行乎良知之所，是不肯得罪于人，最足保持其人格，亦最足免祸。

【注释】

① 意城：指郭崑焘（1823—1882），号意城，湖南湘阴人，郭嵩焘之弟。道光二十四年（1844）举人。咸丰年间入湖南巡抚张亮基、骆秉章等人幕府。

【解析】出自咸丰九年（1859）正月十二日书信《复胡林翼》。此则论郭崑焘人才难得。湖北巡抚胡林翼来信请示留意将才，曾国藩推荐郭崑焘可堪。

14.41　物论悠悠^①，何足深信！ 所贵好而知其恶，恶而知其美。

【注释】

① 物论：众人的议论。

【解析】出自同治五年（1866）九月初九日家书《谕纪泽纪鸿》。此则论应熟知人才的长短。二子来信称淮军不可依靠，曾国藩认为不必轻信物论，尺有所短，寸有所长，应平心细察人才，了解其优劣之处，便于合理任用。

14.42　世事败坏至此，居高位者尤当物色一二忠勇之人，宏济艰难^①，岂可以使清浊混淆，是非颠倒？

【注释】

① 宏济：大力匡救。

【解析】出自咸丰三年（1853）六月二十五日书信《与张亮基》，个别文字有改动。此则论乱世应培育忠勇之才。湘军组建不久，急需人才，而鲍超屏斥塔齐布练兵之法，搬弄是非。曾国藩决定保塔而劾鲍，希望湖南巡抚张亮基不必怀疑他越权冒犯。

梦荪案：　人才之为物，万变而不相同者也。各有其才，即各有其用。人才之为物，又前后无一定者也。前日为小人，今日未尝不可为君子；今日为君子，明日未尝不可为小人。乃吾观于世之论人者，动曰某不才，不可用；某也永为君子，某也永为小人。信口批评，任意武断，真可谓无识之甚者矣！　夫社会也者，重分工者也，分工而可有益于社会者也。苟其人有一技之长，即可分社会一份之工；其人既能分社会一份之工，即可对社会有一部份之益。人无求备，古有明训；舍长论短，世皆弃材。千金之剑，以之析薪，则不如斧；三代之鼎，以之垦田，则不如耜①。当其时，当其事，则凡材亦奏神奇之效；否则锄铻而终无所成②。因长而任，器使适宜，用才之诀，至当无易③。益叹公之先得我心也。夫人心也者，可变者也。前日为君子，苟受社会之感化，心术稍坏，安能永谓之君子？　今日为小人，苟受挫折而知觉悟，则以后种种，皆有如更生，亦安能永谓之小人？　公于观人之道，不专究既往，先论其现在，并察其将来，而一以心术变化如何为归，不敢以某为一成不变之君子，亦不敢以某为一成不变之小人。不惟别具慧眼，亦且居心至公。彼专究既往，以貌测人，好以不肖之心相度；或阿于所好，自欺欺人，以恭维为得意者，对公真愧死也！

【注释】

① 耜（sì）：一种农具，形似当今的铁锹和铧，最早是木制，后用金属制造。

② 锄（chú）铻（yǔ）：同“龃龉”，不相配合。

③ 无易：正确不可改变。

梦荪又案： 用人观人之法，既如上所述。然用人之道，在于先得其心。此待人之法，所以又不能不讲也。教之欲其勤，绳之欲其严，公言之法如是，吾益之以二语曰："任之欲其专，遇之欲其敬。"四者一贯，所谓待人以诚者，在此！ 所以能得人心使人感泣者，在此！ 所以能得人尽其死力，甘蹈汤赴火，无所于惧，无所于悔者，亦在此！ 不可不知，不可不讲。此三者既明，请再言造就人才之法。造就将奈何？ 曰改良社会之种种势力。社会之种种势力，如既经改良，则风气一变，观感皆新，欲为恶焉而势不能以自存，欲不为善焉而势不可得，人才勃兴，安可限量！ 造就人才而从改良各种势力入手，根本之法也，一劳永逸之法也。

将才类第十五

15.1　带兵之人，第一要才堪治民，第二要不怕死，第三要不急急名利，第四要耐受辛苦。治民之才，不外"公""明""勤"三字。不公不明，则各兵必不悦服；不勤，则营务细巨皆废弛不治。故第一要务在此。不怕死，则临阵当先，士卒乃可效命；故次之。为名利而出者，保举稍迟则怨，稍不如意则怨，与同辈争薪水，与士卒争毫厘。惟不急急名利而后不至此，故又次之。身体羸弱者，过劳则病；精神乏短者，久用则散。若耐受辛苦，身体过劳，必不至病；精神久用，亦不至散；故又次之。四者似过于求备，然阙一不可。大抵有忠义血性，则四者相从以俱至；无忠义血性，则貌似四者，亦不足恃。

忠义血性，此系为将之本，亦即为作人之本。为将无忠义血性，固为病民之将；不为将无忠义血性，亦为无用之人。

【解析】出自咸丰三年（1853）九月十七日书信《与彭洋中曾毓芳》，个别文字有改动。此则论将才应有"四要"。曾国藩办团练，难的不是招纳兵勇，而是选拔带兵之将，选将领有四个标准。

15.2　"忠信"二字为行军之本。

所谓信者，对兵士言之耳，对百姓言之耳，若对敌人安有所谓信?

【解析】出自文集中《讨粤匪檄》,作于咸丰四年(1854)正月。此则论忠信是带兵之本。曾国藩奉命创办湘军,统帅二万人马,只仰仗"忠信"二字是行军的根本。忠诚守信是将帅之本,上能报效国家,下可不负百姓。

15.3　为将以真心实肠为第一义,算路程之远近、粮仗之阙乏①、彼己之强弱为第二义。

【注释】

① 阙:通"缺",空缺。

【解析】出自同治五年(1866)五月初十夜书信《加李鸿裔片》,文字略有删改。此则论将领的两个要义。

15.4　带兵之人,以血性为主,廉明为用,三者缺一,若失輗軏①,终不能行一步也。

【注释】

① 輗(ní)軏(yuè):輗指大车车辕和车辕前横木相接的部分,軏指辕前端与车横木衔接处的销钉,用来比喻事物的关键。

【解析】出自咸丰三年(1853)九月二十六日书信《与彭洋中》。此则论将才应有血性,清廉明察。彭洋中在四川万县监造军火,来信说选人用人不求全责备,而是量材而用。曾国藩认为确实如此,但带兵之人应以血性为主,清廉、明察为辅。

15.5　带兵之法,用恩莫如用仁,用威莫如用礼。仁者,即所谓欲立立人,欲达达人也①。待兵如待子弟,常望其成立,望其发达,则人知恩矣。礼者,即所谓泰而不骄②,无众寡大小,皆不敢慢,威而不猛,正其衣冠,尊其瞻视③,俨然人望而畏之是也;持之以敬，临之以庄，无形无声之际，常有凛然难犯之象，则人知威矣。守此二者，虽蛮貊之邦可行④，又何兵之不可治哉？

【注释】

① 欲立立人，欲达达人：参见 6.14 则注⑤。

② 泰而不骄：态度舒泰而不骄傲，也指有地位有权势后不骄傲。

③ 瞻视：观瞻，指外观。

④ 蛮貊（mò）：亦作"蛮貊""蛮貊"，古代称南方和北方落后部族，泛指四方落后部族。

【解析】出自咸丰九年（1859）六月初四日日记，文字有删改。此则论带兵应礼仁并施。

15.6 凡善将兵者，日日申诫将领，训练士卒；遇有战阵小挫，则于其将领责之戒之，甚者或杀之，或且泣且教，终日絮聒不休，正所以爱其部曲，保其本营之门面声名也。不善将兵者，不责本营之将弁，而妒他军之胜己；不求部下之自强，而但恭维上司，应酬朋辈，以要求名誉，则计更左矣①。

【注释】

① 左：偏，差错。

【解析】出自同治元年（1862）七月初一日家书《致沅弟季弟》。此则论带兵应加强日常训诫。

15.7 为将之要，第一戒个"骄"字，心根之际，若有丝毫骄矜，则在下之营官必傲，士卒必惰，打仗必不得力矣。第二守个"廉"字，名位日尊，岂有怕穷之理？ 常使在下之将官多占些便益，士卒多沾些恩泽，则人人悦服。切不可处处打算，惹人谈论。得了名就顾不得利，莫作名利双收之想，但立名扬万古之志，此是金石之言。

【解析】出自同治元年（1862）二月初四夜批牍《批霆字营鲍镇超禀可否请饬令峰礼各营前来合围青阳由》，文字略有增改。此则论将领应谦逊清廉。

15.8　为将心中有一分矜气，兵士口中便有十分嚣张，不可不察。

【解析】出自同治元年（1862）六月初六日书信《复李鸿章》，个别文字略有改动。此则论将帅是兵士的表率，不可骄傲自满。

15.9　凡两军相处，统将有一分锄铻①，则营哨必有三分，勇夫必有六七分，故欲求和衷共济，必自统将先办一副平恕之心始。人之好名，谁不如我？同打仗则不可讥人之退缩，同行路则不可疑人之骚扰，处处严于治己而薄于责人，则唇舌自省矣。

【注释】

① 锄（chú）铻（wú）：互相抵触，参见14.17注⑧。

【解析】出自同治二年（1863）六月初七日书信《复李榕》。此则论两军应和平相处。

15.10　凡将才有四大端：一曰知人善任，二曰善觇敌情①，三曰临阵胆识，四曰营务整齐。

【注释】

① 觇（chān）：侦察。

【解析】出自咸丰七年（1857）十月二十七夜家书《致沅弟》。此则论将才须具备四项能力。

15.11　古来名将帅，亦多出于文弱书生。功之成与否，虽不敢预必，要之洁清自矢，则众不敢侮；严明驭下，则兵不敢玩。此则有志之士可以勉力为之，立竿见影者也。圣贤豪杰，岂有种子？

大半皆铢积寸累，渐作而渐进，渐似而渐成耳！

【解析】出自同治二年（1863）十一月二十一日批牍《批统带吉中果字确字营彭道椿年禀报开用关防日期由》。此则论书生带兵也可靠铢积寸累的工夫来获取成功。

15.12　将领之浮滑者，一遇危险之际，其神情之飞动，足以摇惑军心；其言语之圆滑，足以淆乱是非，故楚军历不喜用善说话之将，亦恐因此以坏风气也。风气一坏，颇难挽回。专从危难之际，默察朴拙之人，则几矣！

【解析】出自同治元年（1862）二月初三夜书信《加姚体备片》，文字略有删改。此则论不可选用轻浮油滑的人做将领。

15.13　大难之起，无一兵足供一割之用①，实以官气太重，心窍太多，漓朴散醇②，真意荡然。湘勇之兴，凡官气重、心窍多者，在所必斥，历岁稍久，亦未免沾染习气。望阁下以为首图而切戒之！

【注释】

①　一割：切割一次，语本《后汉书·班超传》："昔魏绛列国大夫，尚能和辑诸戎，况臣奉大汉之威，而无铅刀一割之用乎？"后指行使一次。

②　漓朴散醇：亦作"淳漓朴散"，浇薄了纯朴的风气，消散了淳厚的风俗。醇，通"淳"。

【解析】出自咸丰十年（1860）六月十九日书信《复李元度》。此则论选兵应弃用官气重、心窍多的人。

15.14　古来名将，得士卒之心，盖有在于钱财之外者；后世将弁，专恃粮重赏优，为牢笼兵心之具，其本为已浅矣。是以金多则奋勇蚁附，利尽则冷落兽散。

【解析】出自咸丰三年（1853）十月初八日书信《与王鑫》。此则论凝聚军心，告诫湘军后进王鑫治兵光用钱是不行的。

15.15　军营宜多用朴实少心窍之人，则风气易于纯正。

【解析】出自咸丰十年（1860）六月十九日书信《复李元度》。此则论应选用纯朴诚实的将士。兵痞油腔滑调，向来不为人所喜。

15.16　凡兵勇与百姓交涉，总宜伸民气而抑兵勇，所以感召天和者在此，所以要获名誉者亦在此！

【解析】出自咸丰九年（1859）十二月初八日书信《加吴坤修片》。此则论带兵不可扰民。

15.17　凡与诸将语，理不宜深，令不宜烦；愈易愈简愈妙也。

【解析】出自咸丰九年（1859）十月二十八日书信《复李榕》。此则论带兵应指令简易。曾国藩崇尚守约，参见1.1则。行军打仗，讲道理、下命令必须言简意赅，便于理解和执行。

15.18　仆于各统将，以保护其令名为第一义；银钱等事不掣肘，次之；保奖功名，又次之。

【解析】出自同治五年（1866）五月二十七日书信《加李瀚章片》。此则论统帅应注意的三个事项。

15.19　吾向待诸将以诚，不肯片语欺人，不重在保人官阶，而在成人美名。

居心之厚，无与伦比。

【解析】出自同治五年（1866）四月二十一日书信《复李鸿章》，个别文字有改动。此则论将帅应成人之美。

15. 20　带兵之法，以体察人才为第一；整顿营规、讲求战守，次之。

【解析】出自咸丰七年（1857）十二月十四夜家书《致沅弟》。此则论带兵的具体办法。

15. 21　兵士心目之中，专从银钱上著意。如将官于银钱不苟，则兵士畏而且服；若银钱苟且，则兵士心中不服，口中讥议。不特扣减口粮、缺额截旷而后议之也①，即好多用亲戚本家，好应酬上司朋友，用营中之公钱，谋一身之私事，也算是虚縻饷银②，也难免兵士讥议。欲服军心，必先尚廉介；欲求廉介，必先崇俭朴。不妄花一钱，则一身廉；不私用一人，则一营廉。不独兵士畏服，亦且鬼神钦伏矣！

【注释】

① 扣减口粮：指国家每月按三十天发放军饷，而农历小月只有二十九天，将官就可扣减一天的军饷。缺额截旷：指新旧士兵衔接时会出现名额空缺，将官截留空缺时的饷银。

② 虚縻：白白地损耗、浪费。

【解析】出自杂著中《劝诫浅语十六条·劝诫营官四条》，作于咸丰十一年（1861）八月二十至九月二十二日，文字略有删改。此则为第四条"尚廉俭以服众"，军营的将领要崇尚清廉俭朴来服众。

15. 22　作营官之要，不外"勤""廉""明"三字。"勤"则足以率众，使常有奋兴之象；"廉"则足以服人，不致来怨毁之声。此皆人力之所能为也。惟"明"之一字，须带有几分天性，然亦可由人力做去。如事理有不明者，时时向长官、僚友讲求之，退而加以思索，思之不得，仍复再问，必使了然于心然后已。如此日积月

曾文正公学案

将才类第十五

累，自觉进益无穷，心境渐几于明白矣。

【解析】出自同治二年（1863）二月初八日批牍《批洪副将德发禀接带湘前左营日期》，个别文字有改动。此则论做好营官贵在勤奋、廉洁和明理。

15.23 吾辈带兵士，如父兄带子弟一般。无银钱，无保举，尚是小事，切不可使他因扰民而坏品行，因嫖赌洋烟而坏身体①。个个学好，人人成材，则兵士感恩，兵士之父母妻子亦感恩矣！

【注释】

① 洋烟：鸦片的俗称。

【解析】出自咸丰十一年（1861）九月二十七日批牍《批朱镇军品隆禀述近日军营操演屯圃各情由》，个别文字有改动。此则论带兵如父兄带子弟。

15.24 凡与他军相处，惟胜则让功、败则救急二事，最足结人欢心。

【解析】出自同治元年（1862）五月十九日书信《复李鸿章》。李鸿章借助洋人来剿灭太平军，曾国藩劝诫他在用兵时要胜不争功，败必援救。

15.25 为将之道，谋勇不可以强几，"廉""明"二字则可学而几也。兵士之于本管将领，他事尚不深求，惟银钱之洁否，保举之当否，则众目眈眈，以此相伺，众口啧啧，以此相讯。惟自处于廉，公私出入款项，使合营共见共闻。清洁之行，已早有以服兵士之心；而于小款小赏，又常常从宽，使在下者恒得沾润膏泽，则惠足使人矣。"明"之一字，第一在临阵之际，看明某兵系冲锋陷阵，某士系随后助势，某兵回合力堵，某士见危先避。一一看明，而又证之以平日办事之勤惰虚实，逐细考核。久之，虽一兵一士之长短贤否，皆有以识其大略，则渐几于明矣。得"廉""明"二字为之基，则智、信、仁、勇诸美德，可以积累而渐臻；若不从此二字下手，则诸德亦茫无把握。

【解析】出自咸丰九年（1859）三月初六日批牍《批吴廷华禀奉委管带新立之湖北抚标新仁营勇由》，个别文字有改动。此则论将帅应廉明。

15.26　带兵之道，"廉""明""勤"三者阙一不可。廉则银钱不苟，自有以服兵勇之心；明则是非不淆，赏罚公道；勤则营务整齐，在下之人，自不敢懒惰废弛。此三者惟"明"不可强几，若"廉""勤"二字，则可勉强而几也。

【解析】出自咸丰九年（1859）七月二十七日批牍《批管带礼前礼后营游击镇魁禀募勇成军冀蒙调遣由》，文字略有删改。此则论带兵应做到廉、明、勤三点。

15.27　营官之要，全在一"勤"字。训练勤，则弱卒亦成劲旅；稽察勤，则兵士咸守营规；肢体勤，则风寒难入，筋骨日强。

【解析】出自同治元年（1862）二月初八日批牍《批朱守声隆禀报接管湘前右营日期由》，个别文字有改动。此则论营官贵在三"勤"。

15.28　勤则百事具举，合营可保常新之气；廉则取与不苟，众人皆有畏服之心。看似老生常谈，而名将无不出乎此。

【解析】出自同治五年（1866）三月二十九日批牍《批唐殿魁禀蒙保奏衢州镇总兵员缺奉到行知由》，文字略有删改。此则论将才作风应勤劳廉洁。

15. 29　兵事以磨练而成，欲求将才之辈出，不能不为未雨之绸缪。

【解析】出自咸丰十一年（1861）七月十四日书信《加毛鸿宾片》。此则论应做好将才储备。

15. 30　军事不厌辨说，既不能临阵阅历，又不于平日讨论，则更无明了之时。

【解析】出自同治五年（1866）五月初十夜书信《加李鸿裔片》。此则论带兵打仗应反复推演辨析。

15. 31　古人忧学之不讲①，又曰"明辨之"②。余以为训练兵士，亦须常讲常辨也。

【注释】
① 学之不讲：语出《论语·述而》，指不钻研学问。
② 明辨之：语出《礼记·中庸》，指明确地分辨道理。

【解析】出自咸丰七年（1857）十一月二十五日家书《致沅弟》，个别文字有改动。此则论带兵应经常讲解、辨析道理。

15. 32　近年驭将失之宽厚，又与诸军相距过远，危险之际，弊端百出。然后知古人所云作事"威克厥爱"①，虽小必济；反是，乃败道也。

【注释】
① 威克厥爱：语出《尚书·胤征》，指从严治军胜过对士兵的偏爱，一定能成功。

【解析】出自同治二年（1863）四月十五日书信《复左宗棠》。此则论管理将领不可太宽厚，应该恩威得当，使人心悦诚服。

15.33 用兵之道与读书同，不日进则日退，须"日知其所无，月无忘其所能"①。

【注释】

①"日知"二句：语出《论语·子张》，每天学会自己以前不懂的知识，每月不忘记已经学会的东西。

【解析】出自咸丰八年（1858）十月二十六日书信《加张运兰片》。此则论将官应坚持学习，日有所进。

15.34 战必胜，攻必取，二者虽无把握，至于稳扎坚守，严纪律而爱百姓，尚属人力之所能勉。行之不懈，亦弭谤之一端也①。

【注释】

① 弭（mǐ）谤：禁止非议，平息诽谤。

【解析】出自咸丰九年（1859）七月二十六日书信《加吴坤修片》。此则论打仗应步步为营，稳扎稳打。

15.35 为将最重救人之急，解人之围。

【解析】出自咸丰九年（1859）八月初一日书信《复胡林翼》，个别文字有删改。此则论将领贵在救急解围。

15.36 带兵者知爱民之为先务，万善毕集矣！

【解析】出自同治四年（1865）批牍《批王镇可升安禀》。此则论带兵首要在爱民。

15.37 虽处安闲之时，无忘艰苦之境，终日钦钦①，如对大敌，不特有裨于军事，即立身之道，惕厉日新②，亦常有一种朝气也。

【注释】

① 钦钦：谨慎戒惧的样子。

曾文正公学案

将才类第十五

267

② 惕厉：亦作"惕励"，警惕谨慎。

【解析】出自批牍《江督署江西科·批统领江西陆路各军王道承泽禀抵江接统各营及添募亲兵由》。此则论带兵打仗应居安思危。

15.38　凡带兵者，声名最关紧要。驻扎之地，能严约士兵，与民秋毫无犯，则声名即从此起矣。若擅作威福，纵兵索扰，则声名一坏，人皆避之，万事都行不动。

【解析】出自同治二年（1863）五月初九日批牍《批洪容海禀奉批坚守戈江修筑营垒由》，文字略有删改。此则论带兵应注重名声。洪容海，降将，投降前为太平军翼王石达开的部下。曾国藩劝诫他要爱惜名声，严加管教将士。

15.39　行军当以严为主。临阵纪律不严，则无以作勇敢之气；平日营规不严，则无以儆骚扰之风。

【解析】出自同治二年（1863）八月二十日批牍《批傅参将家桂禀奉札代理湘新后等营统带事务》。此则论行军打仗应纪律严明。古训"慈不掌兵"，是有道理的。

15.40　严戒士兵，无令骚扰百姓，此古来名将第一要务。

【解析】出自咸丰十年（1860）十二月初四日批牍《批统领霆字营鲍镇超禀饬增四营现派营官赴辕请示由》，个别文字有改动。此则论严禁士兵扰民。

15.41　吕蒙诛取铠之卒①，魏绛戮乱行之仆②，古人处此，岂以为名？非是，则无以警众耳！

【注释】

① 吕蒙：三国吴著名将领，备受孙权、鲁肃赞誉。攻打荆州时，手下一位同乡士兵，取百姓家的斗笠来遮盖铠甲，被认为触犯军令，被吕蒙含泪斩杀。事

见《三国志·吴书·吕蒙传》。

②魏绛：春秋时期晋国人，晋悼公时任司马，执掌军法，方正严肃，谥庄，史称魏庄子。晋悼公的弟弟扬干在曲梁扰乱军队行列，魏绛便杀了他的车夫。事见《左传·襄公三年》。

【解析】出自咸丰三年（1853）七月书信《与张荣组》，个别文字有改动。严明军纪，铲除害群之马，才能警示将士，维护军威和战力。

15.42　为将之道，以法立令行、整齐严肃为先，不贵煦妪也①。

【注释】
①煦（xù）妪（yù）：温暖，暖和。

【解析】出自咸丰九年（1859）三月二十四日日记，文字略有删改。此则论带兵应严明军纪。

15.43　行军以爱民为先，以勤操为本。

【解析】出自批牍《江督署刑科·批管带直隶正定府练军右营营官杨德珍禀开差出防由》。此则告诫营官杨德珍，带兵要把爱护百姓放在第一位，以勤苦操练为根本。

15.44　练兵之道，必须营官昼夜从事，乃可渐几于熟，如鸡伏卵，如炉炼丹，未宜须臾稍离。

【解析】出自咸丰三年（1853）十一月初一日书信《复刘蓉》，个别文字有改动。此则论练兵应讲究勤快。

15.45　余所见将才杰出者极少，但有志气，即可予以美名而奖成之。

【解析】出自同治五年（1866）九月初九日家书《谕纪泽纪鸿》。此则论应多奖励有志气的将才。此则与14.41则前后相连，可参阅。

15. 46　军民之最近者心悦诚服，则远处之浮言亦无由而起。

【解析】出自同治三年（1864）五月十九日家书《致沅弟》。此则论带兵应做到军民钦服。

15. 47　新募之兵，全在立营时认真训练。训有二：训打仗之法，训作人之道。训打仗，则专尚严明，须令临阵之际，兵士畏主将之法令，甚于畏敌之炮子。训作人，则全要肫诚①，如父母教子，有殷殷望其成立之意，庶人易于感动。练有二：练队伍，练技艺。练技艺，则欲一人足御数人；练队伍，则欲数千百人如一人。

【注释】

① 肫（zhūn）：诚恳真挚。

【解析】出自同治元年（1862）十一月初六日批牍《批统领韩字营全军韩参将进春禀奉委招勇抵省立营管带由》，个别文字有改动。此则论新兵应认真训练。

15. 48　训有二端：一曰训营规，二曰训家规。如点名、演操、巡更①、放哨，此将领教兵士之营规也；禁嫖赌、戒游惰②、慎语言、敬尊长，此父兄教子弟之家规也。为将官者，待兵士如子弟，使人人学好，个个成名，则众兵感之矣。练亦有二端：一曰练技艺，二曰练阵法。练技艺者，练枪炮能命中，能适远；练阵法者，进则同进，站则同站，登山不乱，越水不杂。总不外一"熟"字。技艺极熟，则一人可敌数十人；阵法极熟，则千万人可使如一人。

【注释】

① 巡更：夜间巡逻。

② 游惰：也作"游堕"，游荡懒惰。

【解析】出自杂著中《劝诫浅语十六条·劝诫营官四条》，作于咸丰十一年（1861）八月二十至九月二十二日。此则为第三条"勤训练以御寇"，文字略有改动。曾国藩练兵，既有军队化的严格管理，又有家庭式的温情教育。湘军能比得过八旗、绿营，建立不朽勋业，与此关系甚大。

15.49　"勤加操练，严禁骚扰"二语，是做营官的要诀。

【解析】出自同治元年（1862）十二月十八日批牍《批统带鼓湘营黄都司青九禀筹办米粮子药及防务情形由》。此则论营官的两大职责。

15.50　百姓最怕者，惟强拉民夫、强占民房二事。拉夫则行者辛苦，居者愁思；占房则器物毁坏，家口流离。为营官者，先禁此二事，更于淫、抢、压、买等事，一一禁止，则造福无穷矣。

【解析】出自杂著中《劝诫浅语十六条·劝诫营官四条》，作于咸丰十一年（1861）八月二十至九月二十二日。此则为第一条"禁骚扰以安民"，文字略有改动。此则论带兵的第一条就是严禁扰民。

15.51　战守乃极劳苦之事，全仗身体强壮，精神完足，方能敬慎不败①。洋烟、赌博二者，既费银钱，又耗精神，不能起早，不能守夜，断无不误军事之理！军事最喜朝气，最忌暮气。洋烟瘾发之人，涕泣交流，遍身瘫软；赌博劳夜之人，神魂颠倒，竟日痴迷，全是一种暮气。久骄而不败者，容或有之；久惰则无不立败者。故欲保军士常新之气，必自戒烟赌始。

【注释】
①敬慎不败：恭敬谨慎，才能立于不败之地。

【解析】出自杂著《劝诫浅语十六条·劝诫营官四条》，作于咸丰十一年（1861）八月二十至九月二十二日。此则为第二条"戒烟财以做惰"，文字略有改动。此则论军队严禁抽烟赌博。

15.52　治军以"勤"字为先，实阅历而知其不可易。未有平日不早起，而临敌忽能早起者；未有平日不习劳，而临敌忽能习劳者；未有平日不能忍饥耐寒，而临敌忽能忍饥耐寒者！吾辈当共习勤劳，先之以愧厉①，继之以痛惩。

【注释】

① 愧厉：使有所愧而自我勉励。

【解析】出自咸丰十年（1860）十一月十九夜书信《复宋梦兰》，文字有删减。此则论治军应以勤奋为先。平时不流汗，战时就流血。

15.53　用兵久则骄惰自生，骄惰则未有不败者。"勤"字所以医惰，"慎"字所以医骄。此二字之先，须有一"诚"字以立之本。立志要将此事知得透，办得穿，精诚所至，金石亦开，鬼神亦避，此在己之诚也。与人交接以直，尽去歪曲私衷①，事事推心置腹，使人坦然无疑，此接物之诚也。以"诚"字为之本，以"勤"字、"慎"字为之用，庶几免于大戾②，免于大败。

【注释】

① 私衷：内心。

② 大戾：大的罪过。

【解析】出自咸丰十年（1860）四月二十五夜批牍《批李副郎榕禀报近日军情由》，文字略有删改。此则论带兵应勤奋谨慎。

15.54　然事已如此，只好硬心很肠①，付之不问，而壹意料理军务，补救一分，即算一分。另起炉灶，重开世界，安知此两番之大败，非天之磨炼英雄，使弟大有长进乎？谚云"吃一堑，长一智"，吾生平长进，全在受挫受辱之时。务须咬牙厉志，蓄其气而长其智，切不可苶然自馁也②。

【注释】

① 很：通"狠"。

② 苶（nié）：疲倦，精神不振。

【解析】 出自同治六年（1867）二月二十九日家书《致沅弟》，个别文字有改动。此则论带兵打仗应坚强刚毅。表弟彭毓橘阵亡，曾国藩劝勉曾国荃磨炼心志，咬紧牙关，自励自强。

15.55　今年以来，惟岷老率千余之楚勇①，墨守绝大之城②；阁下起倾国之鄂兵③，要截必趋之路。二者差强人意，此外则凡与贼周旋者，盖无一不可为愤恨流涕长太息也！

【注释】

① 岷老：江忠源，参见 12.9 则。

② 墨守：战国时墨家善于守城，后因称善于防守为墨翟之守，简称"墨守"。绝大之城：指江西南昌。

③ 阁下：指左宗棠，参见 13.75 注③。

【解析】 出自咸丰三年（1853）八月初四日书信《与左宗棠》。此则论带兵打仗应果敢善谋。

15.56　余自从军以来，即怀见危授命之志。丁、戊年在家抱病①，常恐溘逝牖下②，渝我初志③，失信于世。起复再出，意尤坚定。此次若遂不测，毫无牵恋！

【注释】

① 丁、戊：咸丰七年丁巳（1857）、八年戊午（1858），曾国藩在家丁父忧，患病在床。参见 1.20 则注①。

② 溘（kè）：忽然。牖（yǒu）：窗户。

③ 渝：改变，违背。

【解析】 出自咸丰十一年（1861）三月十三日家书《谕纪泽纪鸿》。

此则论从军应有远大志向。此时太平军围攻湘军祁门大营，局势岌岌可危。此信即曾国藩的"祁门遗嘱"。

15.57　此间军事危迫异常。九洑洲之贼①，纷窜江北，巢县、和州、含山俱有失守之信。余日夜忧灼，智尽能索②，一息尚存，忧劳不懈，他非所知耳！

【注释】

① 九洑（fú）洲：指天京城北面长江中的一个岛屿，长江南北两岸的交通枢纽，军事地位十分重要。

② 智尽能索：比喻智慧、能耐均已用尽。

【解析】出自同治元年（1862）十一月初四日家书《谕纪泽》，个别文字有改动。此则论带兵打仗应忧劳不懈。曾国藩告诫纪泽，读书治学犹如带兵打仗，必须持之以恒，丝毫不能松懈。

15.58　弟自今岁以来，所办之事，强半皆冒侵官越俎之嫌①，只以时事孔艰②，苟利于国，或益于民，即不惜攘臂为之，冀之补疮痍之万一，而扶正气于将歇。练勇之举，亦非有他，只以近日官兵在乡不无骚扰，而去岁潮勇有奸淫掳掠之事，民间倡为谣言，反谓兵勇不如贼匪之安静。国藩痛恨斯言，恐民心一去，不可挽回，誓欲练成一旅，秋毫无犯，以挽民心而塞民口。每逢三、八操演，集诸勇而教之，反覆开说，至千百语，但令其无扰百姓。自四月以后，间令塔将传唤营官③，一同操演，亦不过令弁委前来听我教语④。每次与诸弁兵讲说，至一时数刻之久，虽不敢云说法点顽石之头，亦诚欲以苦口滴杜鹃之血。练者其名，训者其实。

【注释】

① 侵官：侵犯其他官员的职权。越俎（zǔ）：比喻越权办事。

② 孔：很。

③ 塔将：湘军早期名将塔齐布，为满人。

④ 弁（biàn）：低级军官。

【解析】出自咸丰三年（1863）九月初九日书信《与张亮基》，个别文字有改动。此则论将才应坚毅进取。曾国藩在湖南长沙办团练，被误以为侵官越权，只好向湖广总督张亮基大倒苦水，参见 3.5 则。曾国藩认为将帅遭遇困境，应当坚韧刚毅，锐意进取。

15.59　古人称"明耻教战"①，为将当日讨兵士而申儆之②，以生其耻而作其气；慎无徒以美言奖饰，长其骄浮也。

【注释】

① 明耻教战：教导士兵知道退缩就是耻辱，作战应奋勇杀敌。

② 申儆（jǐng）：儆诫，训诫。

【解析】出自咸丰五年（1855）十月二十七夜书信《与李元度》，文字略有删改。此则论带兵应明耻教战。

15.60　初当大任，宜从学习战事、身先士卒处下手，不宜从牢笼将领、敷衍浮文处下手也。

【解析】出自同治元年（1862）四月二十日书信《复李鸿章》，文字略有改动。李鸿章初创淮军，曾国藩劝诫他多向胡林翼、左宗棠学习战事，身先士卒。

15.61　阁下质朴沉毅①，足以任重致远，惟兵事阅历较少。张凯章观察精细沉实②，先行后言，阁下与之相处，似可将军中琐事一一研究，总以"质实"二字为主。以阁下之熟于乡土，凯章之老于戎行，又皆脚踏实地，躬耐劳苦，必能交相资益，力拯时艰。

【注释】

① 阁下：指宋梦兰，字子久（一作滋九），安徽歙县人。咸丰十年（1860）春，太平军袭扰徽州，在家丁忧的翰林院编修宋梦兰督带民团协助防守，七月二

十三日曾国藩上疏奏请宋梦兰办理皖南团练。

②张凯章：张运兰，参见 13.77 则注①。观察：官名，清代指道员的别称。咸丰七年（1857）张运兰在江西与石达开激战，力解永丰之围，因功擢道员。

【解析】出自咸丰十年（1860）九月二十九日书信《复宋梦兰》。曾国藩认为宋梦兰朴实淳厚，深沉坚毅，能担当重任，只是缺少战争经验。希望宋梦兰多向张运兰学习，定能受益匪浅。

梦荪案：将官者，人民之干城也①。将官既为人民之干城，则所以尽此干城之责者，其道将必有在，而决不可以扰民病民也明矣。乃吾观于世之为将官者，自知为干城，能尽此干城之责者，殆不多见；而日以扰民病民为事者，所在而有。吁！为私者何其多！为公者何其少也！公生当有清中叶，发匪之乱，蔓延各省，岌岌之势，难以终日，以书生从军，艰苦备尝；本菩萨之心肠，为不绝之奋斗；保护苍生，不遗余力；救斯民于水火之中，拨乱世而返之正！声誉所播，中外翕然②！亦不过尽此干城之责而已。乃今读其遗书，良法美意，犁然具在③。所论为将之道，足以诏示后来者，尤不一而足。"忠义血性"，看是四字，为将之道，已尽于兹。何谓忠？竭尽心力，牺牲生命，以报社会，谓之忠。何谓义？言行不苟，不牺牲社会以自快其私，自肥其私，谓之义。何谓血性？屏除官气，力戒浮滑，奋勇争先，见义敢为，谓之血性。以吾中国之大，将官之多，孰非民之干城？孰无干城之责？所愿为将官者，既于军事学上加之意，又再进而于"忠义血性"四字上加之意，则士皆纪律，民皆乐利，郅治之隆④，至日可期，又何纷扰之足患哉！又何贫弱之足患哉！ *"忠义血性"，此"义"字作有"义气"解；见义敢为，此"义"字作"义务"解，其中自有分别。*

【注释】

① 干（gān）城：盾牌和城墙，比喻能御敌而保家卫国的人。

② 翕（xī）然：一致的样子。

③ 犁（lí）然：明确的样子。

④ 郅（zhì）治：治理得极好。郅，最，极。

军谋类第十六

16.1 锐气暗损，最为兵家所忌。用兵无他谬巧①，常存有余不尽之气而已。孙仲谋之攻合肥，受创于张辽②；诸葛武侯之攻陈仓，受创于郝昭③，皆初气过锐，渐就衰竭之故。惟荀䓨之拔偪阳④，气已竭而忽振；陆抗之拔西陵⑤，预料城之不能遽下，而蓄养锐气，先备外援，以待内之自敝，此善于用气者也。吾辈须学陆抗，气未用而预筹之；不可学知䓨，气已竭而复振之。须算毕而后战，不宜且战而徐算。

常存有余不尽之气，为奋斗最要之诀，用兵当如此，趋事赴公亦不可不如此。

【注释】

① 谬巧：诈术与巧计。

②"孙仲谋"二句：三国时吴国孙权率大军北伐，攻打合肥，被曹魏守将张辽几千人马挫败。

③"诸葛武侯"二句：三国时蜀相诸葛亮率军攻打曹魏的陈仓城（今陕西宝鸡），被司马懿派来的守将郝昭重创。

④"荀䓨（yīng）"句：春秋时晋楚争霸，晋悼公派主将智䓨攻打弹丸之地的偪（bī）阳国（今山东枣庄），激战二十多天，才城破国亡。荀䓨，即智䓨，史称智武子，曾任晋国中军元帅。因智氏出自荀氏，故又称荀䓨。

⑤"陆抗"句：西晋初西陵（今湖北宜昌）守将步阐反吴降晋，东吴名将陆抗率军包围西陵，西晋派羊祜、杨肇等率军驰援，陆抗担心内外夹击，命令围而

不攻，伺机而动，最后攻破西陵，晋军撤退。

【解析】出自咸丰六年（1856）五月初二日书信《与李元度》，文字略有删改。此则论打仗应注意军队锐气。李元度围攻江西抚州，将士伤亡数百人，士气受挫。曾国藩认为兵家最忌锐气被损，打仗没有什么诀窍，靠的就是保持军队有用之不竭的锐气。

16.2　凡用兵之道，本强而故示敌以弱者，多胜；本弱而故示敌以强者，多败。敌加于我，审量而后应之者，多胜；漫无审量，轻以兵加于敌者，多败。

【解析】出自咸丰十一年（1861）二月十七日书信《复宋梦兰》。此则论兵不厌诈。

16.3　用兵之道，最忌"势穷力竭"四字。"力"则指将士之精力言之，"势"则指大计大局及粮饷之接续、人才之可继言之。

【解析】出自同治六年（1867）八月初七日书信《加李鸿章片》。此则论用兵应注意势与力。

16.4　兵法最忌"形见势绌"四字。宜常隐隐约约，虚虚实实，使敌不能尽窥我之底蕴。若人数单薄，尤宜知此诀。若常扎一处，人力太单，日久则形见矣。我之形既尽被敌觑破，则势绌矣，此大忌也。必须变动不测，时进时退，时虚时实，时示怯弱，时示强壮，有神龙矫变之状。

【解析】出自咸丰九年（1859）正月二十三日批牍《批统领湘勇张道运兰禀牛角岭与贼苦战失隘旋复各情》，个别文字有删改。此则论用兵应讲究形势，保存实力，灵活机动。

16.5　审机审势，犹在其后，第一先贵审力。审力者，知己知彼之切实工夫也。古人云"兵骄必败"，老子云"抗兵相加，哀者胜矣"①。不审力，则所谓骄也；审力而不自足，即所谓哀也。

【注释】

① "抗兵"句：语出《老子》，指敌我势力相当，受到欺侮而奋力反抗的一方必胜。后凝练为成语"哀兵必胜"。

【解析】 出自同治元年（1862）九月二十四日家书《致沅弟》，文字略有删改。此则论打仗应审时度势。太平天国李秀成率领大军与曾国荃部在雨花台激战，无功而返，退守天京。曾国藩称叹曾国荃果敢英勇，劝诫他要学会审时度势。

16.6 用兵之道，最重自立，不贵求人；驭将之道，贵在推诚，不贵权术。

【解析】 出自同治元年（1862）八月二十五日书信《复李鸿章》。此则论用兵贵在自强自立，驭将贵在坦诚相待。

16.7 不逆败①，不亿不振②。

【注释】

① 逆：事先预料。

② 亿：通"臆"，主观臆测。

【解析】 出自咸丰十一年（1861）三月十一夜书信《复胡林翼》。此则论战前应振作。曾国藩劝诫胡林翼多从平常处、浅显处想。孔子说："不逆诈，不亿不信。"（《论语·宪问》）行军打仗也如此，应当不事先预料战败，也不凭空猜测士气萎靡不振。

16.8 凡出队有宜速者，有宜迟者。宜速者，我去寻敌，先发制人者也；宜迟者，敌来寻我，以主待客者也。

【解析】 出自咸丰十一年（1861）五月初九日书信《复刘建德姚体

备》，个别文字有改动。此则论出兵应快慢适度。

16.9 军事无险着，斯无奇功，不宜太平稳也。

【解析】出自同治六年（1867）十一月十八日书信《复李鸿章》。曾国藩检讨自己，认为带兵打仗如果不用险招，就建不了奇功。用兵不宜过于平稳。

16.10 敌势正盛，宜蓄锐以俟时①，沉几以观变②。如必须退兵，则不妨少退以蓄势③，待得机然后再进。兵法有进有退，古名将非全无退时也。

【注释】
① 俟：等待。
② 几：事物变化的前兆和苗头。
③ 少：通"稍"，稍微。

【解析】出自咸丰八年（1858）十二月三十日书信《加张运兰片》，文字略有删改。曾国藩认为此时太平军士气正盛，劝诫驻扎在牛角岭的张运兰要随机应变，进退自如。

16.11 军事有骄气、惰气，皆败气也。"临事而惧"①，则绝骄之源；"好谋而成"，则绝惰之源。无时不谋，无事不谋，自无惰时矣。

【注释】
① 临事而惧：语出《论语·述而》："必也临事而惧，好谋而成者。"指遇见事情知道害怕是必然的，做事只有先谋划才能成功。

【解析】出自咸丰九年（1859）十二月二十三日书信《致李榕》，文字略有删减。此则论军队万不可有骄惰之气。

16.12 凡临敌观气色，有二可虑：骄气则有浮淫之色①，惰气则有暗滞之色②，须体察而补救之。

【注释】

① 浮淫：虚浮放浪。

② 暗（àn）滞：昏暗凝滞。暗，通"暗"，昏暗不明。

【解析】 出自咸丰九年（1859）十月二十五夜书信《复李榕》，个别文字有改动。此则论临战前准备，要善于观察我军有无骄惰之气。

16.13　日中则昃①，月盈则亏，故古诗"花未全开月未圆"之句，君子以为知道②。自仆行军以来，每介疑胜疑败之际，战兢恐惧、上下怵惕者③，其后常得大胜。或当志得意满之候，各路云集，狃于屡胜④，将卒矜慢⑤，其后常有意外之失。故行军当精心默究，在己有少满足之怀，须箴砭之⑥；将士有矜慢之渐，须戒饬之⑦。

【注释】

① 昃（zè）：太阳偏西。

② 知道：谓通晓天地之道，深明人世之理。

③ 怵（chù）惕（tì）：恐惧警惕。

④ 狃（niǔ）：因袭，拘泥。

⑤ 矜慢：倨傲轻慢。

⑥ 箴砭：比喻指出错误，劝人改正。箴，同"针"。

⑦ 戒饬：告诫。

【解析】 出自咸丰六年（1856）九月初二日书信《与罗萱》，文字略有删改。此则论打仗应力戒骄矜。曾国藩劝诫罗萱多与刘腾鸿研究行军之道，懂得"守缺"的道理，平时保持谨慎戒惧之心，切勿骄傲自满。骄兵必败，不可不慎！

16.14　军事不可无悍鸷之气①，而骄气即与之相连；不可无安详之气，而惰气即与之相连。有二气之利而无其害，有道君子尚难养得恰好，况弁勇乎②？

【注释】

① 悍鸷（zhì）：凶悍勇猛。

② 弁（biàn）：低级武官。

【解析】 出自咸丰九年（1859）三月十五日书信《复胡林翼》。此则论打仗应勇猛，也应持重。

16.15　生手而自居于熟手，无学而自诩为有学，志亢而行不能践，气浮而几不能审，施之他事尚不可，况兵凶战危乎？

【解析】 出自咸丰八年（1858）十二月二十九日批牍《批管带义字营吴主簿国佐禀两次接仗败挫难于复振兼病体难支恳即撤遣各情》。此则论打仗要实事求是，善于虚心学习。

16.16　打仗贵于自立，不可存借助将伯之心①，使士兵稍生怠忽；谋事贵于谦下②，须常存广询求助之心，使他军乐于亲附。二者看似相反，实则相成，均不可少。

【注释】

① 将伯：向人求助。出自《诗经·小雅·正月》："载输尔载，将伯助予。"

② 谦下：谦逊，屈己待人。

【解析】 出自同治五年（1866）四月十八日批牍《批统领老湘营刘镇松山禀遵批前进追击捻逆由》，个别文字有改动。此则论打仗贵在自强自立，临机应变，不必依赖他军来取胜；又须谦虚请教，善于求援，使其他军队与我军结成同盟。

16.17　身居绝地，只有力图自固，死中求生之法；切不可专盼援军，致将卒始因求助而懈弛，后因失望而气馁也。

【解析】 出自同治元年（1862）闰八月十六日家书《致沅弟》，文字略有增改。此则论打仗如果身处险境，应设法以自救为主。

16.18　凡危急之时，只有在己者靠得住，其在人者皆不可靠。恃之以守，恐其临危而先乱；恃之以战，恐其猛进而骤退。

【解析】出自同治元年（1862）九月十三日家书《致沅弟季弟》。此则论身处困境，只能靠自己。

16.19　军事呼吸之际①，父子兄弟不能相顾，全靠一己耳。

【注释】

① 呼吸之际：生死存亡的紧要关头。

【解析】出自同治元年（1862）九月初一日家书《致沅弟》。此则论生死存亡时，全靠自己。

16.20　军营虽以人多为贵，而有时亦以人多为累。凡军气宜聚不宜散，宜忧危不宜悦豫①，人多则悦豫而气渐散矣。营虽多，而可恃者惟在一二营；人虽多，而可恃者惟在一二人。如木然，根好株好，而后枝叶有所托；如屋然，柱好梁好，而后椽瓦有所丽②。遇小敌时，则枝叶之茂，椽瓦之美，尽可了事；遇大敌时，全靠根株培得稳，柱梁立得固。断不可徒靠人数之多，气势之盛。倘使根株不稳，柱梁不固，则一枝折而众叶随之，一瓦落而众椽随之，败如山崩，溃如河决，人多而反以为累矣！

【注释】

① 悦豫：喜悦，愉快。

② 丽：附着，依附。

【解析】出自咸丰七年（1857）十月二十七夜家书《致沅弟》，文字略有删减。此则论军队不在人多，而在士气旺。兵勇众多是好事，看上去声势浩大，但也易成为乌合之众。

16.21　兵太少则军威不振，太多则弱者间或反为强者之累。若能借人多以助势，而临阵又不为其所累，则有益而无损。

【解析】出自咸丰九年（1859）正月十一日书信《加张运兰片》，文字略有删改。此则论军队要解决好人数多寡与作战的利弊关系。

16.22　敌之备物太甚者，其中盖有所不足也。须以精心察之，以冷眼窥之，无乘以燥气，无淆以众论，自能觑出可破之隙。若急于求救，杂以浮情客气①，则或泰山当前而不克见。以瓦注者巧②，以钩注者惮③，以黄金注者昏④。外重而内轻，其为蔽也久矣！

【注释】

① 浮情：虚浮的情绪。客气：一时的意气，偏激的情绪。

② 以瓦注者巧：用瓦片作赌注，内心就会放松灵巧。

③ 以钩注者惮：用铜玉制作的钩作赌注，内心就会害怕。

④ 以黄金注者昏：以黄金作赌注，内心恐慌昏乱。

【解析】出自咸丰六年（1856）四月二十六日书信《与李元度》，文字略有删改。李元度率军攻打江西抚州，曾国藩叮嘱他细心侦察，理性研判，找出敌军破绽，而后一举击败。

16.23　近时各营之兵，东调一百，西拨五十，将与将不和，卒与卒不习①；胜则相忌，败不相救，各怀携贰②，离心离德。居今之世，用今之兵，虽诸葛复起③，未必能灭此贼也！　鄙意必须万众一心，诸将一气，改弦更张，或有成功之一日。

【注释】

① 习：熟悉。

② 各怀携贰：各自怀有二心。

③ 诸葛：诸葛亮（181—234），字孔明，号卧龙，三国蜀丞相，著名政治

家、军事家。

【解析】出自咸丰三年（1853）九月十七日书信《与彭洋中曾毓芳》，文字略有删改。此则论军队应统一指挥。

16.24 战阵之事，须半动半静，动如水，静如山。

【解析】出自咸丰九年（1859）二月二十八日日记，文字略有删减。曾国藩认为两军交战对阵时，必须动静参半，应对自如。

16.25 师行所至之地，总须多问多思。思之于己，问之于人，皆好谋之实迹也。

【解析】出自同治五年（1866）三月十七日书信《与李昭庆》，个别文字有改动。此则论行军打仗应多问勤思。

16.26 兵者不得已而用之，宜常存一不敢为先之心。

【解析】出自咸丰九年（1859）二月二十八日日记，文字略有增改。此则与16.24则前后相连，可参阅。曾国藩认为用兵是迫不得已，不可先出战。不先出兵，其实是在积蓄力量，等待对方泄漏士气，露出破绽。

16.27 约期打仗，最易误事，然期不可约，信则不可不通也。

【解析】出自咸丰十年（1860）十一月十一夜书信《致唐义训沈宝成》，个别文字有改动。此则论集团作战应保持信息畅通。

16.28 不约期则各自进止，毫无牵挂；约期则彼此牵制，反恐误事。

【解析】出自咸丰十年（1860）正月初五日书信《复胡林翼》，文字略有删改。此则论多支部队不必约定时期去会战，如此能抓住战机，灵活应战。

16.29　国藩治军，屏去一切高深神奇之说，专就粗浅纤悉处致力。虽坐是不克大有功效，然为钝拙计，则犹守约之方也。

【解析】出自咸丰九年（1859）十月二十一日书信《致吴廷栋》，个别文字有删改。此则论打仗应从实处小处上用力。从全局、大处通盘考虑，从小处、实处有条不紊去做，也就是聪明人下笨工夫，短时间内看似成效不大，但简易可行，从长远来看，效果显著。

16.30　凡善弈者，每于棋危劫急之时，一面自救，一面破敌，往往因病成妍①，转败为功。善用兵者亦然。

【注释】
① 因病成妍（yán）：人因生病反而变得美丽，此指因祸得福。

【解析】出自咸丰六年（1856）正月十三日书信《致罗泽南》。此则论打仗应既会自保，也会杀敌。

16.31　凡行军须蓄不竭之气，留有余之力。

【解析】出自同治元年（1862）九月三十日家书《致沅弟》，个别文字有改动。此则论打仗应保持士气。《曹刿论战》说："再而衰，三而竭。"士气一旦衰竭，就会打败仗。

16.32　将卒之精神心血，只有此数，若刻刻兢业，夜夜提防，不过旬日，即有疲倦不继之势。既疲而用之，则有暮气，必不得力。譬如水以屡汲而浑浊，必须澄定片时，乃能再见清水也。

【解析】出自咸丰九年（1859）正月二十三日批牍《批统领湘勇张道运兰禀牛角岭与贼苦战失隘旋复各情》，个别文字有改动。此则论打仗应保持士气，要张弛有度，将卒不可精神过于紧绷。

16.33　行军贵飙疾①，打仗贵勇猛。

【注释】

① 飙疾：迅速勇猛。

【解析】 出自同治二年（1863）三月初八日书信《复李榕》，个别文字有增添。此则论行军打仗贵在迅速勇猛。

16.34　平日非至稳之兵，必不可轻用险着；平日非至正之道，必不可轻用奇谋。然则稳也，正也，人事之力行于平日者也；险也，奇也，天机之凑泊于临时者也①。

【注释】

① 凑泊：聚合，促成。

【解析】 出自咸丰十年（1860）十一月初二日书信《复胡林翼》。胡林翼认为权谋机变不可事先预设计划。曾国藩认为此说精当，灵活与稳重也要兼顾。

16.35　用兵须由自己作主，不可因他人之言而受其牵制。应战时，虽他营不愿，而我营亦必接战；不应战时，虽他营催促，我亦且持重不进①。若彼此皆牵率出队②，视用兵为应酬之文，则不复能出奇制胜矣。

【注释】

① 持重：稳重，谨慎。
② 牵率：草率。

【解析】 出自咸丰七年（1857）十月初十日家书《致沅弟》，个别文字有改动。此则论用兵要有主见，敢于做决断。

16.36　军事有如弈棋，各路失势，一隅虽胜无益也。

【解析】 出自同治二年（1863）六月十二日家书《致沅弟》，个别文字有改动。此时湘军危机四伏，虽征集到三万兵勇，但全部用于提防叛徒苗沛霖，无法接济曾国荃、鲍超两军。曾国藩告诉曾国荃带兵打仗要有全局观念。

16.37　军事以得之阅历者为贵。

【解析】出自咸丰七年（1857）十月初十日家书《致沅弟》。此则论打仗要重视选用经验丰富的人才。

16.38　凡用兵，主客奇正，夫人而能言之，未必果能知之也。守城者为主，攻者为客；守营垒者为主，攻者为客；中途相遇，先至战地者为主，后至者为客；两军相持，先呐喊放枪者为客，后呐喊放枪者为主；中间排队迎敌为正兵，左右两旁抄出为奇兵；屯宿重兵，坚扎老营，与敌相持者为正兵，分出游兵，飘忽无常，伺隙狙击者为奇兵；意有专向，吾所恃以御寇者为正兵，多张疑阵，示人以不可测者为奇兵；旌旗鲜明，使敌不敢犯者为正兵，羸马瘁卒^①，偃旗息鼓，本强而故示以弱者为奇兵；建旗鸣鼓，屹然不轻动者为正兵，佯败佯退，设伏而诱敌者为奇兵。忽主忽客，忽正忽奇，变动无定时，转移无定势，能一一区而别之，则于用兵之道思过半矣。

【注释】

① 羸（léi）马瘁（cuì）卒：瘦弱的战马，劳累的士兵。

【解析】出自杂著《笔记二十七则·兵》，作于咸丰九年（1859），个别文字有删改。此则论用兵应该讲究主客奇正，不拘定法；要灵活处理，随机应变，顺势而为。

16.39　兵者，阴事也^①。哀戚之意如临亲丧，肃敬之心如承大祭，庶为近之。不宜有欢欣之象。有欢欣之象者，无论或为和悦，或为骄盈，终归于败而已矣。

【注释】

① 阴事：阴气用事，指阴气占主导地位。

【解析】 出自杂著《笔记二十七则·兵》，作于咸丰九年（1859），文字略有删减。曾国藩主张敬畏战争，反对好战，这种观念值得提倡。

16.40　行军之要，屯宿之兵宜少，游击之活兵宜多。

【解析】 出自同治元年（1862）十月十九日批牍《批统领马步官军曾藩司国荃禀请准增募十营围剿金陵》，个别文字有删减。此则论将帅要调配好驻守部队与机动部队的比例。

16.41　御敌之法，守则以"静"字为主，战则防其头阵猛扑。头阵站得稳，则以后不足畏矣。

【解析】 出自同治二年（1863）二月初二日批牍《批唐总镇义训正月二十五日禀报绩溪贼退徽防已稳各情由》，个别文字有改动。此则论如何打防守战。

16.42　敌始至猛扑，一鼓锐气，宜坚壁不出，少钝其锋而销磨其气，须待其意兴减及气衰而后击之。古人所谓避其锐气、击其惰归者，此也。好出零队，好打油仗，最易为敌所轻。不出，则坚壁静守；出，则须以大队猛打。不可零进零退也。

【解析】 出自同治二年（1863）二月二十四日批牍《批朱镇品隆禀连日击贼并出队各情》，文字略有增改。此则论如何打防守反击。打仗讲究的是避开对方的锐气，对准敌方的软肋予以致命一击，类似于当今的"防守反击"战术。

16.43 "气敛局紧"四字，凡用兵处处皆然。

【解析】出自同治元年（1862）九月十一日家书《致沅弟》。曾国藩认为，曾国荃吉字营既然不能围攻金陵城中的太平军，又不能击破城外援军，就必须思量自保，以紧缩地盘、聚集锐气为妥。

16.44 兵无常法，不可泥人之法以为法。

【解析】出自同治元年（1862）九月十五日家书《致沅弟》，个别文字有改动。此则论兵无常法。曾国藩告诫曾国荃，打仗用兵要灵活应变，尤其与天京城里最强大的太平军激战，必须避其锋芒，专攻其弱处。

16.45 行兵最贵机局生活。

【解析】出自同治元年（1862）九月二十一日家书《致沅弟》。此则论带兵打仗应灵活。太平天国忠王李秀成、侍王李世贤率援兵围攻雨花台的曾国荃部，曾国藩劝诫曾国荃见机行事，不可照搬兵法。

16.46 军事以气为主，瀹去旧气①，乃能重生新气。长守坚壁，日夜严防，不得少息，则积而为陈腐之气，所当力以为戒也。

【注释】

① 瀹（yuè）：疏导。

【解析】出自咸丰六年（1856）七月十五日书信《与林源恩李元度》，文字略有增删。此则论打仗靠士气。

16.47 军事最贵气旺，必须有好胜之心，有凌人之气，酷羡英雄不朽之名，兼慕号令风雷之象，而后兴高众附，有进无退。

【解析】出自同治六年（1867）三月十六日《复李昭庆》。李昭庆襟怀恬淡，不喜欢统领军队。曾国藩劝诫李昭庆行军打仗气势最重要；

打仗的人必须要有血性，有冲劲，有必胜的决心。

16.48　忧危以感士卒之情，振奋以作三军之气，二者皆可以致胜，在主帅相时而善用之已矣。余专主忧勤之说，殆知其一而不知其二也。

【解析】出自杂著《笔记十二篇·兵气》，作于同治十年（1871）二三月间。曾国藩最初只认可忧勤之说，用忧患来鼓舞士气，后来李鸿章率领淮军，将士有振奋之气而少忧危之心，最后也削平捻军，故现在修正看法。

16.49　用兵最重变化不测。

【解析】出自同治元年（1862）十月十三日家书《致沅弟》。此则论用兵贵在变化。古人用兵，最讲究变化，令敌方无法窥测。

16.50　凡用兵最重"气势"二字。

【解析】出自同治元年（1862）九月初九日家书《致沅弟季弟》。此则论用兵最讲究气势。

16.51　兵士之力，须常留其有余，乃能养其锐气。缩地约守，亦所以蓄气也。

【解析】出自同治元年（1862）九月初九日家书《致沅弟季弟》，个别文字有改动。此则论如何蓄养士气，与16.50则前后相连成文，可参阅。

16.52　备多则力分，心专则虑周。

【解析】出自咸丰十年（1860）十一月二十一日《复左宗棠》。此则论打仗应专心一致。

16.53 兵事宜从大处分清界限，不宜从小处剖晰微茫。

【解析】出自咸丰十一年（1861）五月十三日家书《致沅弟》。此则论带兵打仗应有大局观。曾国藩劝诫曾国荃要高瞻远瞩，攻守进退必先观大局；带兵打仗，应懂得从大处上把握分寸，不宜纠缠细枝末节。

16.54 凡军事做一节说一节。若预说几层，到后来往往不符。

【解析】出自咸丰十一年（1861）四月二十一日家书《致沅弟》。此则论用兵打仗应见机行事。战场瞬息万变，排兵布阵都是有一说一，如果提前部署之后的几步，后来会发现往往与前面说的不一样。

16.55 锐气有余，沉毅不足，气浮而不敛，兵家之所忌也。打仗不慌不忙，先求稳当，次求变化。

【解析】出自咸丰八年（1858）正月初四夜家书《致沅弟》。此则论打仗应沉稳而机动。曾国藩认为作战时心浮气躁，不知收敛，是兵家的大忌，并送对联以示劝诫，详参见 13.42 则。

16.56 治军总须脚踏实地，克勤小物①，乃可日起而有功。

【注释】

① 克勤：能勤劳。参见 5.44 则注①。

【解析】出自咸丰八年（1858）正月十四日家书《致沅弟》。此则论治军应脚踏实地。

16.57 今年军事，沅弟缄言"稳扎稳打，机动则发"，良为至论。然"机"字殊不易审，"稳"字尤不易到。

【解析】出自咸丰九年（1859）三月初八日家书《致澄弟沅弟季

弟》。此则论打仗应稳扎稳打，又能随机应变。

16.58　用兵之道，随地形敌势而变焉者也，岂有可泥之法，不敝之制？惟夫忠良谋国，百折不回，勇士赴敌，视死如归，斯则常胜之理，万古不变耳！

【解析】出自文集《金陵楚军水师昭忠祠碑记》，作于同治八年（1869）七月十九至二十二日，文字略有删改。此则论用兵应随势而变。

16.59　官军击贼，条条皆是生路，惟向前一条是死路。贼御官军，条条皆是死路，惟向前一条是生路。官军之不能敌贼者以此。

【解析】出处待考。梁启超《新民说·论尚武》一文，征引过此则，称其为曾国藩论兵语录。此则论打仗应激发军心。梁文还说："境不迫者心不奋，情不急者力不挚。"意谓如果不被环境逼迫，心志就不会被激发奋起；如果不是情势危急，力量就不会显露得更勇猛。

16.60　凡战争防守之地，宜有一种肃静之气。

【解析】出自咸丰十一年（1861）十二月初八日书信《复庞钟璐》。此则论防守区应保持肃静，一旦恐惧慌乱，则易动摇军心。

16.61　行军以渡水为最难。不特渡长江阔河为难，即偶渡渐车之水、丈二之沟，亦须再三审慎。恐其半济而击，背水无归，败兵争舟，人马践溺，种种皆兵家所忌。

【解析】出自同治二年（1863）八月十五日书信《复李榕》。此则论行军渡水最难。李榕此次仅派遣六百人渡水扎营，实属冒险轻进，何况是飞渡长江天险。

16.62　李迪庵用兵得一"暇"字诀①。不特其平日从容整理，即其临阵，亦回翔审慎②，定静安虑。

【注释】

① 李迪庵：指李续宾，参见 5.77 则注①。按，底本误作"李希庵"，据《全集》本改。李希庵：李续宜（1822—1863），号希庵，李续宾之弟，湘军著名将领，官至安徽巡抚。

② 回翔：逗留。

【解析】出自咸丰七年（1857）十二月初六日家书《致沅弟》，文字略有删减。此则论用兵应冷静从容。两军决战，将帅尤其需要冷静谨慎，从容理性对待。

16.63　国藩久处兵间，虽薄立功绩，而自问所办皆极拙极钝之事。于"神速"二字，几乎相背；即于古人论兵成法，亦千百中而无什一之合。私心既深自愧叹，又因此颇疑古人之书，皆装饰成文，而不可以尽信。

【解析】出自同治四年（1865）六月二十七日书信《复尹耕云》，个别文字有改动。此则论兵书不可尽信。尹耕云上一年升任河南河陕汝道，来信谈论兵法，援古证今。曾国藩读后获益良多，怀疑古代兵书多有修饰，另可参见 13.38 则。

16.64　打仗要队伍整齐，开枪不可太远，上半日要寂静，下半日收队时要不散漫。弟昔作有《得胜歌》云："起手要阴后要阳，出队要弱收队强。初交手时如老鼠，越打越很如老虎。"① 虽粗浅之言，而精理不外乎是。

【注释】

① 很：通"狠"。

【解析】出自咸丰十年（1860）九月三十日夜书信《复宋梦兰》，个别文字有改动。此则论打仗的注意事项。曾国藩认为太平军极其狡诈，而读书人大多笨拙，故劝诫宋梦兰多向同僚张运兰（字凯章）学习，从浅处、实处下工夫，并赠送自编的《得胜歌》。

16.65　战事无他谬巧①，大约队伍不错乱，枪炮不早发，二者即操可胜之权。

【注释】

① 谬巧：诈术与巧计。

【解析】出自咸丰十年（1860）十月初六日书信《复宋梦兰》，个别文字有删减。宋梦兰刚刚得胜回营，曾国藩深感欣慰，劝诫他队伍要整齐有序，不宜提前开火进攻，就能掌握胜利的主动权。另可参见16.1 则。

梦荪案：古语云"兵者凶器"，又曰"兵者不得已而用之"。夫兵既为凶器，至不得已必须用之，则所以用之之道，有不能不讲者矣。用兵之道有三：一曰定，二曰静，三曰和。何谓定？视死如归，天君泰然①，履险如夷，不忧不惧，如是之谓定。何谓静？沉几观变②，机动则发，稳扎稳打，不浮不躁，如是之谓静。何谓和？不挟私见，败必相救，进退一致，同德同心，如是之谓和。公生平用兵，所以制胜，不外由此三字；至其论兵，亦最能发明此三字。此三字者，制胜之根本也，废一不可者也！无古今中外，皆当如是者也！

【注释】

① 天君：指心，心为思维器官，故称为天君。
② 沉几观变：冷静观察事物，随机应变。几：事物变化前的征兆。

从政类第十七

17.1 为政之道，得人、治事二者并重。得人不外四事，曰广收、慎用、勤教、严绳①。治事不外四端，曰经分、纶合、详思、约守②。

案，得人之道尚有二事：一曰任专，谓信之勿贰也；二曰敬遇，谓待之以礼也。公所言四事固属最要，而此二事亦万不可废。

【注释】
① 严绳：严格监督。
② 经分：剖分。纶合：整合。约守：遵守简约。

【解析】 出自同治元年（1862）四月十三日日记。此则论为政应在选取人才、处理事务上做好八点。

17.2 朱子谓为学须铢积寸累①，为政者亦未有不由铢积寸累而克底于成者也②。陈平之问钱谷不知③，问刑狱不知，旷弃职责④，适以自形其陋而已！岂可以为后世法哉！

【注释】
① 朱子：朱熹，参见"修养类"案语注②。铢积寸累：一点一滴地积累。参见13.29则注②。
② 克：能够。底：通"抵"，达到。
③ 陈平：西汉开国功臣之一，解荥阳、白登之围，擒韩信，诛吕氏，迎文帝，官至丞相，封曲逆侯。
④ 旷：荒废，耽误。

【解析】出自杂著《笔记二十七则·克勤小物》，作于咸丰九年（1859），文字略有增改。此则论治理国家应稳步推进。领导不必亲自办理微小琐细之事，下属必须亲力亲为，应像朱熹所说，治理国家要一点一滴来积累，而不能学西汉陈平玩忽职守。

17.3　处大位大权而兼享大名，自古曾有几人能善其末路者？总须设法将"权位"二字推让少许，减去几成，则晚节渐渐可以收场耳！

【解析】出自同治二年（1863）正月初七日家书《致沅弟》。此则论位高名重者应谦让。咸丰十年（1860）六月，曾国藩任两江总督，授钦差大臣，督办江南军务。曾国荃来信，劝兄长辞去其中一职，曾国藩深以为然，以便将来能够抽身而退，得到善终。

17.4　细观今日局势，若不从吏治人心上痛下工夫，涤肠荡胃①，断无挽回之理！

【注释】

① 涤肠荡胃：清洗人的肠胃，比喻恢复清明公正。

【解析】出自咸丰十年（1860）七月初五日书信《加胡林翼片》。此则论应凝聚人心，痛加整顿吏治。

17.5　居高位之道，约有三端：一曰不与，谓视名位若与己毫无关涉也；二曰不终，谓日慎一日而恐其不终也；三曰不胜，谓懔乎六马①，栗栗深渊，惟恐其不胜任也。

【注释】

① 懔（lǐn）：畏惧。六马：指驾车马众多。见《尚书·五子之歌》："予临兆民，懔乎若朽索之驭六马。"

【解析】出自咸丰十年（1860）六月十二日日记，文字略有删改。此则论身居高位之道在于做到"三不"。

17.6　居大任宜法古帝王者三事：一曰大，二曰勤，三曰谦。舜、禹之不与①，大也；文王之不遑②，勤也；汉文之不称③，谦也。师此三者而出于至诚，庶几免于戾乎！

【注释】

① 舜、禹之不与：参见 1.7 则注②。

② 文王之不遑：参见 1.7 则注①。

③ 汉文之不称：参见 1.7 则注③。

【解析】出自杂著《笔记十二篇·汉文帝》，作于同治十年（1871）二三月间，文字略有增改。此则论身居高位者应效法舜禹的大度、周文王的勤勉和汉文帝的谦虚。

17.7　求治不可过急，宜就所当务者次第施行。做一件算一件，行一步算一步。读书人之通病。往往志大言大，而实不副也。

【解析】出自同治元年（1862）五月十二日批牍《批署和州方牧翊元禀到任后办理地方情形》，文字略有删减。此则论为政不可操之过急，应当稳步推进。

17.8　居崇高之位，则读书、知人、晓事，三者阙一不可①。吾辈颇负清望，尤不能不于此三者猛省而精求之。

【注释】

① 阙：通"缺"，空缺。

【解析】出自同治五年（1866）四月二十八日书信《复刘蓉》，文字有删改。此则论身居高位者应注意的"三点"要求。

17.9　古圣王制作之事①，无论大小精粗，大抵皆本于平争、因势、善习、从俗、便民、救敝；非此六者，则不轻于制作也。吾曩者志事②，以老、庄为体，禹、墨为用③，以"不与""不遑""不称"三者为法④。若再深求六者之旨，而不轻于有所兴作，则咎戾鲜矣！

【注释】

① 制作：礼乐等方面的典章制度，此指治理国家。

② 曩（nǎng）：从前。志事：抱负。

③ 老庄为体，禹墨为用：指秉承老子、庄子静守无为的宗旨，遵循大禹、墨子勤俭朴素的理念。参见1.13则）。

④ "不与""不遑""不称"：参见1.7则的注释。

【解析】 出自同治七年（1868）十二月初五日日记。此则论治理国家应讲求的六条原则与三个办法。

17.10 吾兄弟报国之道，总求实浮于名，劳浮于赏，才浮于事。从此三句切实做去，或者免于大戾。

【解析】 出自同治二年（1863）正月初三日家书《致沅弟》，文字略有删减。此则论报效国家应切实做到"三浮"。

17.11 官气增一分，则血性必减一分。

【解析】 出自咸丰十年（1860）五月十三日书信《复彭玉麟》。此则论为政者应少些官僚气。

17.12 近日省察自己短处，每日怠玩时多，治事时少；看书作字治私事时多，察人看稿治公事时少。职分所在，不克尽责，虽日读古书，其旷官废弛，与废于酒色游戏者一也。

【解析】 出自同治三年（1864）三月十四日日记，文字略有增删。此则论为政者应多省过反思，同时警省自己。

17.13 日内应酬繁多，神昏气乏，若不克支持者，然后知高官巨职，足以损人之智而长人之傲也。

【解析】出自同治二年（1863）二月三十日日记。此则论为政者应减少应酬，保持精神。

17.14　每日临睡之时，默数本日劳心者几件，劳力者几件，则知宣勤国事之处无多，更竭诚以图之，此"劳"字工夫也。

【解析】出自同治元年（1862）五月十五日家书《致沅弟季弟》，个别文字有改动。此则论为政者应每日反思自己是否勤劳报国。

17.15　凡说话不中事理，不担斥两者，其下必不服。

【解析】出自咸丰十一年（1861）四月初八日家书《致沅弟》。此则论为政者说话应有条理。此论有一定道理，但也不是金科玉律，有的人说话虽无条理，但讲仁义，也会有人信服的。

17.16　声闻之美，可恃而不可恃。善始者不必善终，行百里者半九十里。誉望一损，远近滋疑。当名望正隆之际，务宜力持不懈，有始有卒。

【解析】出自咸丰八年（1858）四月初九日家书《致沅弟》，个别文字有删改。此则论为政者应注重声誉，善始善终，避免晚节不保。

17.17　除却"耐劳尽忠"四字，别无报国之道，亦别无保家之法。

【解析】出自同治六年（1867）三月十六日书信《复李昭庆》。此则论为政者应耐劳尽忠，方能报国保家。

17.18　居官四败：曰昏惰任下者败，傲狠妄为者败，贪鄙无忌者败，反覆多诈者败。

【解析】出自同治七年（1868）二月二十九日日记。此则论为官有"四败"。曾国藩将居官四败、居家四败写在日记里，用来警示自我。

17. 19　吾辈久居高位，一有不慎，名声即损。惟当小心谨畏，时时若有愆尤在身①，则自然无过矣。

【注释】

① 愆（qiān）尤：过失，罪咎。

【解析】 出自同治八年（1869）四月十五日书信《复黄翼升》，黄翼升为湘军水师将领。个别文字有增添。此则论高官更应谨慎敬畏。

17. 20　用绅士不比用官，贵在奖之以好言。见一善者，则痛誉之；见一不善者，则浑藏而不露一字。久之，善者劝，而不善者亦渐移而默转矣。

【解析】 出自咸丰七年（1857）正月二十六日家书《致沅弟》，文字略有删改。此则论为政者选用绅士应慎重，巧妙高明地扬其善抑其不善，易收到事半功倍的效果。

17. 21　用人极难，听言亦殊不易，全赖见多识广，熟思审处，方寸中有一定之权衡。

【解析】 出自同治三年（1864）正月十七日家书《致沅弟》。此则论为政者应虚心择纳建议，不是毫无主见的言听计从，而是深思熟虑、再三权衡之后的从善如流。

17. 22　沅弟爱博而面软，向来用人失之于率，失之于冗。以后宜慎选贤员，以救"率"字之弊；少用数员，以救"冗"字之弊。

【解析】 出自同治五年（1866）三月二十六日家书《致澄弟沅弟》。此则论用人选贤宜慎宜精。另参见 13.55 则。

17. 23 整饬吏治，全在"破除情面，著诚去伪"八字。

【解析】出自咸丰十一年（1861）九月十一日书信《复毛鸿宾》。此则论整顿吏治应遵守的八字方针。讲人情，走关系，弄虚作假，是吏治腐败的根源，必须坚决予以铲除。

17. 24 大抵欲革弊者，必新章十分妥善，远胜旧章，然后下手；否则不可轻动。

【解析】出自咸丰十年（1860）七月二十一日书信《复李瀚章》。此则论革除旧弊应考虑周全。改革不是一蹴而就的，不可冒险激进，而应稳步推进。

17. 25 先哲称利不什不变法①，吾谓人不什不易旧。

【注释】

① 利不什不变法：语出《商君书·更法》："利不百，不变法；功不十，不易器。"指没有百倍的利益，就不要轻易变法；没有十倍的功效，就不要轻易更换器具。

【解析】出自同治二年（1863）九月初六日书信《复陈鼐》，个别文字有删改。此则论没有一定数量的人才就不可轻易变法。人才是推行改革的实施者，更是决定改革成败的主导者。

17. 26 方今民穷财困，吾辈势不能别有噢咻生息之术计①，惟力去害民之人，以听吾民之自孳自活而已②！

【注释】

① 噢（yǔ）咻（xiū）：亦作"燠休"，安抚，抚慰。
② 孳（zī）：繁殖。

【解析】出自咸丰三年（1853）二月二十七日书信《与朱孙贻》。朱孙贻为湘军肇基者，此则论乱世当用重典。只有竭力清除祸害百姓的人，才能让百姓休养生息，生活得到改善。

17.27　驭下之道，莫先于严，特恐明不旁烛①，则严不中礼耳。

【注释】

① 旁：通"傍"，靠近。

【解析】 出自咸丰十一年（1861）十月初六日日记，文字略有删改。此则论管理下属应恩威并重。严刑峻法，易失于刻薄寡恩。曾国藩的高明之处在于恩威兼施，礼法合一。

17.28　凡道理不可说得太高，太高则近于矫，近于伪。吾与僚友相勉，但求其不晏起，不撒诳①。二事虽最浅近，而已大有益于身心矣。

【注释】

① 诳（kuáng）：撒谎。

【解析】 出自咸丰十一年（1861）八月二十八日批牍《批杨大令芋庵禀施政举措由》，个别文字有改动。此则论为政者说理应浅近切实。大道须至简，受益方长远。

17.29　少取一分，则苏一分之民困①。

【注释】

① 苏：缓解。

【解析】 出自同治三年（1864）批牍《批湘前营营务处梅守锦源禀奉札查复湘前各营勇夫在青阳骚扰百姓及朱镇品隆上年招降古隆贤并无受贿各情由》。此则论为政者不应与民争利。西汉大儒董仲舒曾言："受禄之家，食禄而已，不与民争业，然后利可均布，而民可家足。"说的正是做官员不应和老百姓争夺产业。

17.30　弟菲才薄德，本不足以有为，又值精力疲惫之后，大局溃坏之秋，深恐陨越①，诒知己羞②。所刻刻自惕者，不敢恶规谏之言，不敢怀偷安之念，不敢妒忌贤能，不敢排斥异己，庶几借此微诚，少补迂拙。

【注释】

① 陨（yǔn）越：失职。

② 诒知己羞：同"贻羞知己"，使知己蒙受羞辱。诒，通"贻"，给与。

【解析】 出自咸丰十年（1860）六月初四日书信《复毛鸿宾》，文字略有删改。此则论为政者之"四不敢"。

17.31 吾辈所最宜畏惧敬慎者：第一，则以方寸为严师①；其次，则左右近习之人；又其次，乃畏清议②。

【注释】

① 方寸：内心，此指良知。

② 清议：对时政的议论，社会舆论。

【解析】 出自同治二年（1863）四月十六日家书《致沅弟》。此则论为政者应畏惧敬慎。此时曾国荃被任命为浙江巡抚，来信商议辞谢，却在公牍上署"浙江抚部院"。曾国藩认为他上疏辞官又署新衔，表里不一，虚伪矫情，是在欺骗自己、欺骗朝廷，故告诫曾国荃应该敬畏谨慎。

17.32 位愈高，则誉言日增，箴言日寡；望愈重，则责之者多，恕之者少。

【解析】 出自咸丰十年（1860）六月十四日书信《复邓汪琼》。此则论位高权重者应多批评和自我批评。曾国藩感谢塾师邓汪琼的夸奖，但受命剿灭太平军，常担心失职，希望他继续惠赐规劝之言。

17.33 以廉律己，以勤治事，以公处人，此三者阙一不可①。

而欲求绅民之钦服，尤在取与之际，一丝不苟。

【注释】

① 阙：通"缺"，缺少。

【解析】 出自同治四年（1865）批牍《批委查亳州圩务李丞炳涛禀到差日期及奉批访查各缘由》。此则论为政者应做到"三以"。僚友李炳涛履职亳州，曾国藩劝勉他务必清廉自律，勤于政事，待人公平。

17.34　"勤廉"二字，系为政之本。平日必须于此二字认真体会，俾案无片纸积留之牍①，室无不可告人之钱，自有一种卓然自立之象。

【注释】

① 俾（bǐ）：使（达到某种效果）。

【解析】 出自同治六年（1867）十二月初一日批牍《批太平县知县蒋山禀接印任事日期由》。此则论勤廉是为政之本。太平县知县蒋山不改书生本色，颇有吏才。曾国藩继续劝勉他，勤劳廉洁是为政之本，平时必须认真体会践行。

17.35　居高位者，何人不败于自是？何人不败于恶闻正言哉？

【解析】 出自咸丰十年（1860）十一月初二日日记。此则论高官不可自以为是，而应虚怀若谷。身居高位的人，大多由于自以为是、把忠言当作恶语而失败。位高权重的人，如果自命不凡，深居不出，自然难以做到虚怀若谷、明辨是非、从善如流。

17.36　凡公事迟延，通弊有二：一曰支①，二曰展②。支者，推诿他人③，如上级仰中级，中级仰下级，一经转行，即算办毕，但求出门，不求了事是也。展者，迟延时日，如上月展至下月，春季展至夏季，愈宕则愈松④，担迟不担错者是也。

【注释】

① 支：支配。

② 展：延缓，放宽期限。

③ 推诿（wěi）：推卸责任。

④ 宕（dàng）：拖延。

【解析】出自杂著《直隶清讼事宜十条》，作于同治八年（1869）二月十九至三月初五日。此则为第一条"通省大小衙门公文宜速"中语。此则论公事迟延的两个通病。官僚主义害人害己，误国误民，必须予以破除。

17.37　吾辈位高望重，他人不敢指摘，惟当奉方寸如严师①，畏天理如刑罚，庶几刻刻敬惮②。

【注释】

① 方寸：指良知。

② 敬惮（dàn）：敬畏。

【解析】出自同治元年（1862）十二月初十日书信《复李续宜》。此则论为政者应有敬畏之心。军情紧急，曾国藩希望李续宜丁忧假期一满，火速回营效命。如果再推迟，在"忠"字上就有亏欠。

17.38　三四十年来一种风气，凡凶顽丑类①，概优容而待以不死。自谓宽厚载福，而不知万事堕坏于冥昧之中②，浸渍以酿今日之流寇③，岂复可暗弱宽纵，又令鼠子蜂起？闻台端刬除强暴④，不遗余力，鄙怀欲取为伐柯之则⑤。

【注释】

① 丑类：恶人，对敌人的蔑称。

② 冥昧：蒙昧。

③ 浸渍：逐渐溃败。流寇：指太平军。

④ 台端：称呼对方的敬辞。刬（chǎn）除：铲除。

⑤ 伐柯之则：做斧柄，不必去远处询问标准，只要按照手中斧柄的长短即可。此谓作为自己学习的准则。

【解析】 出自咸丰三年（1853）正月书信《复胡林翼》，个别文字有改动。此则论破除坏风气以除暴安良。

17.39　三四十年来，应杀不杀之人充满山谷，遂以酿成今日流寇之祸①，岂复可姑息优容②，遂贼作子，重兴萌孽而贻大患乎？

【注释】

① 流寇之祸：指洪秀全建立太平天国，反抗清朝。

② 优容：此指纵容。

【解析】 出自咸丰三年（1853）正月书信《与冯卓怀》，冯卓怀为曾氏老友。个别文字有改动。此则论乱世应用重典。

17.40　予学浅识薄，谬膺高位①，虽在宦海之中，却时作上岸之计。要令罢官家居之日，己身可以淡泊，妻子可以服劳②，可以对祖父兄弟，可以对宗族乡党，如是而已。

【注释】

① 膺（yīng）：接受，承担。

② 服劳：服事效劳。

【解析】 出自道光二十九年（1849）四月十六日家书《致澄弟温弟沅弟季弟》，个别文字有删减。此则论为政者应有敬畏愧对之心和去就之念。

17.41　立法不难，行法为难。总求实实行之，且常常行之。

【解析】 出自咸丰十年（1860）三月二十二日书信《批李榕禀信尾》，个别文字有删减。此则论执法难于立法。依法治国，前提是有法可依，关键是执法必严。有法不行，法令如同一纸空文。

17.42　凡银钱一分一毫，一出一入，无不可对人言之处，则身边之人不敢妄取矣；凡文书案牍，无一不躬亲检点，则承办之人不敢舞弊矣。

【解析】出自杂著中《劝诫浅语十六条·劝诫州县四条》，作于咸丰十一年（1861）八月二十至九月二十二日，文字略有增删。此则论为政者应廉洁勤劳。此则为第一条"治署内以端本"，即整治幕友、家丁、差役等署内人员端正根本。《论语·子路》："其身正，不令而行。"官员一身正气，吏治自然清正廉明。

17.43　圣人赏一人而天下劝，刑一人而天下惩，固不废左右之言而昧兼听之聪①，亦不尽信左右之言而失独照之明②。

【注释】
① 左右：近臣，侍从。昧：隐藏，此指掩盖，遮蔽。
② 独照：独到的眼光，独特的认识。

【解析】出自文集中《烹阿封即墨论》，作于道光二十三年（1843）三月初十日。此则论为政者应兼听兼信。魏徵进谏唐太宗李世民："兼听则明，偏信则暗。"兼听而不偏信，才能是非分明，不至于愚昧无知。这也适用于政府官员，乃至天下人。

梦蕻案：官吏者，人民之公仆也。官吏既为人民之公仆，必矢慎矢勤①，厥职无忝②，乃能百废具举，乃能为民兴利除弊。若视官如传舍③，以官为利薮④，则为富不仁，无恶不作，其贻害地方，有不可卒言者矣！公身膺疆寄，为民公仆，垂十余年，公仆之况味，已尽尝之；公仆之职责，亦既深知之；兴利除弊，在在堪法；以云忠仆，可当无愧！今即其所言观之，其所以历叙其如何为公仆，与诏示人当如何为公仆者，亦字字堪师也。破除情面，著诚去伪，得人治事，并皆认真。是公对吏治致力处，亦是凡为公仆者当引以为法处。不避嫌怨，有罪必罚，私不废公，所谓破除情面者莫外乎是矣；对上处下，毫不取巧，直爽忠实，无欺无蔽，所谓著诚去伪者莫外乎是矣；不专任亲旧而为人谋事，必力求贤材而为事择人，所谓得人者莫外乎是矣。人分其劳，己总其成，手眼俱到，心力交瘁，所谓治事者莫外乎是矣！

【注释】

① 矢慎矢勤：立誓谨慎和勤勉。

② 厥职无忝：不辱没自己的职守。

③ 传（zhuàn）舍：供行人休息住宿的处所，今指旅馆、饭店。

④ 利薮（sǒu）：财利的聚集处。

学术类第十八

18. 1　天下之大事，无在不当考究①。考究之法，皆以现代为主，而历溯前代之沿革本末，衷之以仁义，归之以易简。前世所袭误者，可以自我更之；前世所未及者，可以自我创之。其苟且者，知将来之必敝；其至当者，知将来之必因。所谓虽百世可知也。

正前世所袭误，补古人所未及，进化精神于是焉在，知识之比较可靠，亦于是焉在矣。

【注释】

① 考究：考索研究。

【解析】出自咸丰元年（1851）八月二十二日日记，文字略有增改。此则论治学应有现代精神。曾国藩针对官场腐败，国力衰弱，提出革新之法：要知古鉴今，融古通今，用仁义来折中，以简易为趋向，敢于创新而不因循守旧，敢于改革而能展望未来。治学亦如此，要有科学、理性、创新的现代精神。

18. 2　世间万事纷纭，无在不当讲究。讲究之法，不外"学""问"二字。学于古，则多看书籍；学于今，则多觅榜样。问于当局①，则知其甘苦；问于旁观，则知其效验。勤习不已，才自广而不觉矣。

【注释】

① 当局：局中，比喻身当其事。

【解析】出自杂著中《劝诫浅语十六条·劝诫委员四条》，作于咸丰十一年（1861）八月二十日至九月二十二日，文字略有增改。此则为第三条"勤学问以广才"，官员应该凡事多研究，方法就是向书本和榜样学习，向经验丰富的人和旁观者请教，勤苦练习，才学自然越来越广博。

18.3　人之才智，上哲少而中下多；有生又不过数十寒暑，势不能于各种学术遍观而尽识之。是以贵慎其所择，而先其所急。

【解析】出自杂著《劝学篇示直隶士子》，文字略有删减，作于同治八年（1869）七月初四至初六日。曾国藩认为中等资质者学习上要善于选择，有所侧重，先解决紧急而重要的。诚如流行语所言："人生最重要的不是努力奋斗，而是抉择。"做正确的事，比做事正确更重要！

18.4　为学之道，不可轻率评讥古人。惟学问远过古人，乃可评判而等差其高下。今人学问远不如古，动好评贬古人而等差之，皆狂妄不知自量之习。善学者于古人之书，一一虚心涵咏，而不妄加评骘，斯可矣！

批评态度，为学问所当有事。但实无高见而妄加评骘，似未免近武断，学者当以此为戒也。

【解析】出自同治七年（1869）三月二十五日日记，文字略有删改。此则论不可妄议古人学问。曾国藩此夜与长子纪泽谈论为学之道。善于学习的人，对于古人的著述与学问，都是虚心学习，体会揣摩，而不是轻易评论。为学者应先融汇众家之长来补己之短，而非动辄品评高下来显示自己的"高明"。

18.5　朱子言为学譬如熬肉，先须用猛火煮，然后用慢火温。予生平工夫全未用猛火煮过，虽略有见识，乃是从悟境得来。偶用功，亦不过优游玩索已耳！如未沸之汤，遽用慢火温之，将愈温愈不熟矣。

【解析】出自道光二十二年（1842）九月十八日家书《致澄弟温弟沅弟季弟》，文字略有删改。此则论治学的方法。曾国藩引用朱熹的话和自身经历来劝诫诸位弟弟，读书亦有方法，犹如炖肉，先用大火猛攻，以求煮熟；再用小火慢炖，以求烂透。

18.6　用功譬若掘井，与其多掘数井而皆不及泉，何若老守一井，力求及泉而用之不竭乎？

【解析】出自道光二十二年（1842）九月十八日家书《致澄弟温弟沅弟季弟》。好友吴嘉宾向曾国藩说，治学的秘诀是持之以恒。但若在某领域一直毫无建树，就得反思是否钻进死胡同；若是，应趁早更换方向，尽快止损。

18.7　求业之精，别无他法，曰专而已矣。谚云"艺多不养身"，谓不专也。

【解析】出自道光二十二年（1842）九月十八日家书《致澄弟温弟沅弟季弟》。此则论治学应专精。曾国藩总结自己掘井多而无泉可饮，乃用心不专所致。治学要想做到精深，必须专心致志，身体力行，持之以恒，这样才会有所成就。

18.8　孔孟之学，至宋大明。然诸儒互有异同，不能屏绝门户之见。朱子主道问学①，何尝不洞达本原？陆子主尊德性②，何尝不实征践履？

【注释】

① 朱子：朱熹，参见"修养类"案语注②。道问学：语出《礼记·中庸》："君子尊德性而道问学。"指君子既要尊重与生俱有的善性，也要经过后天学习来发展善性。

② 陆子：陆九渊，参见13.29则注①。

【解析】 出自同治元年（1862）十二月书信《复夏教授》。此则论朱陆学术实则同一。安徽颍州府教授夏炘推尊朱熹之学，并寄来大作。曾国藩认为他心志高远，但看待儒家治学有失偏颇。尊德性是存心之功，道问学是致知之业，朱、陆本质同一，二者不可偏废。

18.9　人心当丽事①，物以求知，不可舍事物而言知。《大学》"致知在格物"，谓吾心之知必与事物相丽相交，不可离物以求知也。至朱子释为穷之至于其极②，则于"格"字求之太深，似反多一障耳。

【注释】

① 丽：附着，依附。

② 朱子：朱熹，参见"修养类"案语注②。

【解析】 出自《求阙斋读书录·经·诂训杂记》，文字有删改。此则论"格"字的含义。曾国藩认为《大学》的"格物"之说，讨论上千年，至今无定论，而朱熹也求之过深、陈义太高，应当释为根据具体事物来推究原理、获取知识。

18.10　由博乃能返约，格物乃能正心。

【解析】 出自咸丰十年（1860）八月二十一日书信《复夏炘》。此则论治学应由博返约。曾国藩认为自清乾隆、嘉庆以来，士大夫治训诂学的，驳斥宋儒空疏；治性理学的，讥讽汉儒繁琐。应该扫除门户之见，会通汉宋之学，学至广博之后，撮其精要，归于简约；穷究事物原理，获取知识，才能使人心归于醇正。

18. 11　周末诸子，各有极至之诣。其所以不及孔子者，此有所偏至，即彼有所独缺，亦犹夷、惠之不及孔子耳①。若游心能如老、庄之虚静②，治身能如墨翟之勤俭③，齐民能如管、商之严整④；而又持之以不自是之心，偏者裁之，缺者补之，则诸子皆可师，不可弃也。

只知求个是，不知所谓门户，古今能如此以求学者，曾有几人？

【注释】

① 夷：指伯夷，殷商晚期孤竹国君长子，与其弟叔齐齐名，因耻食周粟，饿死首阳山。惠：指柳下惠，姬姓，展氏，名获，谥号惠，因其封地在鲁国柳下，故名。为人思想纯正，坐怀不乱，孔子称之为“逸民”，孟子称之为“和圣”。

② 老、庄：道家代表人物老子和庄子。

③ 墨翟：墨家创始人墨子。

④ 管、商：法家代表人物管仲、商鞅。

【解析】出自咸丰十一年（1861）八月十六日日记，文字略有改动。此则论治学应博采众长。此日曾国藩与曾国荃谈及家运和学问，认为治学应博采众家，融会贯通。

18. 12　近年在军中阅书，稍觉有恒，然已晚矣。故望尔等于少壮时，即从“有恒”二字痛下工夫。然须有情韵趣味，养得生机盎然，乃可历久不衰。若拘苦疲困①，则不能真有恒也。

【注释】

① 拘苦：约束刻苦。

【解析】出自同治四年（1865）七月十三日家书《谕纪泽》。此则论读书贵在有恒心。曾国藩向纪泽传授读书之法，少壮时期应下工夫训练恒心，可寻找情趣来保持恒心。

18.13 老年读书，如旱苗业已枯槁①，而汲井以灌溉，虽勤而难以得益。古人所以戒时过而后学也。

【注释】
① 枯槁：草木枯萎。

【解析】 出自同治八年（1869）七月二十六日日记，文字略有增改。此则论读书应趁早。此夜曾国藩督促儿子背诵《礼记》，十点半才入睡。人过了适学的年纪，再去读书，只会事倍功半，收效甚微。

18.14 余生平虽颇好看书，总不免好名好胜之见参预其间，是以无《孟子》"深造自得"一章之味①，无杜元凯"优柔餍饫"一段之趣②，故到老而无一书可恃，无一事可成。今虽暮齿衰迈，当从"敬""静""纯""淡"四字上痛加工夫，纵不能如孟子、元凯之所云，但养得胸中一种恬静书味，亦稍足自适矣。

【注释】
① 深造自得：语载《孟子·离娄下》，指君子用正确的方法来得到高深的造诣，即要求君子自觉地有所得。
② 杜元凯：杜预（222—285），字元凯，京兆杜陵（今陕西西安）人，能征善战，博学多才，时人誉之为"杜武库"，著有《春秋左氏经传集解》。优柔餍（yàn）饫（yù）：语出杜预《〈春秋左传集解〉序》，指为学能从容求索，深入体味。

【解析】 出自同治八年（1869）六月二十八日日记。晚年的曾国藩自谦平生虽喜欢看书，但不免争名好胜，没有孟子所谓的通过自觉参悟来得到高深造诣的味道，也没有杜预从容求索而深入体悟的趣味。读书治学，应少些功利之心，多些恬淡之趣。

18.15 余从前教人，常限以功课，近来觉限人以课程，往往强人以所难。苟其不愿，虽日日遵照限程，亦复无益，故近来教人，但有一"专"字耳。

【解析】出自道光二十三年（1843）六月初六日家书《致温弟》，个别文字有改动。此则论读书应专心。曾国藩省察自己教人学习的方法，从前给人指定每日课程，贪多务得，往往强人所难，结果收效甚微，故劝诫曾国华应专心致志学习，一本书没有看熟，断不可看其他书，如此才有收获。

18.16 凡读书有为己、为人之分①。为人者，纵有心得，亦已的然日亡②。予于杜诗，不无一隙之见，而批点之时，自省良有为人之念，虽欲蕴蓄而有味，得乎？

【注释】

① 为己：语出《论语·宪问》，为了提升自我修养而读书。为人：为了向别人炫耀自己才学而读书。

② 的然：明显的样子。日亡：一天天消失。

【解析】出自道光二十三年（1843）二月十七日日记。此日曾国藩到湖广会馆读书，认为读书有为己和为人之分，读书的最终目的是提升自我修养，当日批点杜诗时有心得，却不免滋生逞才的念头。

18.17 学者用力，固宜于幽独之中，先将为己、为人之界分别明白，然后审端致力①。种桃得桃，种杏得杏。未有根本不正，而枝叶发生能自畅茂者也②。

【注释】

① 审端：检查修正。

② 畅（chàng）茂：繁茂。畅，同"畅"。

【解析】出自咸丰八年（1858）十一月初九日日记。此则论治学应戒除名利之心。此日曾国藩批点吴嘉宾的《诗经说》，认为读书治学是孤独清苦之事，动机纯而根本正，学问才会枝繁叶茂。钱锺书说："大抵学问是荒江野老屋中二三素心人商量培养之事，朝市之显学必成俗学。"

18.18　学问之事，以日知月无忘为吃紧语①；文章之事，以读书多、积理富为要。

【注释】

① 日知月无忘：参见 15.33 则注①。吃紧：重要，要紧。

【解析】 出自道光二十一年（1841）二月二十四日日记。曾国藩写信给郭嵩焘，谈论学问、文章的关键。

18.19　心得语一经说破，胸中便无余味，所谓德之弃也①。况无心得，而有掠影之谈乎？

【注释】

① 德之弃：语出《论语·阳货》，指在路上听到传闻，不加考证而随意传播，这是道德所唾弃的。

【解析】 出自道光二十二年（1842）十月初五日日记。此则论治学力戒卖弄。曾国藩此日下午去冯卓怀家，责备人家日课；晚饭后与陈源兖谈诗论字，高谈阔论。夜里写日记反省自己夸夸其谈没有节制。四处显摆学问，生怕别人不知晓，实则有损修养。

18.20　古人格言虽多，然皆有至要之处。得之如探骊得珠①，失之如舍本根而图枝叶，亦在乎吾人之慎择而已矣。

【注释】

① 探骊得珠：出自《庄子·列御寇》，比喻应试得第或吟诗作文能抓住关键。

【解析】 出自咸丰十年（1860）闰三月十八日日记，文字略有增改。

此则论治学应求根本、慎选择。此日曾国藩体悟出八件事情不可背离根本的道理，并打算将书斋命名为"八本堂"。读书与治学，知道关键才能探骊得珠，事半功倍。

18.21　凡事皆贵专。心有所专宗，而博观他途以扩其识，亦无不可；无所专宗，而见异思迁，此眩彼夺^①，则大不可！

【注释】

① 此眩彼夺：这边炫目，那边也光彩夺目，形容贪婪的人的欲望没有止境。

【解析】 出自道光二十四年（1844）正月二十六日家书《致澄弟温弟沅弟季弟》，文字略有删减。六弟曾国华、九弟曾国荃打算在省城读书，在罗泽南处一起研习日课。曾国藩劝诫二位弟弟凡事要专心，求师交友也如此，专一才能受益匪浅；若读书治学心不专一，东一榔头西一棒槌，则很难有所建树。

18.22　学问之道无穷，而总以有恒为主。虽极忙，亦须了本日功课，不以昨日耽搁而今日补做，不以明日有事而今日预做。若能有恒如此，则虽中等之资，亦当有所成就，况上等之资乎！

【解析】 出自道光二十四年（1844）十一月二十一日家书《致澄弟温弟沅弟季弟》，文字略有删减。此则论治学贵在有恒。虽说勤能补拙，但有些学问还是需要天赋的。

18.23　孔子所谓"下学上达"^①，"达"字中必有一种洞澈无疑意味，即苏子瞻晚年意思深远^②，随处自得，亦必有脱离尘垢、卓然自立之趣。吾困知勉行，久无所得，年已五十，胸襟意识，犹未免为庸俗之人，可愧也已！

【注释】

① 下学上达：语出《论语·宪问》，指君子学习一些平常的知识，也能透彻

了解其高深的道理。

② 苏子瞻：苏轼，参见 2.9 则注①。

【解析】出自咸丰九年（1859）十二月初八日日记。曾国藩此夜失眠，省思到孔子"下学下达"的"达"字有洞彻天命、通达透脱的意味，与苏轼晚年乐天旷达、脱俗自立的趣味相近。治学亦如此，应讲求读书得间，卓然自立，脱去凡俗，追求圆融透彻的境界。

18.24　学贵初有决定不移之志，中有猛勇精进之心，末有坚贞永固之力。

【解析】出自文集中《国朝先正事略序》，作于同治八年（1869）三月二十七至三十日。幕僚李元度编纂《国朝先正事略》，曾国藩为之作序，认为治学初期要有志向，中期要有决心，最后要有定力。

18.25　书籍之浩浩，箸述者之众①，若江海然，非一人之腹所能尽饮也，要在慎择焉而已。

【注释】

① 箸（zhù）述：通"著"，著述。

【解析】出自文集中《圣哲画像记》，作于咸丰九年（1859）正月二十一日。曾国藩认为世间书籍浩繁，读书应慎重选择，走学术正轨，不必太贪心。钱穆《学龠·近百年来诸儒论读书》赞曰："读书能选择，实为守约之第一要义。而选择的标准，应该'先务乎其大'。最可代表这种精神的是曾氏的《圣哲画像记》。……曾氏《圣哲画像记》所论，若以专家博士的眼光来评量，有人不免将目其为浅陋。但若注意到社会上一般人物之陶冶与进修，则曾氏的见解，实在是极可取法了。"读书首在选择，贵在精深，这在知识爆炸的今天可奉之为不二法门。

18.26 六经义精词约，非潜心玩味，本难领其旨趣。然熟读《诗经》，自足使人之情韵日深；熟读《左传》，自足使人之笔力日健；熟读《礼记》"曲礼""内则""少仪"诸篇，自足使人威仪运作皆有范围①；熟读"乐记""学记""祭义"，自足使人心思识趣皆有把握。

【注释】

① 威仪：古代祭享等典礼中的动作仪节及待人接物的礼仪。范围：界限。

【解析】 出自同治五年（1866）五月初九日书信《复邵顺国》，个别文字有改动。此则论研读六经之法。曾国藩对挚友邵懿辰之子邵顺国传授读书之法：年轻时应当先读儒家经典，其次读史书，复次读科举考试的八股文。关于六经，《庄子·天下》说："《诗》以道志，《书》以道事，《礼》以道行，《乐》以道和，《易》以道阴阳，《春秋》以道名分。"

18.27　无论何书，总须从首至尾通看一遍。不然，乱翻几页，摘抄几篇，而此书之大旨精处茫然不知也。

【解析】 出自道光二十三年（1843）六月初六日家书《致温弟》，个别文字有改动。此则论读书应全部通读，抓住精髓。此日曾国藩特意写信指导曾国华读书：八股文须学《东莱博议》，先用笔圈点一遍，然后自选篇章熟读。读书不是翻书，应细读深思，弄懂搞通。

18.28　看书须以勤敏为之，不必惑于"在精不在多"之说。如煮饭然，歇火则冷，小火则不熟，须用大柴大火乃易成也。

【解析】 出自咸丰六年（1856）十一月二十九日家书《致澄弟》，文字略有删改。此则论读书应勤奋机敏。即使军务繁忙，曾国藩也坚持每天读书，故他劝导正在读《汉书》的纪泽，务必趁热打铁，勤奋刻苦，才能有所得。

18.29　凡读书无甚心得，皆由不能虚心涵咏，切己体察。即如《离娄》首章"上无道揆，下无法守"①，吾往年读之，亦无甚警惕。近岁在外办事，乃知上之人必揆诸道，下之人必守乎法。若上失其道，下违乎法，则交相逆施②，而乱无极矣！"爱人不亲"章③，往年读之，不甚亲切。近岁阅历日久，乃知治人不治者，智不足也。此切己体察之一端也。"涵咏"二字，最不易识，余尝以意测之。曰：涵者，如春雨之润花，如清渠之溉稻。春雨之润花，过小则难透，过大则离披；清渠之溉稻，过小则枯槁，过多则伤涝，适中则涵养而浡兴④。咏者，如鱼之游水，如人之濯足。程子谓鱼跃于渊⑤，活泼泼地；庄子言濠梁观鱼⑥，安知非乐，此鱼水之快也。左太冲有"濯足万里流"之句⑦，苏子瞻有《夜卧濯足》诗⑧，有《浴罢》诗，亦人性乐水者之一快也。善读书者，须视书如水，而视此心如花如稻如鱼如濯足，则"涵咏"二字，庶可得之于意言之表。

所谓虚心涵咏，所谓切己体察，只"心到"二字尽之。

【注释】

① 上无道揆，下无法守：语出《孟子·离娄上》，指在上的没有道德轨范来揣度事物，在下的没有法律制度来遵守执行。揆（kuí）：揣测。

② 逆施：悖理行事。

③ 爱人不亲：出自《孟子·离娄上》，指我爱别人，如果别人不亲近我，就得反问自己的仁爱够不够。

④ 浡（bó）：旺盛。

⑤ 程子：北宋大儒程颢，与弟程颐师从周敦颐，为北宋理学奠基人，世称明道先生。鱼跃于渊：语出《二程遗书·谢显道记忆平日语》，指君子之道，如鱼在水，有生机活泼之状。

⑥"庄子"句：指《庄子·秋水》篇，记庄子与惠施同游濠梁，观鱼出游从容，辩论是否知鱼之乐。后比喻逍遥快乐。

⑦ 左太冲：左思（约250—305），字太冲，临淄（今属山东）人，西晋著名文学家。濯足万里流：语载左思《咏史八首》其五，指在水流万里的江河旁洗去脚上的污垢，形容放弃世俗生活，追求自由恬淡的人生态度。

⑧ 苏子瞻：苏轼，参见2.9则注①。按，《东坡后集》卷六有《夜卧濯足》《次韵子由浴罢一首》。

【解析】出自咸丰八年（1858）八月初三日家书《谕纪泽》，文字略有删改。此则论读书应虚心涵泳，切己体察。曾国藩认为纪泽读《四书》没有心得，是因为不能虚心涵泳和切己体察之故。切己体察，即结合实际，认真体会省察，反诸求己；虚心涵泳，即虚怀若谷，反复玩味推敲，熟读深思。

18.30　学者于看、读、写、作，四者缺一不可。看者涉猎宜多宜速，读者讽咏宜熟宜专①。看者"日知其所亡"，读者"月无忘其所能"②。看者如商贾趋利，闻风即往，但求其多；读者如牝鸡伏卵③，日夜不休，但求其久。看者如攻城拓地，读者如守土防隘④。二者截然两事，不可阙，亦不可混⑤。至写字，不多则不熟，不熟则不速。无论何事，均不能敏以图功。至作文，则所以瀹此心之灵机也⑥。心常用则活，不用则窒，如泉在地，不凿汲则不得甘醴⑦；如玉在璞，不切磋则不成令器⑧。

今古名人，以常作文为一要事者，诚大有由也。亦只是发明眼到、口到、手到、心到之义。

【注释】
① 讽：不看着书本念，背书。
② "日知""月无"二句：参见15.33则注①。
③ 牝（pìn）鸡伏卵：母鸡孵蛋。

④ 隘：险要的地方。

⑤ 阙：通"缺"，空缺。

⑥ 瀹（yuè）：疏导，洗涤。

⑦ 甘醴（lǐ）：甘甜的泉水。

⑧ 令：优美的。

【解析】出自咸丰九年（1859）六月二十四日书信《复邓汪琼》，文字略有删改。此则论学者读书研学应注重看、读、写、作四个方面。

18.31　看书固属最要，读书亦决不可偏废。如"四书"《诗经》《易经》《左传》诸经，又如李、杜、韩、苏之诗①，韩、欧、曾、王之文②，非高声朗诵则不能得其雄伟之概，非密咏恬吟则不能探其深远之韵③。

【注释】

① 李、杜、韩、苏：李白、杜甫、韩愈、苏轼四位唐宋大诗人。

② 韩、欧、曾、王：韩愈、欧阳修、曾巩、王安石四位唐宋古文大家。

③ 密咏恬吟：恬静地吟咏。

【解析】出自咸丰八年（1858）七月二十一日家书《谕纪泽》，文字略有增改。此则论诵读经典不可偏废。经典必须时时温习，朗读成诵，这是比较靠谱的读书之法。

18.32　尔读书记性平常，此不足虑！所虑者，第一怕无恒，第二怕随笔点过一遍，并未看得明白，此却是大病；若实看明白了，久之必得些滋味，寸心若有怡悦之境，则自略记得矣。尔不必求记，却宜求个明白。

【解析】出自咸丰九年（1859）六月十四日家书《谕纪泽》。此则论读书应持之以恒、理解透彻。纪泽读书，记性平平。曾国藩劝导他不用担心，关键在于持之以恒和理解透彻。读书不可囫囵吞枣，而应明白通透，由读书得到快感，让阅读成为悦读。

18.33　凡读书有难解者，不必遽求甚解。有不能记者，不必苦求强记，只须从容涵咏。今日看几篇，明日看几篇，久久自然有益。

【解析】出自咸丰五年（1855）五月二十六日家书《致澄弟温弟沅弟季弟》，文字略有删减。此则论读书可以不求甚解，从容自然即可。曾国藩劝导曾国荃买方苞、姚鼐的文集静心阅读，遇到难懂之处，不必急于求解，多玩味体悟，自然受益匪浅。

18.34　读书不求强记，此亦养身之道。凡求强记者，尚有好名之心横亘于方寸①，故愈不能记；若全无名心，记亦可，不记亦可，此心宽然无累，反觉安舒，或反能记一二处，亦未可知。

【注释】
① 横亘：绵延横陈。方寸：内心。

【解析】出自咸丰五年（1855）七月初八日家书《致澄弟温弟沅弟季弟》。此则论读书不必强记。曾国荃来信说身体不适，曾国藩劝慰他静心读书，不必强求记诵，这也是一种养身之道。读书不可有名利杂念！

18.35　吾好读《庄子》，以其豁达足益人胸襟也。若"生而美者……若知之，若不知之，若闻之，若不闻之"一段①，最为豁达。推之，即舜禹之有天下而不与，亦同此襟怀也。

【注释】
① "生而美者"数句：语载《庄子·则阳》，指生来就漂亮的人……好像知道，又好像不知道，好像听见了，又好像没听见，内心的喜悦不会终止，人们对她的好感也不会停止，这是出于自然的本性。

【解析】出自同治二年（1863）三月二十四日家书《致沅弟》，文字略有删改。此则论读书应有豁达的胸襟。曾国藩论诗文，认为北宋大儒邵雍的诗虽非正宗，但豁达冲淡；杜甫的五律最冲淡，苏轼的七古最豁达；最喜欢读《庄子》，读之使人豪放旷达。

18.36　读经有一"耐"字诀。上句不通，不看下句；今日不通，明日再读；今年不精，明年再读。此所谓耐也。读史之法，莫妙于设身处地。每看一处，如我便与当时之人酬酢笑语于其间①。不必人人皆能记也，但记一人，则恍如接其人；不必事事皆能记也，但记一事，则恍如亲其事。经以穷理，史以考事②，二者不可偏废也。

【注释】
① 酬酢（zuò）：主客相互敬酒，主敬客称酬，客还敬称酢。
② 考事：考究事物本原。

【解析】出自道光二十三年（1843）正月十七日家书《致澄弟温弟沅弟季弟》，文字略有删改。此则论读儒家经典应有耐心，读史应设身处地。读经要有持之以恒的耐心，不断温习；读史要有设身处地的体察，代入还原。

18.37　看《汉书》有两种难处，必先通于小学、训诂之书①，而后能识其假借奇字；必先习于古文辞章之学，而后能读其奇篇奥句。若小学、古文二端略得途径，其于读《汉书》之道，思过半矣②。

【注释】
① 小学：汉代称文字学为小学，隋唐以后文字学、训诂学、音韵学总称为小学。
② 思过半：谓已领悟大半。

【解析】出自咸丰六年（1856）十一月初五日家书《谕纪泽》，文字略有删减。此则论读《汉书》应通小学和辞章。《汉书》是纪传之正宗，读史之首选；其语辞典雅远奥，篇章法度谨严，故文字、辞章是绝佳的入手处。

18.38　自王介甫以言利为正人所诟病①，后之君子例避"理财"之名，以不言有无、不言多寡为高。实则补救时艰，断非贫穷坐困所能为力。叶水心尝谓"仁人君子不应置理财于不讲"②，良为通论！

【注释】

①　王介甫：指王安石（1021—1086），字介甫，江西临川（今江西抚州）人。庆历二年（1042）进士。宋神宗熙宁二年（1069）任参知政事，次年拜相，主持旨在富国强兵、以理财整军为中心的变法。言利：谈论为国理财。保守党领袖司马光作《与王介甫第三书》，说青苗法强行向百姓征息，即是"征利"。

②　叶水心：指叶适（1150—1223），号水心，浙江永嘉人，淳熙五年（1178）进士，主张功利之学，反对空谈性命，为永嘉学派的代表人物，世称水心先生。

【解析】出自同治三年（1864）正月初七日书信《复刘长佑》。此则论读书人也应讲究理财。治学的宗旨之一是服务社会，安邦济世，故理财并非读书人不可触碰的禁区。

梦荪案：人之为学，求自益也，亦所以求益世也。鼓其脑力，尽量推究，正世人所袭误，补世人所未及，所以自益者在此！所以益世促文化之进步者亦在此！东西各国，莫不以发明为重，诚以学问之道，无所发明，陈陈相因，进将无望，于文化上有极大之影响也。公于求学一节，力戒盲从。谓世所袭误可以更之，世所未及可以创之，深得发明之旨。吾辈求学，果能如其所言，世所袭误，必思有以更之；世所未及，必思有以创之，则无短不

去，有长必露，我国文化，其庶几日进而不可量也夫①！ 其庶几
日进而不可量也夫！

【注释】

① 量：限量。

文艺类第十九

19.1　为文之道，谋篇布势是一段最大工夫。每一篇须空处较多，实处较少；旁面较多，正面较少。精神注于眉宇目光，不可周身皆眉，到处皆目也。线索要如蛛丝马迹，丝不可过粗，迹不可太密也。

【解析】出自咸丰九年（1859）八月初九日日记，个别文字有改动。此则论作文要善于谋篇布局。文章的主旨要统一集中，纲举目张；线索要纤细疏朗，隐约可辨。

19.2　为文全在气盛。欲气盛，全在段落清。每段分束之际，似断非断，似咽非咽，似吞非吞，似吐非吐，古人无限妙境，难于领取；每段张起之际，似承非承，似提非提，似突非突，似纾非纾①，古人无限妙用，亦难领取。

【注释】

① 纾（shū）：舒缓。

【解析】出自咸丰元年（1862）七月十四日日记，文字略有删改。此则论文章重在气盛。曾国藩古文，源出桐城派而稍有变化，其特色是阳刚雄肆，一改姚鼐的阴柔之风。

19.3　奇辞大句，须得瑰伟飞腾之气，驱之以行。凡堆重处，皆化为空虚，乃能为大篇。所谓气力有余于文之外也，否则气不能举其体矣。

【解析】出自咸丰元年（1862）七月十八日日记，个别文字有改动。此则论作家雄伟之气与文章语言雄奇瑰丽的关系。文章雄奇之风，主要得力于作家雄伟的胸襟气度，能将质实化为空灵。工夫在文外，将作家浩然之气融入文章写作之中，方能语辞雄伟，气势恢宏。

19.4　凡大家之作，必有一种面貌，一种神态，与他人迥不相同。譬之于书，羲、献、欧、虞、褚、李、颜、柳①，一点一面，其面貌既截然不同，其神气亦全无似处，乃可推为大家。若非其貌其神迥绝群伦，不足以当大家之目。读古文古诗，当先认其貌，后观其神，久之自能分别蹊径。

【注释】

① 羲：指王羲之，参见6.22则注②。献：指王献之（344—386），字子敬，琅琊临沂（今属山东）人，王羲之之子，官至中书令，世称"王大令"。工书法，行草尤佳，与王羲之并称"二王"，有《淳化阁帖》《中秋帖》等存世。欧：指欧阳询（557—641），字信本，潭州临湘（今湖南长沙）人。善书，风格险劲，世称"欧体"，书法上与虞世南、褚遂良、薛稷并称"初唐四大家"，有《九成宫醴泉铭》《皇甫诞碑》《化度寺碑》等存世。虞：指虞世南（558—638），越州余姚（今属浙江）人，封永兴县公，世称"虞永兴"。精书法，有《孔子庙堂碑》等存世。褚：指褚遂良（596—658），字登善，杭州钱塘人。唐高宗时，封河南郡公，世称"褚河南"。工书，初学欧阳询，后学舅父虞世南，清朗秀劲，韵致潇洒，自成一家，有《雁塔圣教序》等传世。李：指李邕（678—747），字泰和，扬州江都（今属江苏）人，善行书，笔力沉雄，有《麓山寺碑》等存世。颜：指颜真卿（709—785），字清臣，京兆万年（今陕西西安）人。楷书字风雄浑，人称"颜体"，与柳公权并称"颜柳"，有《多宝塔碑》《颜勤礼碑》等传世；亦工行书，有《祭侄文稿》《争座位帖》。柳：指柳公权（778—865），字诚悬，唐京兆华原（今陕西耀县）人。工楷书，书法骨力劲健，结构紧凑。与颜真卿齐名，有《玄秘塔碑》等传世。

【解析】出自同治五年（1866）十月十一日家书《谕纪泽》，文字略有删减。此则纵论书法、诗文大家在风貌神韵上的独特性。大家之所以成为大家，是由于其迥异于他人的特色，而大家的艺术个性可从面貌、神韵来区分。就古代诗文而言，也可如此来体认、分辨各家的路数和流派。

19.5　欲学为文，则当扫荡一副旧习，赤地新立①，将前此所业，荡然若丧其所有，乃始别有一番文境。

【注释】

① 赤地：空无所有的地面。

【解析】出自咸丰八年（1858）正月初三日书信《致刘蓉》，个别文字有改动。此则论学习作文的路径。学习写文章，必须将旧有的陋习、套路统统清零，重新开始。此法甚妙，好比白纸作画，不受束缚，更有利于随性挥洒以发才情。

19.6　古人文笔有云属波委、官止神行之象①，实从熟后生出。所谓"文入妙来无过熟"者，此也。

【注释】

① 云属波委：一作"波属云委"，语出《宋书·谢灵运传论》，指波涛连绵，云层堆叠，比喻连续不断，层见叠出。官止神行：语出《庄子·养生主》，指感觉器官停止活动，全凭精神意识在活动，比喻对某事物了解透彻。

【解析】出自咸丰十年（1860）九月三十日日记，个别文字有删改。此则论文章的语辞与意脉。文章若想臻于出神入化的妙境，作家必须熟稔前人的优秀作品，同时精熟其写作技艺。

19.7　为文之道，布局须有千岩万壑、重峦复嶂之观，不可一览而尽，又不可杂乱无纪。

【解析】出自咸丰十年（1860）十月初二日日记，个别文字略有改动。此则论文章的章法布局。文似看山不喜平，说的就是篇章结构要丰富而有层次，谨严而有法度。

19.8　为文须奇横之趣、自然之致，二者并进，乃为成体之文。

【解析】出自咸丰十一年（1861）七月初四日日记，文字略有删改。此则论文章须兼具奇趣之致与自然之妙。

19.9　情以生文，文亦足以生情；文以引声，声亦足以引文。循环互发，油然不能自已，庶渐渐可入佳境。

【解析】出自咸丰九年（1859）九月十七日日记。此则论文章与情感及声调的关系。作家情感与文章创作是相互生发的，文辞与声调也是相激相成的。曾国藩示人以正轨，有力地批驳了为写作而捏造情感、为抒情而胡造文章的不良文风。

19.10　阅韩文《送高闲上人》①。所谓"机应于心，不挫于物"②，姚氏以为韩公自道作文之旨③。余谓机应于心，熟极之候也，《庄子·养生主》之说也。不挫于物，自慊之候也④，《孟子》"养气章"之说也。不挫于物者，体也，道也，本也；机应于心者，用也，技也，末也。韩子之于文⑤，技也，进乎道矣！

【注释】

① 韩文：韩愈的古文。

② 机应于心：语载《庄子·养生主》，指庖丁解牛精力集中，心神与技艺合一，达到自然精熟的境界。不挫于物：语出《孟子·公孙丑》，指心不被外界事物所屈服，始终保持道义。

③ 姚氏：指姚鼐（1732—1815），字姬传，号惜抱先生，安徽桐城人。乾隆二十八年（1763）进士。工诗古文辞，强调"义理、考据、辞章"合一，为桐城

派"三祖"之一。

④ 自慊（qiè）：自足，自快。

⑤ 韩子：指韩愈，参见 14.52 则注②。

【解析】 出自咸丰十年（1860）十月初一日日记，个别文字有删改。此则论文章的技与道之关系。曾国藩认为文章的技术层面从属于道义层面，思想高于技艺，由精熟的人道技艺通往自由的天道规律，是符合认识规律和审美原则的。韩愈古文达到了道义蕴蓄于内、技艺呈现于外的境界，这与苏轼对韩愈"文起八代之衰，而道济天下之溺"的高度评价，可谓不谋而合。

19.11　余于古文一道，十分已得六七，而不能竭智毕力于此①，匪特世务相扰②，时有未闲，亦实志有未专也。

【注释】

① 竭智毕力：竭尽智慧，用尽作为。

② 匪特：不仅。

【解析】 出自咸丰十一年（1861）正月二十六日日记。此则论古文创作应专心致志。曾国藩创立古文湘乡派，与桐城派相辉映，也得益于其心志远大而专一。

19.12　作唐公墓志①，覆视无一是处，乃知昔日自诡为知文，而曾不一动笔为之，不可恃也。天下事知得十分，不如行得七分，非阅历何由大明哉？

【注释】

① 唐公：唐鉴（1778—1861），字镜海，湖南善化（今属长沙）人。嘉庆十四年（1809）进士，官至太常寺卿。道、咸时期大儒，宗法程、朱，名弟子有倭仁、曾国藩等人。著有《朱子年谱考异》《国朝学案小识》等。

【解析】 出自同治八年（1869）九月二十二日日记，个别文字有删改。此则论文学观念与文章创作之关系。文学观念与文学创作是分离的，作家的文学创作不一定能切实践行其文学观念。十分的知不如七分的行。为文必须勤于练习，还要有体验和阅历，才能臻于明澈澄净的境界。

19.13　文章之美，不外阳刚、阴柔两种。阳刚者，气势浩瀚；阴柔者，韵味深美。浩瀚者，喷薄而出之；深美者，吞吐而出之。

【解析】出自咸丰十年（1860）三月十七日日记，文字略有删改。此则论文章的阳刚、阴柔两种风格。此夜曾国藩阅读李兆洛编选的《骈体文钞》，嫌其繁碎，不合古义；因此更欣赏姚鼐的说法，并丰富姚鼐的文章风格说，还将古文的多种文类分置于阳刚、阴柔两种风格类型之下，达到随体而分、以类相从的最佳效果。

19.14　韩无阴柔之美①，欧无阳刚之美②，况于他人而能兼之？ 凡言兼众长者，皆其一无所长者也。

【注释】
① 韩：指韩愈，参见14.52则注②。
② 欧：指欧阳修（1007—1072），字永叔，号醉翁、六一居士，吉州永丰（今属江西吉安）人。宋仁宗天圣八年（1030）进士，官至参知政事。谥文忠。北宋古文运动领袖，"唐宋八大家"之一。

【解析】出自同治四年（1865）七月初三日家书《谕纪泽纪鸿》。此则论古文家艺术风格的专擅与兼具问题。曾氏所论乃就作家最有特色和最有代表性的风格而言，并非大家只具有一种风格。

19.15　西汉文章，如子云、相如之雄伟①，此天地遒劲之气，得于阳与刚之美者也；刘向、匡衡之渊懿②，此天地温厚之气，得于阴与柔之美者也。东汉以还，淹雅无惭于古，而风骨少隳矣③！

韩、柳有作④，尽取扬、马之雄奇万变⑤，而内之于薄物小篇之中，岂不诡哉？ 欧阳氏、曾氏皆法韩公⑥，而体质于匡、刘为近。文章之变，莫可穷诘⑦，要之不出此二途，虽百世可知也。

【注释】

① 子云：指扬雄（前53—18），字子云，蜀郡成都人。西汉著名文学家，工辞赋，著有《甘泉赋》《长杨赋》《法言》等。相如：指司马相如（约前179—前118），字长卿，蜀郡成都人。工辞赋，为汉武帝所赏识，汉大赋的代表作家，有《子虚赋》等。

② 刘向（约前77—前6）：字子政，沛（今属江苏徐州）人，西汉著名经学家、目录学家、文学家，著有《新序》《说苑》等。匡衡：生卒年不详，字稚圭。家贫好学，凿壁借光。能作文，善说《诗》。汉元帝时为相，封安乐侯。渊懿：渊深美好。

③ 隤（tuí）：同"颓"，衰弱，败坏。

④ 韩：指韩愈。柳：指柳宗元（773—819），字子厚，河东解县（今山西运城）人，世称柳河东。贞元年间进士，官至柳州刺史。工诗、古文，与韩愈并称"韩柳"，"唐宋八大家"之一。

⑤ 扬、马：指扬雄、司马相如。

⑥ 欧阳氏：指欧阳修。曾氏：指曾巩（1019—1083），字子固，南丰（今属江西抚州）人。嘉祐二年（1057）进士。工古文，文风典雅周正，"唐宋八大家"之一。韩公：指韩愈。

⑦ 穷诘（jié）：追问，深究。

【解析】 出自《圣哲画像记》，作于咸丰九年（1859）正月十九至二十一日。此则论西汉至唐宋的文章流变史。曾国藩以阳刚与阴柔为指向，梳理出西汉至北宋的千年文章流变史，简明扼要，示人正途。

19.16　学文当兼在气势上用功，无徒在揣摩上用功。总须将气势展得开，笔仗使得强①，乃不至于束缚拘滞，愈紧愈呆。

【注释】

① 笔仗：指诗文的风格。

【解析】出自同治四年（1865）七月初三日家书《谕纪泽纪鸿》，文字略有删改。此则论学习古文应多在气势上下工夫。曾国藩认为青年人学习古文，贵在气象峥嵘，须在气势上多下苦工夫，力求恢宏开张。曾氏认为气势属阳刚一类，最为可贵，可谓切中要害。年轻人应先养浩然之气，一开始拘泥于技法、风格，反而束缚手脚，格局狭小。

19.17　欲求文气之厚，总须读汉人奏议二三十首，酝酿日久，则不期厚而自厚矣。

【解析】出自《鸣原堂论文·刘向论起昌陵疏》批语。据日记所载，《鸣原堂论文》选西汉刘向奏疏两篇，批点在同治四年（1865）正月十三日。此则论汉人奏疏文气笃厚。曾国藩最推崇刘向其人其文，认为此疏结构整齐，意旨深厚，是汉人文章中最值得揣摩的。鲁迅也称之为"西汉鸿文"，与曾氏用意相近。

19.18　西汉之文，气味深厚，迥非后世可及！固由措词之高，亦由义理正大，有不可磨灭之质干也[①]。

【注释】

① 质干：指事物的主体。

【解析】出自《曾国藩读书录》"汉书·贾捐之传"批语，文字略有删减。此则论西汉文章的经典价值。曾国藩认为西汉文章气味深厚，声调铿锵，远非后世所能企及，原因在于其义理醇正博大，用辞高雅古朴。

19.19　不朽之文，必自襟度远大、思虑精微始。

【解析】出自《曾国藩读书录》"三国志·诸葛亮传"批语。此则论文章传世久远应具备的要素。文章气局大、构思巧，自然可以传之久远。

19.20　贾长沙明于利害①，陆宣公明于义理②，苏文忠明于人情③。吾辈行文之道，纵不能兼此三者，亦须有一二端，庶明达深远，无格格不吐之态④。

【注释】

① 贾长沙：贾谊（前200—前168），洛阳人，少有文名。汉文帝时召为博士，迁太中大夫。上疏议论时弊，后贬为长沙王太傅，迁梁怀王太傅。世称贾太傅、贾长沙、贾生。政论文《陈政事疏》《过秦论》等，被鲁迅誉为"西汉鸿文"。著有《新书》《贾长沙集》。

② 陆宣公：陆贽（754—805），苏州嘉兴（今浙江嘉兴）人，字敬舆，唐代宗大历八年（773）进士，德宗时拜相。谥宣，故称陆宣公。尤长于制诰政论，权德舆称其"榷古扬今，雄文藻思"。

③ 苏文忠：苏轼，参见2.9则注①。

④ 格格不吐：有所格碍，不能尽情论述。

【解析】 出自《曾国藩读书录》"东坡文集·代张方平谏用兵书"批语，文字略有删改。此则论古代三位最擅长写作奏议的作家。曾国藩认为古今奏议，数西汉贾谊、唐代陆贽、北宋苏轼三人最为杰出，无人能敌。曾国藩目光如炬，其奏议为后世所称，正是取法乎上的结果。

19.21　为文以气象光明俊伟最难而可贵。

【解析】 出自《曾国藩读书录》"阳明文集"卷首批语，个别文字有改动。此则论文章气势宏伟雄健、境界明朗光大是最难达到的，也最为可贵。曾国藩重视文章的气象，甚于文章的技艺和辞藻，确实高明。

19.22　古之善为诗文者，其工夫皆在诗文之外。若寻行数墨以求之①，索之愈迫，则去之愈远矣！

【注释】

① 寻行数墨：指为文在辞句上下工夫，亦指披阅文章专注于辞句。

【解析】 出自杂著中《格言四幅书赠李芋仙》，作于咸丰十一年（1861）七月初八日，个别文字有删减。此则论工夫在诗文之外。南宋大诗人陆游说"工夫在诗外"（《示子遹》），曾国藩也认为诗文是作家心志、德行的自然流露，应注重内容、意境、气象，而非仅着力于辞藻、技巧、形式等形而下层面。

19.23　凡诗文欲求雄奇矫变，总须用意有超群离俗之想，乃能脱去恒蹊①。

【注释】

① 恒蹊（xī）：寻常的小路。

【解析】 出自同治元年（1862）十一月初四日家书《谕纪泽》。此则论诗文立意超凡脱俗，风格雄奇多变。诗文贵在立意。湘籍前贤王夫之《姜斋诗话》也说："无论诗歌与长行文字，俱以意为主，意犹帅也，无帅之兵，谓之乌合。"曾氏文论，与之一脉相承。

19.24　无论古今何等文人，其下笔造句，总以"珠圆玉润"四字为主；无论古今何等书家，其落笔结体①，亦以"珠圆玉润"四字为主。

【注释】

① 结体：指汉字书写的笔画结构。

【解析】 出自咸丰十年（1860）四月二十四日家书《谕纪泽》。曾国藩认为文艺同理，诗文的用辞和书法的笔画，应像珠玉一样圆润流畅。南朝著名诗人谢朓曾说过："好诗圆美流转如弹丸。"

19.25　吾于训诂、词章二端，颇尝尽心。尔看书若能通训诂，则于古人之故训大义、引伸假借渐渐开悟，而后人承讹袭误之习可改；若能通词章，则于古人之文格文气、开合转折渐渐开悟，而后人硬腔滑调之习可改。是余之所厚望也。

【解析】出自咸丰十年（1860）四月初四日家书《谕纪泽》。此则论看书应通晓训诂和词章。曾国藩认为看书应通训诂，明晓古人用字造字之法，这与他同年闰三月十八日提出的"八本"说之一"读书以训诂为本"，遥相呼应；还应通词章，体悟古人文章格调结构之法。

19.26　行气为文章第一义，卿、云之跌宕[1]，昌黎之倔强[1]，尤为行气不易之法。

【注释】
　① 卿、云：指司马相如（字长卿）和扬雄（字子云），参见19.15则注①。
　② 昌黎：指韩愈，参见14.52则注②。

【解析】出自同治元年（1862）八月初四日家书《谕纪泽》。此则论文章首在行文的气势。曾国藩自认为近些年颇识古人文章行径，文章首在行文的气势，劝导纪泽先揣摩学习韩愈的古文。曾氏重视气势，喜好阳刚一路，力变桐城派姚鼐的阴柔之风。

19.27　有气则有势，有识则有度，有情则有韵，有趣则有味。古人绝好文字，大约于此四者之中必有一长。

【解析】出自同治四年（1865）六月初一日家书《谕纪泽纪鸿》。此则论曾国藩教育长子纪泽，读书须领略古人绝妙好文的四种意趣，即气势、识度、情韵及趣味。

19.28　尔惮于作文，正可借此逼出几篇。天下事无所为而成者极少，有所贪有所利而成者居其半，有所激有所逼而成者居其半。

【解析】出自同治五年（1866）六月十六日家书《谕纪泽纪鸿》。此则论文章须勤加练习。曾国藩认为，天下事，不努力去做的人，绝不可能成功；敢于追求的，大概有一半人能成功。作文亦是如此，不勤学苦练是不可能写出好文章的。

19.29　作文以思路宏开为必要之品。意义层出不穷，宏开之谓也。

【解析】出自同治五年（1866）八月初三日家书《谕纪泽纪鸿》，个别文字有改动。曾国藩收到二子寄来的文章，认为其文气象昌盛，感情充沛，只是思路闭塞。绝妙文章的标准之一就是构思巧妙，思路活泛，意义丰富。

19.30　凡诗文趣味约有二种：一曰诙诡之趣，一曰闲适之趣。如庄、柳之文①，苏、黄之诗②，韩公诗文③，皆极诙诡，此外实不多见。闲适之趣，文惟柳子厚游记近之④，诗则韦、孟、白傅⑤，亦极闲适。而余所好者，尤在陶之五古、杜之五律、陆之七绝⑥，以为人生具此高淡襟怀，虽南面王不以易其乐也⑦。

【注释】
①　庄、柳：指庄子、柳宗元。
②　苏：苏轼，参见2.9则注①。黄：指黄庭坚（1045—1105），字鲁直，号山谷道人、涪翁，洪州分宁（今江西修水）人。工诗，推崇杜甫，风格奇峭瘦硬，开创江西诗派，与苏轼并称"苏黄"。有诗文集《山谷精华录》。工书法，与苏轼、米芾、蔡襄并称为"北宋四家"。
③　韩公：指韩愈，参见14.52则注②。
④　柳子厚：指柳宗元，参见19.15则注④。
⑤　韦：指韦应物（737—791），京兆杜陵（今陕西西安）人，唐代著名诗人，擅长山水田园诗，有《韦苏州集》。孟：指孟浩然（689—740），襄州襄阳

（今属湖北）人，善写山水田园诗，与王维齐名，有《孟浩然集》。白傅：指白居易，参见 2.9 则注①。

⑥ 陶：指陶渊明，参见 2.9 则注①。杜：指杜甫（712—770），字子美，自称杜陵布衣、少陵野老，河南巩县（今巩义市）人。诗人杜审言之孙。曾官检校工部员外郎，故世称"杜工部"。工诗，与李白并称"李杜"，后人尊之为诗圣，有《杜工部集》。陆：指陆游（1125—1210），字务观，号放翁，越州山阴（今浙江绍兴）人。少有文名，尤长于诗，与尤袤、杨万里、范成大合称为"中兴四大家"。有《剑南诗稿》《渭南文集》等。

⑦ 南面王：向南面称王。

【解析】出自同治六年（1867）三月二十二日家书《谕纪泽》，文字略有改动。此则论诗文的两种趣味。曾国藩认为诗文的趣味分为诙谐奇诡、闲适恬淡两种，平生最喜好陶渊明的五古、杜甫的五律、陆游的七绝。人若有高远淡泊的胸襟气度，就是拿南面称王来交换，也不愿意给的。

19.31　不假思索，左右逢源，其所言之理，足以达其胸中至真至正之情，作文时无镂刻字句之苦，文成后无郁塞不吐之情，皆平日读书积理之功也。若平日酝酿不深，则虽有真情欲吐，而理不足以达之，不得不临时寻思义理。义理非一时所可取办，则不得不求工于字句。至于雕饰字句，则巧言取悦，作伪日拙，所谓"修辞立诚"者荡然失其本旨矣！若遇真情激发之时，则必视胸中义理何如，如取如携，倾而出之可也；不然，而须临时取办，则不如不作，作则必巧伪媚人矣。

【解析】出自道光二十二年（1842）十一月十七日日记，个别文字有改动。此则论写诗作文与平时读书积理之关系。曾国藩认为作文必须情感真挚，为情而作文。为文而造情，必然虚伪巧饰，不如不作。"熟读唐诗三百首，不会作诗也会吟"，平日多读书积理，增长见识，内化于心，写作时才会自然而然流露于外。

19.32　西汉之文，贾、晁以才胜①，匡、刘以学胜②。此人人共知者也。余尤好刘子政。忠爱之忱，若有所甚不得已于中者，足以贯三光③而神通明。吾辈欲师其文，先师其心术。根本固，则枝叶自茂矣！

【注释】

① 贾、晁：贾即贾谊，参见19.20则注①。晁即晁错（前200—前154），颍川（今河南禹县）人。汉景帝时，官御史大夫。习刑名之术，工策论，因上疏削藩，后被斩。

② 匡、刘：指匡衡和刘向，参见19.15则注②。

③ 三光：指日、月、星。

【解析】出自《曾国藩读书录》"汉书·刘向传"批语，文字略有删减。此则论西汉刘向其人其文。曾国藩喜欢刘向，因为他忠君爱国，识见高远而不炫耀，气象宏大而不骄傲。

19.33　文之醇驳①，一视乎见道之多寡以为差。见道尤多者，文尤醇焉；次多者，醇次焉；见少者，文驳焉；尤少者，尤驳焉。夫所谓见道多寡之分数何也？ 曰深也，博也。深则能研万物微芒之几，博则能究万物之情状而不穷于用。

【注释】

① 醇驳：精纯与驳杂。

【解析】出自道光二十三年（1843）书信《致刘蓉》，文字略有删减。此则论文与道之关系。文章的精醇与驳杂，主要由明道的多寡来判定区分。曾国藩信奉程朱理学，服膺"文以载道说"，认为文章是用来阐明儒家道统的，道愈深博，则文愈精醇，愈能体察入微，描摹万物情状。

19. 34　道犹人心所载之理也，文字犹人身之血气也。知舍血气无以见心理，则知舍文字无以窥圣人之道矣。周濂溪氏称文以载道①，而以"虚车"讥俗儒②。夫"虚车"诚不可，无车又可以行远乎？孔孟没而道至今存者③，赖有此行远之车也。吾辈今日苟有所见，而欲为行远之计，又可不早具坚车乎哉？

【注释】

① 周濂溪：周敦颐（1017—1073），号濂溪，道州营道（今湖南道县）人。精《易》学，提出立诚、主静学说，为道学创始人，学者称"濂溪先生"。名弟子有程颢、程颐。著有《太极图说》等。

② 虚车：语载周敦颐《太极通说·文辞》："况虚车乎！文所以载道，犹车所以载物。"意谓文像车，道像车载的货物，虚车比喻没有载"道"的"文"。

③ 没：通"殁"，去世。

【解析】出自道光二十三年（1843）书信《致刘蓉》。此则论文与道之关系。曾国藩强调文道并重，主张用坚车载大道，而不认同崇道贬文之说，可谓识见不凡。

19. 35　弟平日写信，条理清晰，而失之繁冗，往往于业经说明之事，再加一二层，反觉无当。此次一意承接，不漏不蔓，可喜之至！此后弟每动笔，不患其不明，患其太多，意尽则止，辞足则止，不必再添也。

【解析】出自同治元年（1862）六月二十六日家书《致沅弟季弟》。此则论文章应条理清晰，意尽言止。文章贵在清通，画蛇添足、芜辞赘句都是弊病。

19. 36　为文总须有倔强不驯之气，愈拗愈深之意。

【解析】出自道光二十三年（1843）正月十七日家书《致澄弟温弟沅弟季弟》，个别文字有改动。此则论古文写作，气势上应矫健刚劲，表意上应跌宕曲折。曾国藩认为，曾国华的来信，刚劲有力像韩愈，豪宕婉曲像王安石。这与曾国藩此时喜好读韩、王的古文密切相关。

19.37　凡为文动笔不可不检点。

【解析】出自道光二十四年（1844）正月二十六日家书《致澄弟温弟沅弟季弟》，个别文字有增添。此则论作文，动笔前应三思而行，动笔时应注意用字措词。

19.38　平沓最为文家所忌。如六弟之天姿不凡①，此时作文，当求议论纵横，才气奔放，作为如火如荼之文，将来庶有成就。不然，一挑半剔，意浅调卑，亦自惭其文之浅薄不堪矣！

【注释】

① 六弟：指曾国华（1822—1858），字温甫，曾国藩之弟，族中排行第六，故称六弟、温弟。出嗣叔父曾骥云。咸丰六年（1856）自湖北率军支援江西，八年（1858）帮办李续宾军务，死于三河镇之役，谥愍烈。

【解析】出自道光二十四年（1844）五月十二日家书《致澄弟温弟沅弟季弟》，文字略有删改。此则论文章最忌平庸拖沓。曾国藩认为文章讲究随性而为，文章风格与作家性情应相互契合。曾国华天资出众，作文宜议论纵横捭阖，追求才气奔放潇洒，而不是像现在寄来的文章生涩拖沓。

19.39　季弟文气清爽异常①，喜出望外，意亦层出不穷。以后务求才情横溢，气势充畅，切不可挑剔敷衍，安于庸陋。

【注释】

① 季弟：指曾国葆（1829—1862），字季洪，曾国藩之弟，族中排行最末。咸丰九年（1859）因兄国华战死三河镇，改名贞幹，参加湘军，与兄曾国荃一道围攻天京，同治二年（1863）十二月病逝于金陵雨花台湘军大营。

【解析】此则与19.38则出处相同。此则论文章应追求才情挥洒自如，气势充沛畅达。

19.40　大抵剽窃前言，句摹字拟，是为戒律之首。称人之善，依于庸德①，不宜褒扬溢量②，动称奇行异征，邻于小说诞妄者之所为。贬人之恶，又加慎焉。一篇之内，端绪不宜繁多③。譬如万山旁薄④，必有主峰；龙衮九章⑤，但挈一领。否则首尾衡决⑥，陈义芜杂，兹足戒也。

【注释】

① 庸德：一般的道德规范。

② 溢量：过分。

③ 端绪：头绪。

④ 旁薄：亦作"磅礴"，绵延。

⑤ 龙衮（gǔn）：古代君王、上公的礼服。

⑥ 衡决：横裂，不衔接。

【解析】出自同治十年（1871）四月末书信《复陈宝箴》。此则论文章的作法应简洁明了，严禁模拟剽窃。曾国藩认为唐以后唯北宋王安石最善于学习韩愈，近世桐城派方苞、姚鼐对此亦有心得，但作文不可剽窃古人，摹拟字句，也不宜头绪繁多，驳杂无序。

19.41　古之为文者，其神专有所之，无有俗说庞言淆其意趣①。自有明以来，治古文者，往往取左氏、司马迁、班固、韩愈之书②，为之点，为之圆围以赏异之③；为之乙④，为之鐡围以识别之⑤；为之评注以显之⑥。读者囿于其中，不复知点围、评乙之外，别有属文之法；虽勤剧一世⑦，犹不能以自拔。俗本评点之书，其误人盖有如是者矣！

【注释】

① 庞言：杂乱的话。

② 左氏：左丘明，春秋时鲁国人，传为鲁国史官，撰成《春秋左氏传》（简称《左传》）。司马迁：参见 14.8 则注⑩。班固（32—92）：东汉史学家、文学家。扶风安陵（今陕西咸阳）人。继承父亲班彪之志，续修《汉书》。善作大赋，有《两都赋》等。韩愈：参见 19.10 则注⑤。

③ 圆围：指古代评点者在作品的文字旁画圆圈（○）的一种评点方式。

④ 乙（jué）：同"乚"，一种标记符号，古代读书校对时，字有脱误，从旁勾补添加。

⑤ 鑯（jiān）：通"尖"，古代评点者在作品的文字旁画三角形（△）的一种评点方式。按，底本形误作"繊"，据《全集》本改。

⑥ 显：底本缺"显"字，据《全集》本补。

⑦ 勤剧：勤苦辛劳。

【解析】出自文集中《谢子湘文集序》，约作于道光二十七年至二十八年（1847—1848），文字略有删改。此则论古文低俗评点本的弊端。低俗拙劣的评点，干扰读者正常阅读，使人误入歧途，其实有害而无益。

19.42　古之文初无所谓法也。《易》《书》《诗》《仪礼》《春秋》诸经，其体势声色，曾无一字相袭；即周秦诸子，亦各自成体。持此衡彼，画然若金玉与木卉之不同类，是乌有所谓法者。后人本不能文，强取古人所造而摹拟之，于是有合有离，而法不法名焉。若其不俟摹拟，人心各具自然之文，约有二端：曰理，曰情。二者人人之所固有。就吾所知之理而笔诸书，而传诸世，称吾爱恶悲愉之情而缀词以达之，若剖肺肝而陈简册，斯皆自然之文，性情敦厚者类能为之；而浅深工拙，则相去十百千万而未始有极。自群经而外，百家著述，率有偏胜。以理胜者，多阐幽造极之语，而其弊或激宕失中；以情胜者，多悱恻感人之言①，而其弊常丰缛而寡实②。

【注释】

① 悱（fěi）恻（cè）：忧思抑郁。

② 丰缛（rù）：形容词藻丰富多彩。

【解析】 出自文集中《〈湖南文征〉序》，作于同治十年（1871）五月十三四日，文字略有删改。此则论文章不应摹拟，而应按各自的情理而作自然之文。文章之道，首在情感真实，其次才论工拙，而工拙主要依据说理、抒情水平的高下来判定。

19.43 老年作文，颇觉吃力，而机势全不凑泊^①，总由少作太生之故耳。

【注释】

① 机势：形势，局势。凑泊：凝合，促成。

【解析】 出自咸丰九年（1859）六月十二日日记。此则论作文不能应付自如是由于平时练习太少。四十九岁的曾国藩为好友孙芝房作《刍论序》，直到三更半夜才完成，故感叹老年人写文章十分吃力，无法游刃有余。写作需要平时训练，否则才思枯竭，下笔生涩。

19.44 作诗文宜在二三十岁时立定规模，过二三十后，则长进极难。少年不可怕丑，须有狂者进取之境；到时不试为之，则后此弥不肯为矣。

【解析】 出自咸丰八年（1858）七月二十一日家书《谕纪泽》，文字略有删改。此则论诗文创作应在二三十岁形成自家风格。年轻人应锐意进取，勤苦练习，趁年轻打好基础，自成一家面目。钱锺书先生总结自己前半生时说："一个人二十不狂没志气，三十犹狂是无识妄人。"（杨绛《我们仁》）

19.45 知道者时时有忧危之意^①，其临文也亦然。盖饱经乎世变之多端，则常有跋前疐后之惧②；博识乎义理之无尽，则不敢为臆断专决之辞。

【注释】

① 知道：通晓天地之道，深明人世之理。

② 跋前疐（zhì）后：前行后退都被绊倒，比喻进退两难。疐：跌倒。

【解析】 出自杂著《笔记二十七则·文》，作于咸丰九年（1859），文字略有删减。此则论知晓天地人世之理的人，写文章也常有忧虑戒惧。王国维曾说："人生过处唯存悔，知识增时只益疑。"说的是对人生、治学的一种感慨，与写作有暗通之处。

19.46　凡为文，用意宜敛多而侈少，行气宜缩多而伸少。孟子之不及孔子处，亦不过辞昌语快，用意稍侈耳。

【解析】 出自杂著《笔记二十七则》中的"敛·侈·伸·缩"篇，作于咸丰九年（1859），文字略有删减。此则论作文讲究收拢文章的立意，收敛行文的气势。曾国藩的高明之处，在于认识到行气过于收缩，易导致语句生涩、意旨不明的问题，善于为文的人都应经过此阶段的练习。

19.47　在后世以为死字，在古人常引伸其义而活用之。苟明乎死字活用之法，而周秦古书故训不可通者寡矣①。

【注释】

① 故训：训诂，即对古书字句作解释。

【解析】 出自杂著《笔记二十七则》的"格·枝·柴·梗"篇，作于咸丰九年（1859），又见《求阙斋读书录·诂训杂记》。此则论作文应知晓字法活用，使得用字准确妥帖，文章雅正古朴。

19.48　友人钱塘戴醇士熙尝为余言①："李伯时画《七十二贤

像》②，其妙全在鼻端一笔。面目精神，四肢百体，衣褶靴纹③，皆与其鼻端相准相肖。或端拱而凝思④，或敧斜以取势⑤，或若列仙古佛之殊形⑥，或若鳞身蛇躯之诡趣，皆自其鼻端一笔以生变化，而卒不离其宗。"吾以为斯言也，可通于为文之道。夫为文亦自有气焉，有体焉。今使有人于此，足反居上，首顾居下，一胫之大几如腰，一指之大几如股，则见者谓之不成人；又或颐隐于齐，肩高于顶，五管在上，两髀为胁⑦，则见者亦必反而却走。为文者，或无所专注，无所归宿，漫衍而不知所裁⑧，气不能举其体，则见者谓之不成文。故虽长篇巨制，其精神意趣之所在，必有所谓鼻端之一笔者。譬若水之有干流，山之有主峰，画龙者之有睛。物不能两大，人不能两首，文之主意亦不能两重，专重一处，而四体停匀，乃始成章矣。

【注释】

① 戴醇士：戴熙（1805—1860），字醇士，浙江钱塘（今杭州）人。道光十二年（1832）进士，官至兵部右侍郎。咸丰十年（1860），太平军攻破杭州，投池自杀。谥文节。工诗，尤善书画。

② 李伯时：李公麟（1049—1106），字伯时，舒城（今属安徽）人。熙宁三年（1070）进士。尤工山水、佛像。

③ 衣褶（zhě）靴纹：衣服上的褶子，靴上的花纹。

④ 端拱：正身拱手，指恭敬有礼。

⑤ 敧（qī）斜：歪斜不正。

⑥ 列仙古佛：地位高的神仙，历史久远的佛像。

⑦ "颐隐"四句：语出《庄子·人间世》，有个形体支离不全的人叫支离疏，其脸颊隐藏在肚脐下，肩膀高过头顶，五官的出口朝上，两条大腿和胸旁的肋骨长在一起。

⑧ 漫衍：散漫多余的样子。

【解析】 出自杂著中《笔记二十七则·文》，作于咸丰九年（1859），个别文字有改动。此则论作文好比画龙，应有点睛之笔。为文之道，应在关键处用精辟的语句点明要旨，使全文妥帖，中心突出，神韵毕现，焕然成章。

19.49　弟以不能文为深耻，无以怔忡体弱①，过于自恕自逸。如元年八九月雨花台之役，弟昼夜不眠，至五十余日之久；三年四五六月，弟忧劳更甚，为日更久。岂当时体气忽健，异于生平哉？因众人藐视沅甫非能克金陵之人②，发愤欲一雪其耻而伸其志，故忘其为积弱之躯也。目下用力于文章，亦当稍存昔年拼命之意。

【注释】

①怔（zhēng）忡（chōng）：心悸，中医病名，指患者心律不齐，惊恐不安。

②沅甫：曾国荃，参见10.10则注①。

【解析】 出自同治四年（1865）三月初七日《致澄弟沅弟》，个别文字有删减。此则论写文章应有知难而进的拼搏精神。此时曾国荃因攻占天京，劳苦功高，却备受诽谤，故称病开缺回籍，因不太会写奏疏文章，在家苦练。好文章有时也是逼出来的，比如古人同题竞赛，也会涌现佳篇名作。

19.50　作诗之道，第一贵命意高超，第二贵声调响亮。命意之高，须要透过一层。如说考试，则须说科名是身外物，不足介怀，则诗意高矣；若说必以得科名为荣，则意浅矣。举此一端，余可类推。腔调则以多读诗为主，熟则响矣。

【解析】 出自道光二十四年（1844）十二月十八日家书《致澄弟温弟沅弟季弟》，文字略有删改。此则论作诗贵在立意高超、声调响亮。曾国藩读了曾国潢寄来的诗作，教导他立意上要翻转一层，声调上要熟读名篇。

19.51　诗之为道，各人门径不同，难执一己之成见以概论。学诗无别法，但须看一家之专集，不可读选本以汩没性灵①。

【注释】

① 汩（gǔ）没：埋没，淹没。

【解析】出自道光二十五年（1845）三月初五日家书《致澄弟温弟沅弟季弟》，文字略有删减。曾国荃作诗进步神速，曾国藩喜出望外，认为其诗与元好问的风格相近，学诗应看一家专集，不可以读选本，以免埋没自己的性情。曾国藩强调学诗随性所近，择善而师，其识见可谓超越侪辈。

19.52　诗之为道广矣！嗜好趋向，各视其性之所近，犹庶羞百味①，罗列鼎俎②，但取适吾口者，唭之得饱而已③。必穷尽天下之佳肴，辩尝而后供一馔④，是大惑也；必强天下之舌，尽效吾之所嗜，是大愚也。"大惑者终身不解，大愚者终身不灵"⑤。

【注释】

① 庶羞：多种美味。羞，通"馐"。
② 鼎俎：古代祭祀、燕飨时陈置牲体或其他食物的礼器。
③ 唭（jì）：品尝。
④ 辩：通"遍"，全部。馔（zhuàn）：陈设饮食。
⑤ "大惑者"二句：语出《庄子·天地》，大惑的人终生不能了解，大愚的人终生不能明白。

【解析】出自文集中《圣哲画像记》，作于咸丰九年（1859）正月十九至二十一日，个别文字有删减。此则论学诗应根据自己性情来选择师法对象。曾国藩后来编成《十八家诗钞》，优中选优，推崇李白、杜甫、韩愈、苏轼、黄庭坚等人，示人以正轨。

19.53　至于开拓心胸，扩充气魄，穷极变态，则非唐之李杜韩白、宋金之苏黄陆元八家①，不足以尽天下古今之奇观。即质性不与八家相近②，而要不可不将此八人之集悉心研究一番，实六经外之巨制，文字中之尤物也！

【注释】

① 李杜韩白：指唐代著名诗人李白、杜甫、韩愈、白居易。苏黄陆元：指宋代著名诗人苏轼、黄庭坚、陆游和金代的元好问。

② 质性：资质，本性。

【解析】出自同治元年（1862）正月十四日家书《谕纪泽》，个别文字有删改。此则论学诗应观唐、宋、金八位大家。曾国藩叮嘱纪泽携带《十八家诗钞》来军营，从中择取与自己性情相近的名家诗篇进行研习诵读。不管纪泽性情是否与之相近，须用心揣摩李、杜、韩、白、苏、黄、陆、元八家。

19.54　五言诗，若能学到陶潜、谢朓一种冲淡之味、和谐之音①，亦天下之至乐，人间之奇福也。

【注释】

① 陶潜：陶渊明，参见2.9则注①。谢朓（464—499）：字玄晖，陈郡阳夏（今河南太康）人，曾官宣城太守，故称"谢宣城"。南朝齐"永明体"代表诗人，与谢灵运同族，人称"小谢"。

【解析】出自同治元年（1862）七月十四日家书《谕纪泽》。此则论五言诗应学陶潜、谢朓的冲淡平和之风。

19.55　果能据德依仁，即便游心于诗字杂艺，亦无在不可静心养气。如作诗之时，只是要压倒他人，要取名誉，此岂复有为己之志？

【解析】出自道光二十二年（1842）十月初八日日记，个别文字有改动。此则论诗歌、书法也可静心养气。曾国藩因题画诗备受同乡前辈何绍基的赞誉，故醉心写诗，倭仁却认为这对养心有害。曾国藩认为写诗习字若合乎儒家仁德之旨，也是静心养气。

19.56　数日心沾滞于诗①，总由于心不静故。不专一，当力求主一之法，诚能主一，养得心静气恬，到天机活泼之时，即作诗亦自无妨。我今尚未定也，徒以浮躁之故，故一日之间，情志屡迁耳！

【注释】

① 沾滞：挂碍。

【解析】 出自道光二十二年（1842）十月十二日日记，个别文字有增添。此则论心气如能宁静恬淡，作诗也不会妨碍磨炼心性。曾国藩认为内心专一，修炼到心气宁静恬淡、生机活泼的境界，就算作诗也没有关系。宋代大儒邵雍、朱熹均有诗集，以诗载道，也未尝不可。

19.57　以诗言之，必先有豁达光明之识，而后有恬淡冲融之趣。如韩退之、杜牧之则豁达处多①，陶渊明、孟浩然、白香山则冲淡处多②。杜苏二公③，无美不备，而杜之五律最冲淡，苏之七古最豁达。邵尧夫虽非诗之正宗④，而豁达、冲淡二者兼全。

【注释】

① 韩退之：韩愈，参见14.52则注②。杜牧之：杜牧（803—852），字牧之，唐京兆万年（今陕西西安）人，宰相杜佑之孙。大和二年（828）进士。工诗，与李商隐齐名，人称"小李杜"。

② 孟浩然：参见19.30则注⑤。白香山：白居易，参见2.9则注①。

③ 杜、苏：指唐代大诗人杜甫和宋代大诗人苏轼。

④ 邵尧夫：邵雍（1011—1077），字尧夫，自号安乐先生、伊川翁，北宋大儒，与周敦颐、程颐、程颢齐名。卒谥康节。亦能诗，有《伊川击壤集》。

【解析】出自同治二年（1863）三月二十四日家书《致沅弟》，个别文字有删减。此则论诗人应兼具豁达光明的见识和恬淡冲融的趣味。曾国藩认为诗人应和圣贤豪杰一样，胸襟豁达，识见高明，怀有清静淡泊、冲和恬适的志趣。曾国藩此论主要就其境界而言，而非着眼于诗艺，故说邵雍诗并非正宗。

19.58　学诗，先须看一家集，不要东翻西阅；先须学一体，不可各体同学。盖明一体，则皆明也。

【解析】出自道光二十三年（1843）六月初六日家书《致温弟》。此则论学诗须分家分体入手。曾国藩劝诫曾国华，读总集不如读专集，五古读《文选》诗，七古读韩愈诗，五律读杜甫诗，七律读杜甫、元好问之诗。随性所近，分家各师，择体而从，洵为学诗正道。

19.59　凡作诗最宜讲究声调。欲作五古、七古，须熟读五古、七古各数十篇。先之以高声朗诵以昌其气，继之以密咏恬吟以玩其味①，二者并进，使古人之声调，拂拂然若与我之喉舌相习②，则下笔为诗时，必有句调凑赴腕下③。诗成自读之，亦自觉琅琅可诵，引出一种兴会来。古人云"新诗改罢自长吟"④，又云"煅诗未就且长吟"⑤，可见古人惨淡经营之时，亦纯在声调上下工夫。盖有字句之诗，人籁也；无字句之诗，天籁也。解此者，能使天籁、人籁凑泊而成，则于诗之道思过半矣。

【注释】

① 密咏恬吟：恬静地吟咏。

② 拂拂然：像风吹动的样子。

③ 凑：聚合。

④ 新诗改罢自长吟：语出杜甫《解闷十二首》其七，意谓修改新写的诗，自己不停地吟诵。

⑤ 煅诗未就且长吟：出自陆游《昼卧初起书事》，意谓诗作还没写成，就已经在音调上吟咏推敲。

【解析】 出自咸丰八年（1858）八月二十日家书《谕纪泽》，文字略有删减。此则论学诗最宜从声调入手。曾国藩认为学诗作诗最讲究声调，劝导纪泽熟读《十八家诗钞》中五古、七古数十篇，通过高声朗诵来体悟其气势，恬静吟咏来揣摩其韵味，边读边改，用心推敲，对声调下苦工夫，终究会有所得。熟诵恬吟，用心修改，定能事半功倍，窥得堂奥。

19.60　诗中有一种闲适之境，专从胸襟著工夫。读之但觉天机与百物相弄相悦，天宇奇宽，日月奇闲，如陶渊明之五古、杜工部之五律、陆放翁之七绝①，往往得闲中之真乐。白香山之闲适古调②，东坡过岭后之五古③，亦能将胸中坦荡之怀曲曲写出。

【注释】

① 陶渊明：参见 2.9 则注①。杜工部：杜甫，参见 19.30 则注⑥。陆放翁：陆游，参见 19.30 则注⑥。

② 白香山：白居易，参见 2.9 则注①。

③ 东坡过岭：指苏轼被贬到岭南的惠州。

【解析】 出自同治七年（1868）正月十一日书信《加李鸿裔片》。此则论读诗是一种养病修心的良方。李鸿裔久病未愈。鉴于他喜欢诗歌，曾国藩建议他专挑闲适诗，熟读成诵，以此来扩胸襟，炼心境，最终祛除沉疴。

19.61　昔年每作一诗，辄不能睡，后遂搁笔，不复为诗。今试一为之，又不成寐。岂果体弱不耐苦耶？ 抑机轴太生①，成之艰辛耶？

【注释】

① 机轴：比喻诗文的构思、词采、风格。

【解析】 出自同治三年（1864）八月初九日日记，个别文字有删减。此则论作诗不易，须经常练习。曾国藩为幕僚莫友芝的《仿唐写本说文木部笺异》题诗，直到凌晨才写成一首二百四十余字的七古。曾国藩作诗耗神费力，加上年老体弱，平时缺少训练，才思生疏，故有此问。唐人有诗曰"吟安一个字，捻断数茎须"，宋代王安石也说"看似寻常最奇崛，成如容易却艰辛"，可与此则参看。

19.62　温苏诗，朗诵颇久，有声出金石之乐。因思古人文章所以与天地不敝者，实赖气以昌之，声以永之，故读书不能求之声、气二者之间，所得徒糟粕耳！

【解析】 出自咸丰十一年（1861）十二月二十四日日记，个别文字有增添。此则论诵读诗文应从声调和气势入手。曾国藩继承了桐城派"因声求气"说，极其重视诗文的声气。

19.63　惟四言诗最难有声响有光芒。余生平于古人四言，最好韩公之作①，如《祭柳子厚文》《祭张署文》《进学解》《送穷文》诸四言，固皆光如皎日，响如春霆②。即其他凡墓志之铭词，及《淮西碑》《元和圣德》各四言诗，亦皆于奇崛之中迸出声光。其要不外意义层出、笔仗雄拔而已！自韩公而外，则班孟坚《汉书·叙传》一篇③，亦四言中之最隽雅者。尔将此数篇熟读成诵，则于四言之道自有悟境。

【注释】

① 韩公：韩愈，参见14.52则注②。

② 春霆：春天的雷霆。

③ 班孟坚：班固，参见19.41则注②。

【解析】 出自同治元年（1862）十一月初四日家书《谕纪泽》，文字略有删减。此则论四言诗最难的是有声响光芒。四言诗易出现句式僵化单一、声律软熟俗套、韵致缺少变化的弊病。曾国藩认为四言诗杰出的代表最数韩愈、班固。

19.64　国藩尝好读陶公及韦、白、苏、陆闲适之诗①，观其博览物态，逸趣横生②，栩栩焉神愉而体轻，令人欲弃百事而从之游。而惜古文家少此恬适之一种，独柳子厚山水记③，破空而游，并物我而纳诸大适之域，非他家所可及。

【注释】

①　陶公及韦、白、苏、陆闲适之诗：指陶渊明、韦应物、白居易、苏轼、陆游的闲适诗。

②　逸趣横生：超逸不俗的情趣洋溢而出。

③　柳子厚：指唐代著名文学家柳宗元，参见 19.15 则注④。

【解析】　出自同治十年（1871）七月十六日书信《复吴敏树》。晚年曾国藩最推崇恬淡闲适的诗文。好友吴敏树寄来诗文集，曾国藩读后，以为部分古文清旷闲适，萧然物外，深契己心。此时曾国藩已六十一岁，保全家业、消灾祛祸的心态日渐浓郁，故极力推崇恬淡闲适之风。

19.65　作字之道，二者并进：有著力而取险劲之势，有不著力而得自然之味。著力如昌黎之文，不著力如渊明之诗。著力，则右军所称如锥画沙也①；不著力，则右军所称如印印泥也。

【注释】

①　右军：王羲之，参见 6.22 则注②。

【解析】　出自同治三年（1864）五月初三日日记。此则论书法有险劲派、自然派之分。

19.66　笔意间架，梓匠之规矩也①。由熟而得妙，则不能与人之巧也。吾于三四十岁时，规矩未定，故不能有所成。从知学书者，必先之以立定规模也。

【注释】

① 梓匠：两种木工，即造器具的梓人和主建筑的匠人。

【解析】出自咸丰九年（1859）四月初八日日记，末句为选家所增添。此则论习字应熟知笔意和间架。间架是习字的基础，即练习单字结构和整篇章法；笔意是习字的关键，即追求意态情致和趣味神韵。

19.67 余于凡事皆用困知勉行工夫①，尔不可求名太骤，求效太捷也。以后每日习柳字百个②，单日以生纸临之③，双日以油纸摹之④。临帖宜徐，摹帖宜疾，专学其开张处。数月之后，手愈拙，字愈丑，意兴愈低，所谓困也。困时切莫间断，熬过此关，便可少进。再进再困，再熬再奋，自有亨通精进之日⑤。不特习字，凡事皆有极困极难之时，打得通的便是好汉。

【注释】

① 困知勉行：克服困难以获得知识，努力实践以修养品德。

② 柳：指柳公权，参见 19.4 则注①。

③ 生纸：未经煮硾或涂蜡之纸。此指单日仿照字帖用生宣纸慢慢临写。

④ 油纸：一种加工纸，用较韧的原纸涂上桐油或其他干性油制成，透明又耐折防水。此指双日用油纸覆着字帖快速描摹。

⑤ 亨通：通达，顺畅。

【解析】出自同治五年（1866）正月十八日家书《谕纪泽》。此则论习字须迎难而上，临摹并用，才会大有长进。习字是个长期工程，贵在每天坚持，练笔不辍，化整为零，将目标分解细化，临帖摹帖双管齐下。既要练字，更要修心。

19.68 写字时，心稍定，便觉安恬些①，可知平日不能耐不能静，所以致病也。写字可验精力之注否^②，以后即以此养心。

【注释】

① 安恬：安然恬静。

② 注：专注，集中。

【解析】 出自道光二十三年（1843）正月十二日日记。此则论练字可检验精力，磨炼心志。

19.69　习字总以间架紧为主。写成之后，贴于壁上观之，则妍媸自见矣^①。

【注释】

① 妍媸（chī）：一作"妍蚩"，美好和丑恶。

【解析】 出自咸丰十一年（1861）正月十四日家书《致澄弟》，个别文字有删减。此则论练字应讲究结构、章法。"字怕挂"，一挂起来，就容易观察字的笔画与结构，孰美孰丑，一目了然。

19.70　作字须讲究墨色。古来书家，无不善于使墨者，能令一种神光活色浮于纸上，固由临池之勤、染翰之多所致^①，亦缘于墨之新旧浓淡，用墨之轻重疾徐，皆有精意运乎其间，故能使光气常新也。

【注释】

① 临池：临池学书，池水全黑，后代指学习书法。染翰：写字。

【解析】 出自咸丰八年（1858）八月二十日家书《谕纪泽》。此则论习字应讲究用墨。墨色处理是书法极为重要的一环，关系到作品气韵能否得以完美展现。

19.71　作字先求圆匀^①，次求敏捷。若一日能作楷书一万，少或七八千，愈多愈熟，则手腕毫不费力。以之为学，则手钞群书；

以之为政，则案无留牍②。无穷受用，皆自写字之匀而且捷生出。

【注释】

① 圆匀：圆润匀称。

② 案无留牍：桌上没有积压的公文，形容处理公务干练及时。

【解析】出自咸丰八年（1858）八月二十日家书《谕纪泽》，个别文字有删减。此则论写字应讲求实用，先求圆润匀称，次求灵敏迅速。

19.72　至于写字，切不可间断一日。既要求好，又要求快。

【解析】出自咸丰八年（1858）七月二十一日家书《谕纪泽》，个别文字有删减。刚复出的曾国藩叮嘱在家的纪泽不可荒废读书、习字。纪泽尤喜欢写字，楷、行、篆、隶皆有涉猎，应当追求又好又快。

19.73　临以求其神气，摹以仿其间架。

【解析】出自咸丰十一年（1861）正月十四日家书《谕纪泽》。此则论习字临帖时应力求风神气韵，摹帖时应模仿间架结构。曾国藩认为纪泽写字笔力太弱，宜常临摹柳公权的字帖，如《琅琊碑》，每天临帖、摹帖各一百字。

19.74　尔前用油纸摹字，若常常为之，间架必大进。欧虞颜柳四大家①，是诗家之李杜韩苏②，天地之日星江河也。尔有志学书，须窥寻四人门径。

【注释】

① 欧虞颜柳：指唐代四位楷书大家欧阳询、虞世南、颜真卿、柳公权。参见19.4则注①。

② 李杜韩苏：指唐宋四位大诗人李白、杜甫、韩愈、苏轼。

【解析】出自咸丰九年（1859）七月十四日家书《谕纪泽》。此则论习字应从欧、虞、颜、柳四大家入手。路子正，方法对，方能登堂入室。

19.75　凡作字总要写得秀。学颜、柳①，学其秀而能雄②；学赵、董③，恐秀而失之弱耳。尔并非下等姿质，特从前无善讲善诱之师，近来又颇好高好速之弊。若求长进，须勿忘而兼以勿助，乃不致走入荆棘耳。

【注释】

① 颜、柳：指唐代大书法家颜真卿和柳公权。

② 能：底本误作"难"，据《全集》刻本、整理本改。

③ 赵：指赵孟頫（1254—1322），字子昂，号松雪道人，湖州（今属浙江）人。宋宗室，入元后官至翰林学士承旨。谥文敏。工书法，尤精楷行，圆转遒丽，世称"赵体"。董：指董其昌（1555—1636），字玄宰，号思白、香光居士，华亭（今上海松江区）人。明万历十七年（1589）进士，官至南京礼部尚书。谥文敏。晚明大书法家，书法疏宕秀逸，影响甚巨。

【解析】出自同治五年（1866）二月十八日家书《谕纪鸿》。此则论习字当学颜、柳。曾国藩指导纪鸿习字当师法颜、柳，兼顾阳刚与阴柔之美，以形成秀丽而不软熟、雄劲而不枯涩的书风。

19.76　作字之法，绵绵如蚕之吐丝①，穆穆如玉之成璧②。

【注释】

① 绵绵：连续不断的样子。

② 穆穆：温润和美。

【解析】出自咸丰十年（1860）三月二十七日日记。此则论习字应讲究运笔。

19.77　笔之为物，不皆十分合手，往往有小毛病，不称人意。善书者每用一笔，先识其病，即因其病势而用之；或笔之病次日又有小变，又因其变症而用之。

【解析】出自咸丰十一年（1861）五月十九日日记，文字略有增改。此则论毛笔使用之法。善于写字的人，先要识明笔的毛病，再依其弊端来调适使用。"工欲善其事，必先利其器"，书法家的高明之处在于，不论笔之好坏，均能因势而变，使用起来意到笔到。

19.78　作字之道：点如珠，画如玉，体如鹰，势如龙，四者缺一不可。体者，一字之结构也；势者，数字数行之机势也①。

【注释】

① 机势：此指气势。

【解析】出自咸丰十一年（1861）七月初五日日记。此则论书法的笔画、字法和章法。书法讲究一点一画要有笔法，一个字要有字法，几行字要有小章法，一幅作品要有大章法。

19.79　尔所临隶书《孔宙碑》①，笔太拘束，不甚松活，想系执笔太近毫之故，以后须执于管顶。余以执笔太低，终身吃亏，故教尔趁早改之。

【注释】

①《孔宙碑》：孔子十九世孙孔宙，死后门生故吏于汉延熹七年（164）在山东曲阜孔庙为之立碑。此碑书法精妙，为汉碑中的上品。

【解析】出自咸丰八年（1858）十月二十五日家书《谕纪泽》。此则论书法的握笔应松活而不可太低。

19.80　大约握笔宜高，能握至管顶者为上，握至管顶之下寸许者次之，握至毫以上寸许者亦尚可习。若握近毫根，则虽写好字，亦不久必退。吾验之于己身，验之于朋友，皆历历可征也。

【解析】出自咸丰九年（1859）二月初三日家书《致澄弟沅弟季弟》，个别文字有删减。此则论几种握笔姿势，握于笔管的顶部最妙。

19.81　大抵写字只有用笔、结体两端。学用笔，须多看古人墨迹；学结体，须用油纸摹古帖。此二者皆决不可易之理。小儿写影本，肯用心者，不过数月，必与其摹本字相肖。吾自三十岁时，已解古人用笔之意，只为欠却间架工夫，便尔作字不成体段。生平欲将柳诚悬、赵子昂两家合一炉①，亦为间架欠工夫，有志莫遂。尔以后当从间架用一番苦功，每日用油纸摹帖，或百字，或二百字，不过数月，间架与古人逼肖而不自觉。能合柳、赵为一，此吾之素愿也；不能，则随尔自择一家，但不可见异思迁耳。

【注释】

① 柳诚悬、赵子昂：两位大书法家唐代的柳公权（字诚悬）、元代的赵孟頫（字子昂），分别参见 19.4 则注①、19.75 则注③。

【解析】出自咸丰九年（1859）三月初三日家书《谕纪泽》，个别文字有增添。此则论习字必须掌握运笔和结构。书法练习讲究循序渐进，首重运笔的技法，次求结构的章法，风神气韵则是更高的境界。

19.82　学书之道，于唐初四家内师虞永兴而参以钟绍京①，因此以上窥二王②，下法山谷③，此一径也；于中唐师李北海而参以颜鲁公、徐季海之沉著④，此一径也；于晚唐师苏灵芝⑤，此又一径也。由虞永兴以溯二王及晋、六朝诸贤，世所称南派者也；由李北海以溯欧、褚及魏、北齐诸贤，世所称北派者也。吾辈学书，须窥寻此两派之所以分。南派以神韵胜，北派以魄力胜。宋四家，苏、黄近于南派，米、蔡近于北派⑥。赵子昂欲合二派而汇为一。先从赵法入门，以后或趋南派，或趋北派，皆可不迷于所往。

【注释】

① 虞永兴：虞世南，参见 19.4 则注①。钟绍京（659—746）：著名书法家钟繇的后裔，尤工楷书，字画妍媚，笔势遒劲，为武则天所重，时号"小钟"，有《灵飞经》等传世。底本误作"钟绍宗"，据《全集》本改。

② 二王：指东晋著名书法家王羲之、王献之父子。

③ 山谷：黄庭坚，参见 19.30 则注②。

④ 李北海：李邕，参见 19.4 则注①。颜鲁公：颜真卿，参见 19.4 则注①。徐季海：徐浩（703—782），字季海，越州剡县（今浙江嵊州）人。工书，尤精楷隶，雄浑刚劲，有《大证禅师碑》《张庭珪墓志》等传世。

⑤ 苏灵芝：唐开元、天宝时期雍州武功（今属陕西咸阳）人，工书法，笔力遒劲，端庄隽秀，与李邕、颜真卿齐名，有《铁像颂》《田仁琬德政碑》等传世。

⑥ 米：指米芾（1051—1107），字元章，寓居襄阳，号襄阳漫士，世称米襄阳。个性颠狂，又称米颠。尤工行草，沉着痛快，自然超逸，"宋四家"之一，有《多景楼诗》《蜀素帖》《苕溪诗卷》等存世。蔡：指蔡襄（1012—1067），字君谟，兴化军仙游（今福建莆田）人。工书法，尤精楷行，浑厚婉美，备受欧阳修、苏轼推崇，"宋四家"之一，有《自书诗帖》《昼锦堂记》等传世。

【解析】出自咸丰九年（1859）三月二十三日家书《谕纪泽》，文字略有增改。此则论书法分南北两派。曾国藩推尊赵孟頫，认为赵氏融汇南北二派之长，兼具神韵与魄力，所以学书应从赵孟頫入手，博采众家，融会南北。由赵体而入，或阳刚或阴柔，不失为一条灵活可变之途。

19.83　写字之中锋者①，用笔尖著纸，古人谓之蹲锋②，如狮蹲、虎蹲、犬蹲之象。偏锋者③，用笔毫之腹著纸，不倒于左，则倒于右。当将倒未倒之际，一提笔则为蹲锋。是用偏锋者，亦有中锋时也。

【注释】

① 中锋：写毛笔字时，行笔不偏不侧，笔锋均保持在笔画的中间，亦称为"正锋"。

② 蹲锋：毛笔书写的一种笔势，凡作趯（yuè）笔（即勾画）时，用力一顿，随将笔锋上挑。

③ 偏锋：指书法以偏侧的笔锋取势，相对"中锋"而言。

【解析】出自咸丰八年（1858）十二月二十三日家书《谕纪泽》。此则论写字中较难掌握的一种运笔"蹲锋"。曾国藩向长子纪泽详细讲解中锋、偏锋运笔时如何写钩。趯，是上下笔画连续书写的产物，是从"按"到"提"的一个跳跃过程。

19.84　出笔宜颠腹互用，取势宜正斜并见。用笔之颠，则取正势，有破空而下之势；用笔之腹，则取斜势，有骫属蹁跹之象①。

【注释】

①骫（wěi）属：左右相随。骫，同"骫"，弯曲。蹁（pián）跹（xiān）：仪态曼妙的样子。

【解析】出自同治三年（1864）十二月初一日日记，个别文字有改动。此则论习字的出笔和取势。

19.85　偃笔多用之于横①，抽笔多用之于竖②。竖法宜努、抽并用③，横法宜勒、偃并用④；又首贵有俊拔之气，后贵有自然之势。

【注释】

①偃（yǎn）笔：一种倾斜的运笔姿势。

②抽笔：一种垂直的运笔姿势。

③努：竖画。通"弩"，蓄力如饱满的弩。

④勒：横画，运笔如勒马前行，稳重而不轻浮。

【解析】出自咸丰十一年（1861）十一月初六日日记。此则论两种笔画与结体之关系。无论何种笔画和结体，都不可僵硬做作。

19.86　作字之法，亦有所谓阳德之美、阴德之美。余所得之意象，为阳德之美者四端：曰直，曰觓①，曰勒，曰努；为阴德之美者四端：曰骫，曰偃，曰绵，曰远。兼此八者，庶几其为成体之书。

【注释】

① 觓（qiú）：古同"觓"，角上方弯曲，像弓紧绷的样子。

【解析】 出自同治元年（1862）十一月二十七日日记。阳刚之风，笔直像树，气势贯通；像弓紧绷，结体谨严；像勒马前行，运笔稳重；像弩饱满，笔力俊拔。阴柔之美，觓指弯曲处，偭指似有似无的联结处，绵指用笔柔和，远指意蕴清悠淡远。又可以用唐代欧阳询、虞世南、李邕，宋代黄庭坚，清代邓石如、刘墉、郑燮、王文治的书法来分别体现。

19.87　看刘文清公《清爱堂帖》^①，略得其自然之趣，方悟文人技艺佳境有二：曰雄奇，曰淡远。若能含雄奇于淡远之中，尤为可贵。

【注释】

① 刘文清公：刘墉（1720—1805），号石庵，山东诸城人。乾隆十六年（1751）进士，官至吏部尚书。博通经史，工书善文，名盛一时。刘为帖学的集大成者，尤善小楷，用墨厚重，丰腴中有劲骨，与成亲王永瑆、翁方纲、铁保合称为"清代四大书家"。卒谥文清。有《刘文清公集》《清爱堂墨刻》等存世。《清爱堂帖》：刘墉的曾祖刘必显、祖父刘棨为官清廉爱民，康熙九年（1670）御赐堂匾"清爱堂"。嘉庆十一年（1806）秋，钱泳刊刻成亲王永瑆《诒晋斋帖》与刘墉《清爱堂帖》。

【解析】 出自咸丰十一年（1861）六月十七日日记，个别文字有删减。此则论书法兼具雄奇与淡远两种风格最为可贵。曾国藩认为刘墉的字，粗看则天趣自然，有小桥流水般的幽远风光、恬淡意境；细察则刚健雄放，有大江大海般的豪放胸襟、雄壮气概。将雄奇的阳刚之美与淡远的阴柔之美融二为一，这是难能可贵的艺术境界。

19.88　余近日常写大字，微有长进，而不甚贯气，盖缘结体之际，不能字字一律。如或上松下紧，下紧上松；或左大右小，右大左小。均须始终一律，乃成体段。余字取势，本系左大右小，而不能一律，故恒无所成。推之作诗文辞，亦自有体势^①，须篇篇一律，乃为成章。做人立品，亦自有体势，须日日一律，乃为成德。否则，载沉载浮，终无所成矣。

【注释】

① 体势：指诗文字画的形体结构、气势风格。

【解析】 出自咸丰九年（1859）六月初一日日记，文字略有删改。此则论习字应注意笔画结构。行气不太贯通，原因是字的结构不合体式，松紧不谐，大小不一。

19. 89　学字有当记者二事。一曰换笔。古人每笔中间必有一换，如绳索然，第一股在上，一换则第二股在上，再换则第三股在上，笔尖之著纸者仅少许耳。此少许者，吾当作四方铁笔用。起处东方在左，西方向右，一换则东方向右矣。笔尖无所谓方也，我心中常觉其方。一换而东，再换而北，三换而西，则笔尖四面有锋，不仅一面相向矣。二曰结字有法。结字之法无穷，但求胸有成竹耳。

【解析】 出自道光二十四年（1844）三月初十日家书《致温弟沅弟》，个别文字有增添。此则论书法应注重换笔和结字的方法。不懂运笔换锋和笔画结构，便是书法的门外汉。

梦莐案：诗文之为物，系用以引导人类向上者也，非用以引导人类堕落者也。古来之诗文鸣者多矣！细读其诗文词，死气满纸，诲盗诲淫，引导堕落者十居八九；促进文化，纳民轨物^①，引导向上者十只一二。岂果作诗文者之心死欤？抑由民贼束缚使然欤？吾尝深思其故，始知民贼束缚，固为原因之一端，而作者之不知觉悟，以摹仿古人死调为能，以别立死规则为能，以利用社会弱点，迎合流俗心理为能，乃为诗文大坏之主要原因也。夫诗文之为物，形式上必以"自然"二字为之本，精神上必以"忠爱"二字为之本，乃能畅所欲言，乃能导人向上。今既以摹仿死调为能，以别立死规则为能，于自然何有焉！今既以利用社会弱点，迎合流俗心理为能，于忠爱何有焉！我国风俗之坏，几至不可收拾，受恶文学之赐，诚非一朝一夕之故矣！公于诗文两端，兼擅其长；而文气之雄，尤卓绝一代。为文全在气盛，公言真不我欺！夫文气何以能盛？盛于自然。为文能本诸自然，则毫无束缚。以言造句，短者任短，长者任长，倒说顺说，无施不可。以言谋篇，应前者前，应后者后，抑扬开合，层次井井。为文固在行气，而行气尤在本诸自然也。公于刘子政文本忠爱②，崇拜甚至，以欲师其文，当先师其心术。学古人之文，至能知先学其心术，则其学非以玩物丧志，而志在自淑世也明矣。其眼光何如！其志气何如！至论作诗之道，以须命意高超，真可谓片言居要！非于诗之道三折股肱，乌足以解此？近年以来，我国人士，已深知旧文学积弊，为诗为文，一以自然为依归，不可谓非善变。所愿再于"忠爱"二字上加之意，再于"命意高超"四字加之意，则其诗文之造福于社会，岂浅鲜哉③！岂浅鲜哉！

【注释】

① 纳民轨物：将百姓纳入遵守法度、惜用器物的正道。

② 刘子政：刘向，参见 19.15 则注②。

③ 浅鲜：轻微。

杂语类第二十

20.1 盗虚名者有不测之祸，负隐慝者有不测之祸①，怀忮心者有不测之祸②。

【注释】

① 隐慝（tè）：不可告人的罪恶。

② 忮（zhì）：嫉妒。

【解析】出自咸丰元年（1851）八月初一日日记。此则论三种不可预料之祸。盗取虚名、背负不可告人的罪恶、心怀嫉妒，三者都是灾祸的催生剂。

20.2 勤劳而后憩息，一乐也；至淡以消忮心，二乐也；读书声出金石，三乐也。

【解析】出自同治十年（1871）四月初八日日记。此则论人生有三乐。曾国藩自查自纠近段时间怀有嫉妒心，迄今未能拔除，死前必须将它消灭净尽。这是他晚年追求恬适心境的真实写照。

20.3 人谁不死，只求临终无愧悔耳！

【解析】出自咸丰十年（1860）四月二十四日《谕纪泽》。此则论人生的意义。曾国藩此时坐镇祁门大营，立下"祁门遗嘱"：人生自古谁无死，只求问心无愧。

20.4 幸灾乐祸，一薄德也；逆命亿数①，二薄德也；臆断皂白②，三薄德也。

【注释】

　　① 逆命亿数：屡次违抗受命。

　　② 臆断皂白：妄下议断，激化是非。

【解析】 出自咸丰九年（1859）十一月初二日日记。此则论幸灾乐祸、经常抗命、妄加评判三种极不道德的行为。

　　20.5 危险之际，爱而从之者，或有一二；畏而从之，则无其事也。

【解析】 出自咸丰五年（1855）十一月十一日书信《复李元度》。此则论失去威信的恶果。李元度大权独揽，只招录平江籍士兵。任人唯亲，贴"地域标签"，一旦出事，就会众叛亲离，成为孤家寡人。

　　20.6 天下绝大事业，多从"不忍"二字做出①。天下无穷进境，多从"不自足"三字做出。

【注释】

　　① 不忍：语出《孟子·公孙丑上》，指人都有怜悯之心。

【解析】 出自同治三年（1864）批牍《批管带义从营黄令元龄禀奉檄驰抵天柱县办理剿抚黔苗事宜由》。此则论人须有怜悯谦慎之心。想做大事业，常换位思考；欲入大境界，多谦虚谨慎。

　　20.7 世人蹈常习故①，偶见有稍异者，便尔惊怪，以谓天下不应有如此，岂人人之出处语默②，必稽查成案而出之耶？

【注释】

　　① 蹈常习故：按照老规矩、老办法办事。

　　② 出处语默：出仕和隐退，发言和沉默。

【解析】 出自同治五年（1866）十二月二十三日书信《加郭嵩焘片》。此则论如何处变不惊。社会舆论操控公正评判时，当事人更应镇定自若，泰然处之。

20.8　君子有三乐：读书声出金石，飘飘意远，一乐也；宏奖人才，诱人日进，二乐也；勤劳而后憩息，三乐也。

【解析】出自咸丰九年（1859）九月二十日日记。此则论君子的三乐，参见20.2则。

20.9　愚民无知，于素所未见未闻之事，辄疑其难于上天。一人告退，百人附和。其实并无真知灼见。假令有百人称好，即千人同声称好矣！

【解析】出自咸丰四年（1854）正月二十二日书信《复褚汝航》，文字略有删减。此则论如何引导公众。无知者无畏，事先大说特说难处，易使人打退堂鼓。

20.10　千羊之裘，非一腋可成；大厦之倾，非一木可支。

【解析】出自咸丰九年（1859）十二月二十日书信《复吴廷栋》。此则论成功的一大秘诀是勤奋，量变才会引起质变。

20.11　大局日坏，吾辈不可不竭力支持，做一分算一分，在一日撑一日，庶几挽回于万一。

【解析】出自咸丰十年（1860）五月初八日书信《加沈葆桢片》，个别文字有改动。此则论君子应有担当。身处残局，"独柱擎天力弗支"，如果大家团结一心，众志成城，或许可能挽狂澜于既倒、扶大厦之将倾。

20.12　近日友朋致书规我，多疑我近于妒功嫉能、忮薄险很者之所为①，遂使我愤恨无已。虹贯荆卿之心②，而见者以为淫氛而薄之③；碧化苌宏之血④，而览者以为顽石而弃之。古今同慨⑤，我岂伊殊⑥？ 屈累之所以一沉⑦，而万世不复返顾者，良有以也。

发匪之病民，中外无不共知。公费尽心力，始克荡平，以为民除害之事，而蒙"满洲奴"之恶名，是非倒置。古今一揆⑧，屈累之一沉不顾，良有以哉！良有以哉！

【注释】

① 忮（zhì）：嫉妒。很：通"狠"。

② 虹贯：白色长虹穿日而过。荆卿：荆轲，战国末期著名刺客，为燕国太子丹效命，刺杀秦王，事败被杀。语出《史记·鲁仲连邹阳列传》。

③ 淫氛：不正当的气象。薄：鄙薄。

④ 苌（cháng）宏：本作苌弘，春秋时周大夫。晋卿内讧，苌宏帮助范氏，为晋卿赵鞅所声讨，被周人杀死。传说死后三年，其血化为碧玉。事见《左传·哀公三年》。后用"苌弘化碧"比喻忠诚正义。

⑤ 慨：叹息。

⑥ 我岂伊殊：我哪里特殊吗。

⑦ 屈累：屈原，参见 4.16 则注①。古称不以罪而死曰累，屈原无罪投江，故称屈累。

⑧ 揆：道理。

【解析】 出自咸丰四年（1854）二月初七日书信《与刘蓉》，个别文字有改动。此则论为人应心志坚定，不惧风雨。此时湘军初建，正月末曾国藩发布《讨粤匪檄》，有人怀疑他妒贤嫉能，重利薄情，阴险狠辣。曾国藩自我激励，决心更加坚忍不拔，矢志不渝。

20.13 今日而言治术，则莫若综核名实；今日而言学术，则莫若取笃实践履之士。物穷则变，救浮华者莫如质。积玩之后，振之以猛，意在斯乎？

【解析】 出自道光二十三年（1843）书信《复贺长龄》。此则论治国治学贵在务实。无论治国还是治学，务实是第一位的，弄虚作假只会祸国殃民。

20.14　大抵乱世之所以弥乱者：第一，在黑白混淆；第二，在君子愈让，小人愈妄。

【解析】出自咸丰十一年（1861）四月二十一日书信《复胡林翼》。此则论乱世愈乱的两大起因。

20.15　书味深者面自粹润，保养完者神自充足。此不可以伪为，必火候既到，乃有此验。

【解析】出自咸丰元年（1862）七月二十三日日记。此则论读书可怡养身心。读书能改变气质，陶冶情操，使人容貌圆润，精神饱满。

20.16　诚中形外，根心生色①。古来有道之士，其淡雅和润，无不达于面貌。余气象未稍进，岂嗜欲有未淡耶？机心有未消耶②？当猛省于寸衷③，而取验于颜面。

【注释】

① 根心：出自本心。生色：表现于外表。

② 机心：机巧功利之心。

③ 寸衷：内心。

【解析】出自咸丰十一年（1861）七月十五日日记。此则论修心可以健体。相由心生，面如其人。

20.17　苟为躬行君子，必见其容色之睟盎①，徒党之感慕。苟善治民，必见其所居民悦，所去见思。

【注释】

① 睟（cuì）：润泽。盎（àng）：充盈。详见 1.32 则注⑤。

【解析】出自杂著中《笔记二十七则·克勤小物》，作于咸丰九年（1859）。此则论君子修为与民众之关系。

20.18　今日天下之变，只为混淆是非，麻木不仁，遂使志士贤人抚膺短气，奸猾机巧逍遥自得。

【解析】出自咸丰三年（1853）九月十七日书信《与吴文镕》。此则论乱世的危害。

20. 19　小仁者，大仁之贼，多赦不可以治民，溺爱不可以治家，宽纵不可以治军。

【解析】出自杂著中《笔记二十七则·赦》，作于咸丰九年（1859）。此则辨析小仁的本质。溺爱经常犯错的子女，纵容违纪的士兵，表面看上去是仁义，实则养痈遗患，祸害无穷。

附录　曾国藩年谱简编

曾国藩，字伯涵，号涤生，祖籍湖南衡阳，生于长沙府湘乡县白杨坪（今属娄底市双峰县）。祖玉屏，号星冈。父麟书，号竹亭，秀才。兄弟五人：曾国潢（1820—1886），字澄侯，族中排行第四。曾国华（1822—1858），字温甫，排行第六。曾国荃（1824—1890），字沅甫，排行第九。曾国葆（1828—1862），字季洪，后更名贞幹。姊妹四人。妻，衡阳廪生欧阳凝祉之女。子二人：长子曾纪泽（1839—1890），元配贺长龄之女，继室刘蓉之女；次子曾纪鸿（1848—1881），娶郭沛霖之女。女五人。

嘉庆十六年（1811）　**1岁**　十月十一日（11月26日）亥时生，初名子城，字居武。

嘉庆二十一年（1816）　**6岁**　入家塾，师从陈雁门。

道光五年（1825）　**15岁**　父设立族塾，受读《周礼》《仪礼》《史记》《文选》。

道光六年（1826）　**16岁**　春，应长沙府童子试，名列第七。

道光十一年（1831）　**21岁**　冬，肄业湘乡涟滨书院，改号涤生。

道光十三年（1833） **23 岁** 秋，第七次参加县试，考中秀才。十二月，欧阳夫人来归。

道光十四年（1834 年） **24 岁** 秋，参加湖南乡试，考中举人。冬，赴京应试，在长沙结交刘蓉。

道光十六年（1836） **26 岁** 自京回湘，因刘蓉介绍，与郭嵩焘订交。

道光十八年（1838） **28 岁** 第三次应会试报捷，中殿试三甲第四十二名，改名国藩，授翰林院庶吉士。进士同年有吴嘉宾、陈源兖、郭沛霖等。八月乞假，十二月抵家。

道光二十年（1840） **30 岁** 四月，散馆考试，授翰林院检讨。十月，父携弟国荃、妻欧阳氏、子纪泽入都。

道光二十一年（1841） **31 岁** 七月，谒理学大师唐鉴，请教治学之法、检身之要。

道光二十二年（1842） **32 岁** 七月，弟国荃出都。致力程朱之学，每日必做日课，与倭仁、吴廷栋、邵懿辰、陈源兖砥砺问学。

道光二十三年（1843） **33 岁** 六月，充四川乡试正考官，得俸千两寄赠亲族。八月，补授翰林院侍讲。

道光二十四年（1844 年） **34 岁** 四月，派充翰林院教习庶吉士。

道光二十五年（1845） **35 岁** 五月，书房取名"求阙斋"。九月，弟国潢、国华入都，二十四日升翰林院侍讲学士。李鸿章入京应试，受业门下。

道光二十六年（1846） **36 岁** 夏秋间，在北京城南报国寺养病，结交刘传莹，请教汉宋之学。

道光二十七年（1847）　**37 岁**　六月，升任内阁学士加礼部侍郎衔。

道光二十八年（1848）　**38 岁**　九月，辑录古今名臣大儒言论，分条编为《曾氏家训长编》。

道光二十九年（1849）　**39 岁**　正月，授礼部右侍郎。

道光三十年（1850）　**40 岁**　正月，道光帝病逝。十二月初十日（1851 年 1 月 11 日），太平天国运动爆发。

咸丰元年（1851）　**41 岁**　三月，上奏论国用不足、兵伍不精。四月，上疏论琐碎、文饰、骄矜之流弊。

咸丰二年（1852）　**42 岁**　正月，兼署吏部左侍郎。六月，外放江西乡试正考官，行抵安徽太和县小池驿，得母讣闻，回籍奔丧。八月二十三日抵家。十一月二十九日上谕在籍帮办团练。太平军出广西入湖南，七月末进攻长沙未成，十二月初四日攻克湖北武昌。十二月十五日，经郭嵩焘力劝决定出山，二十一日抵长沙与湖南巡抚张亮基商办团练。

咸丰三年（1853）　**43 岁**　正月太平军攻克安庆，二月初十日攻占金陵，二十日建都于此，改名天京。弟国荃、国葆亦出山练兵。八月十三日因与长沙官场不谐，奏报移驻衡州练兵；张亮基调山东巡抚，吴文镕任湖广总督。九月十九日江忠源任安徽巡抚，十二月庐州城破自杀。

咸丰四年（1854）　**44 岁**　正月二十八日，湘军出征，发布《讨粤匪檄》。四月初二日，兵败靖港，投水自杀获救。七月十一日湘军克复岳州，八月二十三日收复武昌、汉阳。九月初五日，咸丰帝令其署理湖北巡抚,十二日收回成命,改赏兵部侍郎衔。十二月,太平军翼王石达开大败湘军水师于江西湖口,第二次投水自杀被救。

咸丰五年(1855) **45 岁** 正月十二日由九江启程奔赴南昌,十三日胡林翼任湖北布政使。九月,弟国荃考取优贡。

咸丰六年(1856) **46 岁** 三月,胡林翼署理湖北巡抚,曾国藩命弟国华统军,率师连克湖北数县,转战江西。三月二十一日长子纪泽在贺长龄家成婚。八月,洪、杨内讧,天京事变爆发。孤居南昌,为宵小所困,九月初三日自南昌起程赴瑞州弟国华处。九月,弟国荃在湘募勇,十月二十五率军入江西萍乡,会同周凤山攻安福,围吉安。

咸丰七年(1857) **47 岁** 二月初四日,父曾麟书病故,二十一日未等朝命偕弟国华自行回家;数日后弟国荃亦奔丧回籍,九月初八日返吉安营地。五月二十二日、六月初六两度上折恳请开缺在籍守制,六月十九日获准。

咸丰八年(1858) **48 岁** 三月,弟国华入李续宾部。四月,李续宾会同杨载福、彭玉麟水师攻陷九江。六月初三日,奉谕办理浙江军务,初七日自家起程复出。八月,弟国荃攻克吉安。十月初十日,李续宾、弟国华阵亡于三河镇。十二月初十日,李鸿章至建昌大营,留营襄办军务。

咸丰九年(1859) **49 岁** 七月,弟国葆改名贞幹,入胡林翼幕赞襄军事。

咸丰十年(1860) **50 岁** 闰三月,弟国荃率师始攻安庆。六月十一日进驻祁门,二十四日补授两江总督,以钦差大臣督办江南军务。十月初一日，与左宗棠商议北上勤王。十一月，祁门大营被围。

咸丰十一年（1861） **51 岁** 三月十三日，作"祁门遗嘱"。七月十六日，咸丰帝病逝。八月初一日，弟国荃攻克省城安庆，二十一日移驻安庆，二十六日胡林翼去世。十月十八日，奉旨督办苏皖浙赣四省军务。十一月，两宫皇太后垂帘听政。

同治元年（1862） **52 岁** 正月初一日，授协办大学士；初四日，弟国荃补授浙江按察使；二十四日李鸿章新募淮勇，在安庆立营定制，创建淮军。二月初三日，弟国荃改授江苏布政使。三月初七日，李鸿章率淮军开赴上海，二十七日署理江苏巡抚。五月，弟国荃率吉字营进驻金陵城南雨花台，会同彭玉麟水师围攻天京，弟贞幹护卫西路粮道。六月、闰八月，李秀成率太平军两度围攻雨花台大营。十一月十八日，弟贞幹病故于雨花台大营。

同治二年（1863） **53 岁** 二月初六日，抵雨花台大营，巡驻数日，支持弟国荃继续围攻天京，二十八日巡阅水陆诸营后回驻安庆。三月十八日，左宗棠升闽浙总督，弟国荃补浙江巡抚。五月十五日，攻克九洑洲，切断天京粮道。六月二十九日，郭嵩焘署理广东巡抚。九月，弟国荃屯兵城北孝陵卫，形成合围之势。十月，二十五日李鸿章攻复苏州，次日诱杀降王八人；苗沛霖被诛于安徽蒙城；二十八日李续宜病故。十一月，弟国荃掘成地道数十处。

同治三年（1864） **54 岁** 二月，左宗棠攻克杭州。六月十六日，弟国荃攻克天京，二十九日上谕赏加太子太保衔。七月，商议裁减湘军。八月二十七日，弟国荃因病请缺回籍。九月初七日，移驻金陵。十月初一日，送弟国荃回湘。

同治四年（1865） **55 岁** 四月十四日，中兴将帅俱封爵赐名，曾国藩曰"毅勇侯"，弟国荃曰"威毅伯"，李鸿章曰"肃毅伯"。五月初四日，诏携钦差大臣关防赴山东督师剿捻，节制直隶、山东、河南三省，李鸿章署两江总督。六月十六日，弟国荃简授山西巡抚，未赴任。

同治五年（1866） **56 岁** 正月，弟国荃调补湖北巡抚。五月，郭嵩焘卸任广东巡抚。十月十三日，曾国藩上疏称病恳请开协办大学士、两江总督缺，以散员留营效力，十二月初三日再次上疏开缺，未获允准。

同治六年（1867） **57 岁** 正月，郭嵩焘授两淮盐运使，七月开缺。十月十六日，弟国荃因病开缺，回籍调养。

同治七年（1868） **58 岁** 七月二十七日，奉旨移督直隶。九月二十八日，弟国潢抵江宁，前来看望。十一月初四日，自江宁起程北上。十二月十四、十五日两次入朝觐见。

同治八年（1869） **59 岁** 四月初二日，弟国荃不问通志局事，自长沙回湘乡。

同治九年（1870） **60 岁** 五月二十五日，上谕查办天津教案。六月初四日作"天津遗嘱"，初六日自保定起程，初十日至天津。八月初三日，调补两江总督，李鸿章调补直隶总督。九月二十六七日、十月初九日三次入朝召见，十五日出都赴金陵任。

同治十年（1871） **61 岁** 在金陵两江总督任。

同治十一年（1872） **62 岁** 二月初四日（3 月 12 日）病逝，追赠太傅，谥号文正。

主要参考文献

龙梦荪：《曾文正公学案》，商务印书馆 1924 年印刷、1925 年发行本。

龙梦荪：《曾文正公学案》，岳麓书社 2010 年版。

黎庶昌：《曾国藩年谱》，岳麓书社 2017 年版。

董丛林：《曾国藩年谱长编》，上海交通大学出版社 2017 年版。

曾国藩：《曾文正公全集》，清光绪二年（1876）传忠书局刻本。

曾国藩著，唐浩明编：《曾国藩全集》（修订版），岳麓书社 2011 年版。

王澧华校点：《曾国藩诗文集》，上海古籍出版社 2005 年版。

唐浩明：《唐浩明评点曾国藩家书》，岳麓书社 2015 年版。

唐浩明：《唐浩明评点曾国藩奏折》，岳麓书社 2015 年版。

唐浩明：《唐浩明评点曾国藩语录》，岳麓书社 2015 年版。

唐浩明：《唐浩明评点曾国藩日记》，岳麓书社 2016 年版。

唐浩明：《唐浩明评点曾国藩书信》，岳麓书社 2016 年版。

唐浩明：《唐浩明评点曾国藩诗文》，岳麓书社 2016 年版。

梅英杰等：《湘军人物年谱》（一），岳麓书社 1987 年版。

熊治祁：《湖南人物年谱》（二、三、四），湖南人民出版社 2013 年版。